Adil Demirci

# ZELLE B-28

## Als politische Geisel in Istanbul

Eckhaus Verlag 2021

Adil Demirci

# ZELLE **B-28**

Als politische Geisel
in Istanbul

ECKHAUS GESCHICHTE

# Inhalt

*Für meine Mutter Elif (1955–2019)*

# Vorwort von Lale Akgün

Lale Akgün

Vor einigen Wochen nahm ich an einer Veranstaltung des Vereins „Stimmen der Solidarität –Mahnwache Köln“ teil, der Verein, der aus dem Solidaritätskreis „Freiheit für Adil Demirci“ hervorgegangen ist. Bei der Mahnwache traf ich auch Adil Demirci, der mit seinem Vater gekommen war. Vater und Sohn engagieren sich für politische Gefangene in der Türkei. Das tun sie nicht nur aus Dankbarkeit für die Solidarität, die Adil während seiner Zeit im Istanbuler Gefängnis erfahren hat, sondern weil es ihnen ein Herzensanliegen ist, dass die Türkei demokratisch wird. Dieses Engagement ist natürlich politisch, aber auch persönlich, und diese persönliche Seite ist auch ein Stück deutsch-türkische Migrationsgeschichte.

Als Adil Demirci mich bat, das Vorwort zu seinem Buch zu schreiben, habe ich mich sehr gefreut und mich aber gleichzeitig gefragt, auf welchen Aspekt des Buches ich das besondere Augenmerk richten soll: Auf die politischen Verhältnisse in der Türkei? – schließlich handelt das Buch ja von Adils Zeit als politischer Gefangener in einem türkischen Gefängnis. Oder auf das Leid, das dieses politische System über die Menschen bringt? – schon Adils Vater musste die Türkei aus politischen Gründen verlassen. Oder aber auf die seelischen Zustände junger Migranten in Deutschland? Warum wollte Adil unbedingt nach

Istanbul zurück? Warum wollte er dort arbeiten und in irgendeiner Form politisch aktiv sein? Adil stand mit diesem Wunsch nicht allein da. Ein Neubeginn in der alten Heimat der Eltern ist der Wunsch vieler junger Menschen. Die Frage ist, warum sie das wollen.

Ich habe mich entschlossen, in dem Vorwort diesen letztgenannten Aspekt aufzugreifen, weil er auch die Frage nach unserer gemeinsamen Zukunft in Deutschland umfasst. Schafft es Deutschland, für die Millionen Menschen aus der Türkei eine Heimat zu werden? Und was passiert, wenn Deutschland diese Erwartung nicht erfüllen kann?

Das Buch von Adil Demirci hat mich mitten ins Herz getroffen. Nicht nur, weil es die Geschichte eines jungen Menschen ist, der aus politischen Gründen in der Türkei ins Gefängnis kommt und dort zehn Monate verbringen muss. Für mich steht noch eine weitere Geschichte im Fokus: Ein junger Mensch auf der Suche nach seinem Platz in dieser Welt. Nach einem Ort, an dem er sich zu Hause fühlen kann. Woher kommt die Sehnsucht vieler hier geborener Menschen nach einem Leben in der Türkei?

Viele sagen zwar: „Ich will zurück." Aber um an einen Ort zurückzugehen, muss man diesen Ort erst verlassen haben. Viele junge Leute, deren Eltern aus der Türkei eingewandert sind, hegen diese diffuse Sehnsucht nach dem Leben in der fremden Heimat. Womit dieses Mal mit der fremden Heimat nicht Deutschland gemeint ist, sondern die Türkei. Und – es ist keine Rückwanderung, es ist eine Auswanderung.

Wie kann es sein, dass sich das Push-Pull-Modell der Migration von Everett S. Lee dreht und ein Land mit hohen Push-Faktoren wie die Türkei (sozio-ökonomische und politische Gründe, die eher für Auswanderung als für Einwanderung sprechen) für junge Leute aus Deutschland (ein Land mit hohen Pull-Faktoren) attraktiv wird?

Was sind die Ursachen dieses Paradoxons? Wissen die jungen Leute nicht, dass das Leben in der Türkei kein Rosengarten ist?

Natürlich wissen sie es. Sind es nicht gerade die Gebildeten, die „Angekommenen", die dieses Wagnis eingehen? Was fehlt ihnen in Deutschland?

Um es auf den Punkt zu bringen: das Gefühl, dazuzugehören.

Bei Adil war es auch nicht anders. Er ist zwar in Istanbul geboren, aber das Leben als Erwachsener dort war ihm unbekannt. Also: Was zog ihn so an? Oder anders formuliert: Warum hielt ihn hier nichts fest?

Ich habe mit vielen jungen Menschen gesprochen, die in der Türkei mit der harten Realität konfrontiert worden sind. Einige sind nach Deutschland zurückgekehrt, einige sind trotz der vielen Probleme dortgeblieben. Ihre Klagen über das Leben in Deutschland sind uns allen bekannt: Es ist das Gefühl, trotz aller Anstrengungen immer am Rande zu stehen, stets als „die Anderen" wahrgenommen zu werden. Die einen nennen es Alltagsrassismus, die anderen einen Stachel im Herzen, der immer dann sticht, wenn man eigentlich davon ausgegangen ist, dass man dazugehört.

Ich bin sehr froh, dass Adil dieses Buch geschrieben hat. Weil es vielleicht der Mehrheitsgesellschaft die Augen öffnen könnte.

Dieses Buch ist ein Plädoyer für Deutschland und gleichzeitig macht es uns die Defizite im Zusammenleben deutlich. Die Pull- und Push-Faktoren eben.

Was spricht für Deutschland? Dafür, hier zu leben?

Das können wir alle gemeinsam im Buch von Adil lesen.

Deutschland ist ein demokratisches Land.

Deutschland ist ein Land, das sich um seine Bürgerinnen und Bürger kümmert. Vor allem, wenn es ihnen schlecht geht. Wenn man wie Adil in einem anderen Land im Gefängnis landet. Auch wenn man eine doppelte Staatsbürgerschaft hat und in diesem Fall die Türkei der Meinung ist, dass es Deutschland nichts angeht, wie man mit den eigenen Staatsbürgern umgeht.

Deutschland ist ein Land, in dem Meinungsfreiheit herrscht. Menschen haben sich mit Adil solidarisiert und ihm Unterstützung zukommen zu lassen.

Deutschland ist ein soziales Land. Adil hat nach seiner Rückkehr sein Leben zurückbekommen. Er konnte wieder an seinen alten Arbeitsplatz zurück und dort weitermachen, wo er aufgehört hat. An dieser Stelle ist es mir ein Bedürfnis, seinem Arbeitgeber, dem Internationalen Bund, für die Solidarität und die Unterstützung für Adil zu danken. Deutschland ist zwar ein Land der sozialen Sicherheit, trotzdem sollten wir es nicht als selbstverständlich nehmen, was der Internationale Bund für ihn getan hat.

Wo liegen nun die Push-Faktoren und was können wir gemeinsam dagegen tun?

Deutschland ist inzwischen ein multikulturelles Land, aber in der Mehrheitsgesellschaft herrscht immer noch das Bild von einer homogenen Gesellschaft mit einer homogenen Kultur. Es fehlt das verbindende Element jenseits der Staatsangehörigkeit, das uns eine suprakulturelle Identität vermittelt. Wir müssen endlich anfangen, uns als eine Nation zu begreifen, als eine republikanische Nation, nicht als eine ethnische. Alle gehören dazu, auch diejenigen, die eine andere Muttersprache, eine andere Hautfarbe oder eine andere Religion haben. Sie sind nicht Gäste, die allenfalls bereichern; sie sind ein Teil dieser unserer Gesellschaft. Wir alle sind Deutschland. Diese Sichtweise muss sich etablieren, muss zu einem Grundsatz unseres gesellschaftlichen Selbstverständnisses werden. Wir dürfen nicht zulassen, dass sich die Kinder der Zugewanderten als Außenseiter fühlen, denn dieser Zustand ist kränkend und zehrt am Selbstverständnis als Teil der Gesellschaft.

Das ist es, was die jungen Leute sehnsüchtig in das Heimatland der Eltern treibt: Die Hoffnung, dazuzugehören und nicht mehr gefragt zu werden, wo man denn herkommt. „Richtig" herkommt, nicht im Moment. „Ich will der Kollege sein, nicht der türkische Kollege, nicht der muslimische Kollege“, sagte mir mal ein Freund. Recht hat er, und er sollte auch endlich nicht mehr der Kollege mit Migrationshintergrund sein.

Die Menschen brauchen die Sicherheit, dass sie hierhergehören. Nach Deutschland. Ohne Wenn und Aber.

Diese Botschaft lese ich aus dem Buch und ich danke Adil ganz herzlich für die Möglichkeit, dieses Anliegen mit allen in diesem Land zu teilen.

**Lale Akgün (geb. 1953 in Istanbul, wohnhaft in Köln, Diplom-Psychologin, Psychotherapeutin, Politikerin und Autorin)**

# TEIL 1

# Istanbul – Meine Geschichte

Wahrscheinlich hat jeder von uns eine Stadt, die ihn besonders anzieht. Die Frage nach „meiner Stadt“ stellte ich mir in meiner verhältnismäßig kurzen Lebensgeschichte schon früh. Und ich finde die Antwort immer wieder in meiner Geburtsstadt: Istanbul.

Ich bin an einem regnerischen Tag im November 1985 im Stadtteil Kadıköy dieser quirligen türkischen Metropole geboren. Kadıköy gehörte schon immer zu den bekannteren Vierteln von Istanbul und ist eines der Zentren der Stadt.

Istanbul wird bekanntermaßen durch den Bosporus in zwei Hälften geteilt, in eine asiatische und eine europäische. Kadıköy liegt auf der anatolischen und damit auf der asiatischen Seite.

Derzeit leben mindestens 15,5 Mio. Menschen in dieser Stadt. Man geht aber davon aus, dass diese Zahl höher liegt. Hinzu kommen viele Berufspendler.

Auf der asiatischen Seite liegt der Stadtteil Tuzla, der bekannt ist für seinen Hafen. Im Norden erstreckt sich die Schwarzmeerküste. Die meisten touristischen und kulturellen Sehenswürdigkeiten sowie die Wirtschaftszentren der Stadt sind auf der europäischen Seite der Stadt, so auch der Stadtteil Silivri, der an der westlichen Grenze der Stadt liegt, wo sich bekanntlich auch das größte Gefängnis der Türkei befindet. Leider werde ich auch in meinem jungen Lebenslauf diese Strafvollzugsanstalt von innen kennenlernen müssen. Dazu aber später mehr.

Istanbul ist eine Stadt, die verschiedene Welten und Kulturen gleichzeitig in sich trägt. Die Geschichte der Griechen, Perser und Römer bis zu der Eroberung durch die Osmanen spielte sich dort ab. 16 Jahrhunderte lang war sie die Hauptstadt verschiedener Imperien. Byzantion, Augusta Antonina, Nova Roma, Konstantinopolis und Konstantiniyye waren ihre Namen bis zur Gründung der türkischen Republik. Eine Stadt, die immer auf der Grenze zwischen Europa und dem Orient lag und zwischen diesen beiden „Welten" vermittelt.

Ein großer Istanbul-Kenner ist der Krimi-Autor Ahmet Ümit. In seinem Buch „Die Gärten von Istanbul" beschreibt er packend die Geschichte und den Aufbau der Stadt. Die sieben Morde im Krimi spielen an historischen Orten, die in jeweils anderen Epochen und Zeiten bedeutsam waren. So findet der erste Mord im Stadtteil Sarayburnu statt, der in der Zeit von König Byzas Istanbuls Zentrum war. Der zweite Mord geschieht in Çemberlitaş, der unter Konstantin dem Großen von großer Bedeutung war. Weitere Handlungsorte sind der Stadtteil Altınkapı unter Theodosius, die Hagia Sophia unter Kaiser Justinian, Fatih Camii in der Zeit von Fatih Sultan Mehmed, Süleymaniye Camii in der Zeit von Sultan Süleyman und zuletzt die Statue von Atatürk in Sarayburnu.

Ahmet Ümit schreibt in seinem Buch: „Die Städte sind wie die Menschen. Wenn sie ihre Herkunft vergessen und von ihrer Geschichte abgerissen werden, verlieren sie auch ihren Charakter. Sie haben dann keine besonderen Eigenschaften mehr. Sie ähneln sich dann nur, wie einfache Menschen. Aber Istanbul ist keine ‚einfache Stadt'."[1]

Ich wurde früh von meiner Stadt „abgenabelt", vergessen habe ich sie aber nie. Welche Erinnerungen bleiben mir aus meiner Kindheit in Istanbul? Ich schaue mir Bilder im Fotoalbum an und beginne mich

1 Ahmet Ümit: Die Gärten von Istanbul (Passage aus dem Türkischen übersetzt von Adil Demirci)

zu erinnern. Meine Oma und mein Opa blicken mich von einem Foto an. Da meine Eltern berufstätig waren, verbrachte ich meine Zeit tagsüber bei den Großeltern. Meine Mutter arbeitete als Chemielaborantin in der Zigarettenfabrik TEKEL und mein Vater war Angestellter bei der Post.

Einen Kindergartenplatz konnte sich in dieser Zeit nur die Elite der Gesellschaft leisten. Inzwischen hat sich auf dem Gebiet der Kinderbetreuung etwas getan, aber noch wachsen die meisten Kinder bei ihren Großeltern oder bei Verwandten auf. Vor allem in Zeiten von Wirtschaftskrisen müssen Familien auf Sparflamme leben und die Kita steht weit oben auf der Liste, wenn es ans Sparen geht. Andere Fotos zeigen den Stadtteil, in dem ich aufgewachsen bin, nachdem wir aus Kadıköy weggezogen sind: Kartal. Gegenüber von meinem Haus ist ein großer Platz, auf dem ich häufig mit meinen Freunden spielte. Bis auf einen Cousin habe ich zu den meisten heute keinen Kontakt mehr. Ich nehme ein Bild in die Hand, auf dem ich in meiner Schuluniform mit dem Zeugnis in der Hand neben dem Klassenlehrer posiere. Selbstverständlich vor einer Atatürk-Statue mit der Inschrift „Ne Mutlu Türküm Diyene“, was so viel heißt wie „stolz, ein Türke zu sein“.

Als Kind weiß man nicht, was diese symbolkräftige Statue bedeutet und warum der Klassenlehrer genau diesen Ort aussuchte, um das Foto zu machen. Schon als Kleinkind wurden mir Dinge wie „Nationalismus“, „Nationalstolz“ und „Heimatliebe“ vonseiten der Schule und Institutionen vermittelt. Man wird von Anfang an auf diese „Werte“ eingeschworen. Widerstand ist gefährlich, schon allein eine Kritik wird mit Verrat gleichgesetzt.

Auf dem Foto bin ich in der ersten Klasse. Ich kann noch stolz sein, dass ich in allen Fächern mit „sehr gut“ bestanden habe, jedoch wird diese Statue im Hintergrund mir später viele Fragen bereiten. Wir schreiben das Jahr 1991, ich bin zu diesem Zeitpunkt 6 Jahre alt.

# Flucht meiner Eltern nach Deutschland

Die erste (politische) Fluchtwelle aus der Türkei begann nach dem Militärputsch vom 12. September 1980, einige Jahre vor meiner Geburt. Viele Oppositionelle verließen das Land. Mehr als 400.000 Menschen wurde der Pass entzogen, viele von ihnen versuchten daher, über illegale Wege nach Europa zu gelangen.

Als ich klein war, brachen in der Türkei und in den Nachbarländern wieder unruhige Zeiten an. Der Zweite Golfkrieg hatte im August 1990 mit der Eroberung Kuwaits durch den Irak begonnen und auch in der Türkei gab es harte Gefechte. Das türkische Militär führte einen gnadenlosen Kampf gegen die PKK und bombardierte kurdische Dörfer. Der Mann meiner Tante, ein einfacher Bauer, starb bei dem Luftangriff auf sein Heimatdorf Dicle in der Nähe von Diyarbakır. Von seinem Tod erfuhr ich erst, als ich anfing zu studieren. Meine Tante wurde schwer verletzt und lebte danach im Stadtzentrum von Diyarbakır. Der Türkei standen schwierige Jahre nach der Militärdiktatur bevor.

Die Bombardierungen der kurdischen Städte verursachte eine weitere Fluchtwelle. Viele Kurdinnen und Kurden mussten die Region verlassen, ihre Häuser wurden zerstört, ihr Eigentum beschlagnahmt und Familienangehörige starben oder kamen für lange Zeit ins Gefängnis. Diejenigen, die die Möglichkeit hatten, flohen nach Europa, und der andere Teil zog in die großen Metropolen der Westtürkei. Diese Zeit war geprägt von politischen Morden und Festnahmen. Viele Journalisten und Schriftsteller verloren bei Attentaten ihr Leben oder starben an den Folgen von Polizeigewalt.

Noch vor der zweiten Fluchtwelle verließ mein Vater im Jahre 1989 vor allem aus politischen, aber auch aus gesundheitlichen Gründen die Türkei und stellte in West-Berlin seinen Asylantrag. Bei einem Besuch im Krankenhaus diagnostizierten die Ärzte bei ihm einen bösartigen Krebstumor. Ein langer Aufenthalt im Krankenhaus schloss sich an. Knapp 10 Monate blieb er unter ärztlicher Kontrolle, bis er schließlich den Kampf gegen den Krebs gewann.

Meine Mutter besuchte ihn in dieser Zeit in Deutschland. Ich durfte sie nicht begleiten und blieb so lange bei meinen Großeltern. An die Abwesenheit meiner Mutter kann ich mich gut erinnern. Die Zeit kam mir unendlich lang vor, auch wenn ich daran gewöhnt war, dass sie häufig erst spätabends von der Arbeit nach Hause kam. Meistens war ich dann schon im Begriff, schlafen zu gehen oder ich lag im Bett und stellte mich zumindest schlafend. Während ihrer Reisen nach Deutschland war es anders, und schon nach wenigen Tagen fragte ich nach ihr und war vor allem beunruhigt angesichts der Vorstellung, dass sie wie Papa in Deutschland bleiben könnte. Aus diesem neuartigen Gerät, dem Telefon, die Stimme meines Vaters zu hören und mit ihm zu sprechen, war eine ungewohnte Erfahrung. Aber auch das konnte mir nicht die reale Anwesenheit meiner Eltern ersetzen.

Meine Eltern spürten, wie sehr ich unter der Trennung von ihnen litt, und entschieden sich dazu, dass meine Mutter mit mir nach Deutschland ziehen sollte. Diesen Plan setzten wir im Sommer 1992 in die Tat um. Zuvor hatte ich stolz mein erstes Schuljahr beendet – und jetzt stand ein Flug nach Düsseldorf an. Mein Vater war mit einem Ehepaar in Duisburg befreundet, bei dem wir fürs Erste bleiben konnten. Sie hatten auch ein Kind, das 2 Jahre jünger war als ich. Während ich am Buch schreibe, betrachte ich die Fotos meiner Ankunft in Düsseldorf. Beim Wiedersehen mit meinem Vater schaue ich verwundert.

Die Trennung von meinem Vater hat insgesamt drei Jahre gedauert. Im Alter von 7 Jahren finde ich mich in einer mir unbekannten Umgebung wieder. Aus der Weltstadt Istanbul kam ich nach Duisburg. Dieser große Wechsel ging an mir als Kind nicht spurlos vorüber. Wir verbrachten einige Monate in Duisburg. Zu dem Zeitpunkt konnte ich nicht ahnen, dass ich 14 Jahre später für mein Studium in diese Stadt ziehen würde.

Meine Eltern und die Familie, bei der wir übernachteten, gingen zusammen die Möglichkeiten durch, die ihnen in Deutschland offenstehen. Ich weiß noch, wie verwundert ich darüber war, wie die Menschen um uns herum, auf der Straße und in den Geschäften, miteinander redeten.

Zu meinen Eltern meinte ich, dass ich niemanden hier verstünde. Und natürlich wussten auch die Verkaufer im Supermarkt nicht, was ich von ihnen wollte, wenn ich sie auf Türkisch nach Wasser und meiner Lieblingsschokolade fragte.

Meine Mutter erzählte mir, dass ich immer nur in dieser einen Istanbuler Dönerbude essen wollte, und ihre Versuche, mich in ein anderes Restaurant zu locken, waren zum Scheitern verurteilt. Ob ich ein schwieriges Kind gewesen sei, fragte ich daher meine Mutter. Wie jede Mutter bestritt sie das zunächst vehement, um dann aber ehrlich zu antworten: „Du hattest schon deine Gewohnheiten und warst etwas bequem." Rückblickend und selbstkritisch betrachtet würde ich dieser Aussage durchaus zustimmen. Manche Angewohnheiten und Charaktereigenschaften hat man wohl von klein auf.

Wir blieben zunächst in Duisburg, stellten dann in Dortmund einen Asylantrag und kamen letztendlich nach Bochum in eine Landeseinrichtung für Flüchtlinge. Anschließend wechselten wir noch ein paar Mal die Unterkunft, wie ich mich dunkel erinnere, und landeten schließlich in Bochum-Laer. In der hiesigen Grundschule wurde ich eingeschrieben und durfte in die erste Klasse gehen.

Dort absolvierte ich die ersten zwei Schuljahre. Meine Klassenlehrerin war sehr engagiert und versuchte, mich in die Klasse zu integrieren. Aus dieser Zeit habe ich nur wenige Erinnerungen, lediglich eine Klassenkameradin mit Namen Anna habe ich noch vor Augen. Wieso weiß ich nicht mehr den Namen meiner Lehrerin, aber der Name meiner Klassenkameradin ist noch da? Sie muss wohl meine erste Liebe gewesen sein. Ich schaue ins Bilderbuch, finde aber kein Foto von ihr. Ihren Nachnamen habe ich mir allerdings nicht gemerkt. Nach 25 Jahren ist es nicht mehr möglich, zu erfahren, was aus ihr geworden ist.

Im Sommer 1993 ist mein Bruder Tamer auf die Welt gekommen. Es war keine leichte Situation, in der unsere Familie steckte. Die Zeit in der Flüchtlingseinrichtung war überhaupt nicht einfach für uns, aber desto größer war bei uns die Freude über Tamer. Meine Mutter schrieb dazu in ihrem Buch: „Mir war sehr bewusst, dass die Umstände sehr schwierig waren, aber ich wollte, dass mein Sohn einen kleinen Bruder/Schwester bekommt."

Ich erinnere mich an diese Zeit und weiß zu schätzen, dass die Solidarität innerhalb der politisch geflüchteten Familien in der Flüchtlingseinrichtung sehr groß war.

In der Flüchtlingseinrichtung lebte auch Wanja. An sie kann ich mich gut erinnern. Sie war wie eine Schwester für mich. Wir gingen zusammen zur Schule, wobei sie nicht jeden Tag die Schule besuchte. Erst später sollte ich erfahren, dass ihr Vater sie nicht immer zur Schule gehen ließ, weswegen Wanja an diesen Tagen einfach zuhause bleiben musste. Schon damals wurde mir bewusst, dass ich als „Junge" freier agieren konnte als sie. Es war immer abhängig von der Laune ihres Vaters, was sie durfte und was nicht.

Bei mir war es genau andersherum. Immer wenn ich nach Hause kam, musste ich ganz genau erzählen, was ich am Tag in der Schule gelernt hatte und es mehrmals wiederholen. Dieser täglichen Prozedur hätte ich mich gerne entzogen, aber es gab kein Entrinnen. Damals wusste ich nicht, dass meine Klassenlehrerin dieses Verhalten mit meinen Eltern abgesprochen hatte und sie ihr darin gefolgt waren. Es sollte dazu beitragen, dass ich den Unterrichtsstoff nicht vergesse. Sie meinte, dass ich sehr stark in Mathe sei, aber sprachlich noch einiges nachzuholen hätte, um mit den anderen Kindern kommunizieren zu können. Ich weiß heute nicht mehr, wie meine damalige Klassenlehrerin hieß, aber an dieser Stelle möchte ich ihr für ihren Einsatz danken.

Nachdem ich die 2. Klasse beendet hatte, sind wir nach Bochum-Wattenscheid gezogen. Dort lebten wir in einer kleinen Wohnung, die uns Freunde vermittelt hatten, und ich kam in eine andere Grundschule. Dort hatte ich nicht das gleiche Glück mit der Klassenlehrerin. Außer mir gab es noch eine Schülerin und einen Schüler mit türkischen Wurzeln. Die beiden sind aber im Gegensatz zu mir in Deutschland geboren worden und sprachen Deutsch. Weshalb ich kein Glück mit meiner neuen Klassenlehrerin hatte, sollte sich besonders nach der 4. Klasse zeigen. Sie war der Meinung, dass ich auf eine Hauptschule gehen solle, weil meine Sprachkenntnisse nicht für eine höhere Schullaufbahn ausreichen würden. Meine Eltern und ich wiesen sie darauf hin, dass ich in Mathematik sehr gut, und in Erdkunde sowie in weiteren Nebenfächern allgemein gut sei. Der Widerstand meiner Eltern, die in dieser Angelegenheit auch von unserer Nachbarin unterstützt worden sind, war erfolgreich. Ich kam auf eine Gesamtschule.

Bochum-Wattenscheid ist ein Stadtteil, in dem viele Menschen mit osteuropäischem Migrationshintergrund sowie viele Aussiedler lebten. Meine Mitschüler und Mitschülerinnen kamen aus sehr vielen unterschiedlichen Ländern, aber in unserem Viertel wohnten fast nur „Bio-Deutsche". Einige Jungs aus meiner Klasse aus der Gesamtschule lebten in unserer Nähe und wir wurden schnell Freunde. Daher war ich „gezwungen", Deutsch zu sprechen, um mich mit ihnen zu verständigen.

Nach der 6. Klasse hatte ich es geschafft: Meine Leistungen in Deutsch waren „sehr gut" und ich durfte in den Leistungskurs Deutsch überwechseln. Außerdem hatte ich in Mathematik die Note „gut" erreicht. Stolz wollte ich das Zeugnis der Grundschullehrerin aus Bochum-Laer zeigen, und mich bei ihr bedanken, aber leider hatte sie inzwischen die Schule gewechselt.

Nun sollte es einfacher werden. In der 7. Klasse bekamen wir eine neue Klassenlehrerin, Frau Ernst-Stürmann. Sie war auch unsere Deutschlehrerin im Leistungskurs. Als sie in die Runde fragte, wer Adil sei, weil ich in Deutsch im letzten Jahr ein „Sehr gut" hatte, antwortete ich selbstbewusst und stellte mich vor. „Bei mir ist es nicht einfach, eine Eins zu bekommen. Wir werden sehen", warnte sie mich vor.

Die Beziehung zu ihr sollte anders werden, als ich es bisher gewohnt war. Tatsächlich kam ich nie wieder auf eine Eins in Deutsch, aber sie unterrichtete uns auch im Fach Gesellschaftslehre, in dem ich der Zweitbeste war. Durch ihre große Erfahrung und Hilfsbereitschaft lernten wir viel, obwohl sie eine harte und strenge Art hatte.

Umso mehr freute ich mich, als ich im Gefängnis von Silivri eines Tages einen Brief von ihr bekam. In der 9. Klasse hatten wir das Tagebuch der Anne Frank gelesen und mussten als Aufgabe einen Brief verfassen. Ich kann mich bis heute sehr gut daran erinnern. Wir sind auch ins „Anne-Frank-Haus" nach Amsterdam gefahren. Meine frühere Lehrerin schickte mir meinen Text und erwähnte in ihrem Brief auch unseren gemeinsamen Besuch mit der Klasse im Landtag bei Birgit Fischer (der damaligen Ministerin für Frauen, Jugend, Familie und Gesundheit).

In der Oberstufe hatte ich ebenfalls Glück mit den Lehrern, vor allem mit dem Lehrer im Leistungskurs Sozialwissenschaften. Es muss am Unterrichtsstoff gelegen haben, dass ich mich anschließend zum Stufensprecher in der Oberstufe wählen ließ. Auf unserer Lektüreliste standen Karl Marx, Rosa Luxemburg, Ludwig Marcuse und Michel Foucault. Als ich diesen Plan meinen Eltern zeigte, waren sie positiv überrascht und lachten einfach nur. Sie fragten mich nach dem Unterrichtsinhalt aus und sparten nicht mit Kommentaren. Ich wusste, dass meine Eltern durch die 68er-Bewegung in der Türkei geprägt waren, wohingegen ich meinen Lehrer bzw. meine Lehrerinnen hinsichtlich ihrer Vergangenheit nicht einschätzen konnte. Sie schienen aber einen ähnlichen Lebensweg hinter sich gehabt zu haben wie meine Eltern.

„Das hättest du nicht zu lesen bekommen, wenn du in der Türkei dein Abitur gemacht hättest", kommentierten meine Eltern den Unterrichtsstoff. Da hatten sie durchaus recht. Damals und heute sind diese Autoren und Autorinnen in der Türkei sowohl auf den Schulen als auch an den Universitäten gänzlich unbekannt.

Mein großes Interesse am Unterricht in den Sozialwissenschaften war wohl der Grund dafür, dass ich mich für ein Studium der Sozialwissenschaften entschied. Mittlerweile waren wir in einen anderen Stadtteil von Bochum, nach Langendreer, gezogen, und als ich das Abitur in der Tasche hatte, verkündete ich meinen Eltern, dass ich in Berlin studieren würde. Falls dies nicht möglich sei, würde ich es in Köln probieren.

Sie akzeptierten meine Entscheidung natürlich und waren sehr stolz auf mich. Aber ich hatte große Töne gespuckt und war etwas voreilig gewesen: Weder Berlin oder Köln, sondern Duisburg sollte mich als Erstsemester erleben. „Na, mit Berlin wurde es wohl nichts", stichelten meine Eltern, als ich die Absage für die Uni bekam, aber ich sah ihre Freude darüber, dass ich mich nun an der Universität in Duisburg-Essen für Sozialwissenschaften eingeschrieben hatte.

Endlich war es soweit und ich durfte studieren. Erst später fragte ich mich, warum ich mich für das Studium der Sozialwissenschaften entschieden hatte. Die Antwort war einfach: Ich hatte keinen Plan B, etwa zum Beispiel eine Ausbildung zu machen oder einfach arbeiten zu gehen oder durch die Welt zu reisen, wie es manche aus meiner Klasse vorhatten. Letzteres hätte ich mir auch nicht leisten können. Ich war mir bewusst, dass es nicht nur an meiner Intelligenz lag, dass ich diesen direkten Weg gegangen bin.

Manchmal erinnere ich mich an die Zeit, als ich anfing zu lesen. Wie kam es dazu? Meine Eltern bemerkten, dass ich mich für Fußball interessierte und kauften mir Woche für Woche das Fußballmagazin „Kicker". Nach einem Jahr bekam ich zwischendurch den „Spiegel" in die Hände und schließlich gehörten in der Oberstufe Karl Marx, Rosa Luxemburg, Theodor W. Adorno und andere Schriftsteller zu meiner Lektüre.

Neben meinen Eltern war es auch meine Klassenlehrerin, die mich auf diesem Weg sehr unterstützte. Erst viel später sollte ich feststellen, dass sie genau die gleichen Bücher in ihrem Bücherregal stehen hatte wie meine Eltern.

## EXKURS 1: ›››››››››››››››››››››››››››››››››››››››››››› Diskussion um Flucht und Migration

Das engagierte Verhalten meiner Lehrerin sollte eigentlich ein Vorbild sein, aber ihre Einstellung ist nicht bei allen Lehrerkolleginnen und -kollegen anzutreffen. Dazu gibt es viele Gegenbeispiele: So erzählte die deutsche Fußballspielerin Tuğba Tekkal in einem Interview, dass ihre Lehrerin einst zu ihr sagte, dass sie nur Putzfrau werden würde. Der Rassismus ist in unserer Gesellschaft viel verbreiteter, als man es vermutet. Im Interview mit dem Magazin „11 Freunde" gibt Tuğba Tekkal noch weitere Beispiele, wie sich der Alltagsrassismus auf unsere

Sprache auswirkt. „Als Kind wurde ich oft gefragt, wo ich herkomme. Wenn ich dann antwortete, dass ich aus Hannover sei, folgte die nächste Frage: ‚Aber wo kommst du wirklich her?' Andere waren direkter und sagten: ‚Geh zurück in deine Heimat!' Oder sie reagierten erstaunt, dass ich Hochdeutsch spreche: ‚Das hätte ich jetzt nicht erwartet!' In der Bahn haben Damen ihre Handtaschen festgehalten, wenn ich mich neben sie gesetzt habe."[2]

Dies sind nur einige Beispiele, wie sich der Rassismus in unserer Gesellschaft zeigt. Daher ist die derzeitige Diskussion über den Rassismus in unserer Gesellschaft insbesondere in den Institutionen, im Fußball, in der Verwaltung, in den Gewerkschaften und in der Politik wichtig. Nur durch einen lebendigen Diskurs kann sich ein solidarisches Zusammenleben entwickeln. Der Rassismus zeigt sich nicht nur in Form von Polizeigewalt wie am Beispiel des Todes von George Floyd oder in Form eines Anschlags wie in Hanau auf die beiden Shishabars, bei dem 9 Menschen ihr Leben verloren haben (beides im Jahr 2020), sondern auch in vielen Bereichen des gesellschaftlichen Lebens. Diese Beispiele sind nur die Spitze des Eisbergs.

Bei dem Anschlag in Hanau am 19. Februar 2020 ist auch Ferhat Unvar ermordet worden. Sein Vater und seine Mutter sprachen auf den Gedenkveranstaltungen anlässlich des Anschlags in Hanau. Sie trauerten um ihr Kind, aber sie sprachen auch über den Rassismus in Deutschland, den Ferhat erleben musste. Im Magazin „Spiegel" wird eine Diskussion zwischen der Lehrerin und Ferhats Mutter dargestellt: „Die Lehrer bestellten Serpil Temiz, die Mutter von Ferhat Unvar, in die Lehrersprechstunde, [...] und sagten ihr: Frau Temiz, der Ferhat stört hier ständig. Frau Temiz ging nach Hause und hielt ihrem Jungen, der

2 https://11freunde.de/artikel/meine-lehrerin-sagte-du-wirst-eh-nur-putzfrau/2376306?position=seiteninhalt&seite=1#seiteninhalt

in Deutschland geboren war und einen deutschen Pass hatte, Vorträge. Jede Woche: Ferhat, du bist nicht wie deutsche Kinder, du musst dich mehr anstrengen, sonst wirst du überhaupt keine Chance bekommen."[3]

Dies ist die Reaktion einer besorgten Mutter, die sich Sorgen um die Zukunft ihres Sohnes macht. Es reicht nicht, einfach nur „wie die anderen" zu sein. Als Mensch mit Migrationshintergrund steht man unter einem permanenten Druck, sich beweisen zu müssen. Dieser Druck beginnt bereits in der 4. Klasse, wenn geklärt werden muss, ob ein Übergang von der Grundschule auf das Gymnasium erfolgen soll. Eine solche Entscheidung wird leider manchmal auch heute noch unter Berücksichtigung der Herkunft und der gesellschaftlichen Stellung der Eltern getroffen. Vor allem als Frau ist man doppelt benachteiligt.

„Du brauchst kein Abitur zu machen, da du ja sowieso heiratest", kann es noch vielen Familien heißen. Dazu gibt es ein Lied aus den 70ern: „Doof geboren ist keiner, doof wird man gemacht", vom GRIPS Theater, Berlin.

*Doof geborn ist keiner! Doof wird man gemacht!*
*Und wer behauptet: „Doof bleibt doof!", der hat nicht nachgedacht.*
*Doof geborn ist keiner! Doof wird man gemacht!*
*Und wer behauptet: „Doof bleibt doof!", vor dem nehmt Euch in Acht.*

*Erika ist mies und fad, doch Papi ist Regierungsrat,*
*Drum macht sie ganz bestimmt das Abitur.*
*Paule ist gescheit und schlau, doch sein Vater ist beim Bau,*
*Drum geht er zur neunten Klasse nur.*

---

3 https://www.spiegel.de/psychologie/hanau-anschlag-wie-es-der-mutter-eines-toten-fuenf-monate-spaeter-geht-a-ba5d2762-8b44-49c8-a72a-957f1823c715

*Einigen hilft alle Welt, doch den meisten fehlt das Geld,*
*Sie müssen dauernd kämpfen für ihr Recht.*
*Darum Kinder aufgepasst, dass Ihr Euch nichts gefallen lasst,*
*Denn keiner ist von ganz alleine blöd!*

›››››››››››››››››››››››››››››››››››››› **EXKURS 1 ZU ENDE**

Diese Chance, durch Beziehungen o. Ä. auf das Gymnasium zu kommen, hat ein Kind mit Migrationshintergrund meist nicht. Es braucht auf jeden Fall ein gutes bis sehr gutes Zeugnis, sonst kommt nur die Haupt- oder Gesamtschule in Betracht.

Ich möchte diese Schulen auf keinen Fall in ein schlechtes Licht stellen, das ist ganz bestimmt nicht meine Intention. Viele Eltern und Lehrer finden, dass die Gesamtschule eine bessere Durchlässigkeit zwischen den verschiedenen Schulformen darstellt und somit eine bessere Bildungsgerechtigkeit gegeben ist, was sicher seine Berechtigung hat. Ich möchte nur deutlich machen, dass der Druck bereits früh beginnt und das gesamte weitere Leben nicht nachlässt. Dies zeigt sich später bei Vorstellungsgesprächen oder bei der Übernahme von Positionen in eine leitende Stellung. Und wieder sind es die Frauen, die doppelt benachteiligt sind. Sie erleben nicht nur die Benachteiligung als „Ausländerinnen", sondern auch noch als Frau, da sie in vielen Berufen im Vergleich mit den Männern schlechter gestellt werden. Diese Benachteiligung kennen viele Frauen mit Migrationshintergrund aus ihren jungen Jahren, und dies besonders in den muslimischen Familien und deren gesellschaftlichem Umfeld. Sie merken früh, dass sie nicht dasselbe dürfen wie ihre Brüder, wie z. B. einfach abends mal länger draußen bleiben oder ihren Freund den Eltern vorstellen zu können.

Die Tatsache, dass meine Eltern die Türkei aus politischen Gründen verlassen mussten und ich als Flüchtlingskind in Deutschland aufgewachsen bin, brachte mich schon früh dazu, mich mit dieser Thematik genauer zu beschäftigen. Es ist dann auch kein Zufall, dass ich zunächst Sozialwissenschaften studiert habe und anschließend in der Sozialarbeit beziehungsweise Flüchtlingshilfe arbeitete. Ich kann genau verstehen, was die Geflüchteten durchmachen, auch wenn die politische und rechtliche Situation nicht dieselbe ist wie in den 1990er Jahren.

Es ist einfach, nur zu kritisieren. Daher möchte ich an dieser Stelle der deutschen Zivilgesellschaft ein großes Lob aussprechen. Die Mehrheit hat viel Empathie und Verständnis gezeigt, als 2015 die Flüchtlinge zu uns kamen. Vor allem die älteren Generationen wussten, was es bedeutet, wenn Menschen ihre Heimat kriegsbedingt verlassen müssen. Das Recht auf Asyl ist als Lehre aus der Nazidiktatur entstanden.

Die Solidarität mit den Geflüchteten, die Deutschland erlebte, war großartig. Tausende Menschen standen an den Bahnhöfen, engagierten sich in den Willkommensinitiativen, viele spendeten den Geflüchteten Kleider, Essen und Obdach. Auch die Kinder wurden herzlich aufgenommen.

Der rechte Rand der Gesellschaft – allen voran die AfD und andere rechtsextreme Parteien und Netzwerke wie die „Identitäre Bewegung" oder „die Rechte" – versuchte massiv die Stimmung der humanistischen Unterstützung und die Willkommenskultur für Geflüchtete zu brechen. Die rechten Gruppierungen sprachen mit „völkischen" Begriffen von der „Zerstörung des Abendlandes" und teils offen von „Überfremdung der Deutschen". Die Verarmung von weiten Teilen der Bevölkerung, das Wegbrechen von klaren Schichtzugehörigkeiten und sozialen Milieus machte es in diesem Klima den Rechten leichter. Mit diesen einfachen rechten Phrasen schafften sie es auch, viele Stimmen zu gewinnen.

2015 wollte ich auch meiner Aufgabe als „besorgter Sozialwissenschaftler" gerecht werden und trat eine Stelle als Sozialarbeiter in einer

Einrichtung für minderjährige Geflüchtete beim Internationalen Bund (IB) an. Ich wollte meinen Beitrag dazu leisten, den Geflüchteten zu helfen, in Deutschland anzukommen. Zuvor war ich in der Jugendarbeit tätig gewesen, hatte aber noch nicht mit dieser neuen Zielgruppe, den Geflüchteten, zu tun gehabt. Meine Neugier und Freude waren groß, aber ebenso groß war auch meine Unsicherheit.

In der Flüchtlingseinrichtung hatten wir über 60 Jugendliche, verteilt auf zwei Einrichtungen, von der Stadt zugeteilt bekommen. Unser Team bestand aus mehreren sozialpädagogischen Kräften, war aber eigentlich zu klein, um diese anstehende Arbeit wirklich gut zu bewältigen. Es gab auch mehrere erfahrene Kolleginnen, aber die meisten waren Berufsneulinge wie ich.

Die Einarbeitung begann direkt durch die Praxis. Es ging um die einfachsten Sachen, die diese Jugendlichen nun benötigten. Vor allem brauchten sie Unterstützung. Durch einen Aufruf für Kleidungsspenden bekamen wir viele Pakete. Zusammen suchten wir mit unseren Schützlingen aus, was ihnen passen könnte. Viele der jungen Geflüchteten hatten nichts dabei. Sie hatten alles verloren.

Die meisten Geflüchteten gelangten von der Türkei über die Grenze und bewegten sich von Griechenland aus dann den ganzen Weg über den Balkan nach Europa. Viele von ihnen waren zu Fuß unterwegs und konnten sich die „Schlepperbanden" nicht leisten. Sie hatten tausende von Kilometern hinter sich, was man ihnen auch ansah. Die meisten waren erschöpft und sorgten sich um ihre Familienangehörigen, die vielleicht bei Grenzkontrollen in anderen Ländern stecken geblieben waren. Andere hatten aber auch Angst um Verwandte, die in den Heimatländern weiter im Kriegszustand lebten und die Hoffnung hatten, bald zu ihnen nach Deutschland kommen zu können.

Einige „unserer" Geflüchteten waren erst 13 oder 14 Jahre alt. Da der größte Teil von ihnen über die Türkei nach Europa gekommen war, hatten sie einige Wörter Türkisch gelernt, wodurch ich mich mit ihnen verständigen konnte. Sie waren aus dem Iran, dem Irak, aus Afghanistan oder aus Syrien. Die zweite Gruppe kam aus Tunesien und Marokko, während die dritte Gruppe aus Somalia, Eritrea und weiteren Ländern Afrikas stammte. Wir versuchten sie nach dem Gesichtspunkt aufzuteilen, wer sich mit wem am besten verständigen konnte. Nur ganz wenige von ihnen sprachen Englisch oder Französisch.

In diesen ersten Tagen in der Einrichtung erlebte ich auch einen Rassismus unter den migrantischen Communitys, der mir bisher so nicht bekannt war. Ich war verwundert. Die meisten von den Geflüchteten hatten den gleichen Weg hinter sich und sich vielleicht auf dieser Reise gegenseitig geholfen. Jetzt waren sie wieder „Feinde". Die schwarzen Jugendlichen wurden von einer Gruppe aus dem gleichen Kontinent als „Menschen zweiter Klasse" und als „Sklaven" bezeichnet. Früh bemerkten wir, dass sie den Raum verließen, wenn diese „Obergruppe" den Raum betrat. Die Geflüchteten erlebten eine Diskriminierung innerhalb der Einrichtung.

Ja, diese Menschen haben den gleichen oder einen ähnlichen anstrengenden Reiseweg hinter sich, aber deswegen sind ihre Einstellungen nicht automatisch dieselben. Diesen Rassismus kannte ich doch selbst aus der türkischen Community. Neben Diskriminierungen von Kurden, wo der Rassismus sich bereits zur Ideologie entwickelt hatte, gibt es auch eine offene Ablehnung gegenüber den Schwarzen, den Roma und den Armeniern. Das macht sich schon in der türkischen Sprache bemerkbar, wenn man abwertend sagt: „Ermeni misin sen?" – Bist du Armenier?

# Die Sehnsucht nach Istanbul

Ich spürte auch gleichzeitig in dieser Zeit den Drang, wieder in der Türkei, in Istanbul, zu leben. Bald würde ich 30 – und wenn ich es nicht jetzt versuchen würde, wann dann? Istanbul war die Stadt, in der ich geboren wurde. Diese Metropole zog mich magisch an. Das spürte ich jedes Mal im Urlaub. Es waren nicht die Städte Malatya oder Diyarbakır, in denen meine Eltern und Familie daheim sind, und auch nicht die Urlaubsorte, die mich dazu verleiteten, so etwas Verrücktes zu tun.

Die Umstände waren einigermaßen günstig. In der Politik gab es Friedensgespräche zwischen der Regierung und der PKK. Im Vergleich zu früheren Jahren war es militärisch gesehen innerhalb der Türkei ruhig, auch wenn Erdoğan offen mit radikalen islamistischen Milizengruppen sympathisierte und der Krieg in Syrien wütete. Ich versuchte mir einzureden, dass es in Syrien und in der Geschichte doch immer Kriege gegeben hatte und es zu diesem Zeitpunkt wenigstens in der Türkei etwas ruhiger war. Ich brauchte Argumente für meinen Entschluss, meinen sicheren Arbeitsplatz in Deutschland aufzugeben und ein neues Leben in Istanbul zu beginnen. Meine Eltern und meine Freunde konnten mich nicht verstehen, beziehungsweise meinten sie, es sei nicht der richtige Moment. Für mich stellte sich nur die Frage: Wann soll denn dieser richtige Zeitpunkt gekommen sein?

Die Entscheidung war bald gefällt: Ich würde meinen Job kündigen und für unbestimmte Zeit nach Istanbul gehen. Auch merkte ich, dass ich nicht alleine war. Mehrere meiner Kommilitonen mit türkischen oder kurdischen Wurzeln hatten ebenfalls den Schritt in die Türkei gewagt und versucht, dort ihr Leben aufzubauen.

**EXKURS 2: ››››››››››››››››››››››››››››››››››››››››››››››››››**
**Friedensgespräche mit der PKK (2012–2015)**

## Die Kurdenfrage und der Friedensprozess (2012–2015)

Zwischen den Jahren 2012 und 2015 gab es Friedensverhandlungen zwischen der türkischen Regierung und der PKK. So wurde auch in dieser Zeit ein Waffenstillstand mit der PKK verkündet. Die Gespräche zwischen den Vertretern der AKP-Regierung und dem türkischen Geheimdienst mit Abdullah Öcalan, dem Vorsitzenden der PKK, fanden auf İmralı statt. Viele Menschen sehnten sich nach Frieden und einem Waffenstillstand und verfolgten diese Gespräche mit großer Hoffnung.

Die kurdische Frage gehört zu den beherrschenden Konflikten im Nahen Osten und ist vielleicht die wichtigste ungeklärte und bisher ungelöste Thematik seit der Gründung der türkischen Republik. Die kurdische Bevölkerung lebt seit Jahrhunderten dort. Nach der Gründung der türkischen Republik praktizierte Atatürk und die kemalistische Elite eine Politik unter dem Motto „Ein Volk, eine Nation, eine Sprache und eine Religion". Somit wurde die kurdische Identität bereits nach Gründung der Republik im Jahr 1923 geleugnet und eine Assimilierungspolitik betrieben. Mit knapp ca. 20 Millionen Menschen sind die Kurden heute in der Türkei die zweitgrößte Ethnie.

Die Aufstände in den kurdischen Gebieten, wie der Scheich-Said-Aufstand (1925) und der Dersim-Aufstand (1937–1938), wurden bereits einige Jahre nach der Gründung der türkischen Republik brutal niedergeschlagen und bekämpft.

In den 70er Jahren kam der Kurdenkonflikt wieder auf die Tagesordnung der linken Bewegung und damit auch des türkischen Staates. In den weiteren Jahren entstanden Parteien und Bewegungen, welche die kurdische Frage zum Hauptproblem der Türkei erklärten, das dringend gelöst werden müsse. Die kemalistische Elite hielt an ihrer Politik fest und leugnete die Existenz der Kurden. Beim Militärputsch von 1980 trat dies besonders heftig zutage: Alle kurdischen Parteien und Bewegungen wurden verboten. In den kurdischen Gebieten erlebten die Menschen Gräueltaten. Davon berichten die Lieder, die über die Foltergefängnisse von Diyarbakır geschrieben wurden. Unter der Militärdiktatur wurde das Kurdische als Sprache und als Kultur komplett verboten, verfolgt und bestraft. In diesem Zeitraum entwickelte sich die PKK zur kurdischen Befreiungsbewegung mit klarer Orientierung in Richtung der Sowjetunion und dem Ostblock.

Die 80er und die 90er waren die Zeit des „schmutzigen Krieges" in den kurdischen Gebieten. Viele Menschen mussten ihre Heimat verlassen und in die westlichen Städte der Türkei sowie ins Ausland fliehen. Die PKK änderte ab 1993 ihr Ziel „eines unabhängigen kurdischen Staates" und verfolgte nun das Ziel, „die kurdischen Gebiete als integralen Bestandteil einer Türkei mit föderativen Strukturen" zu sehen.[4]

Prokurdische Parteien, vertreten durch Politiker wie Leyla Zana und Hatip Dicle, schafften es seit 1991 durch verschiedene Bündnisse, ins türkische Parlament gewählt zu werden.

Die Kurdenfrage gehörte zu den wichtigsten Themen in der AKP-Ära und es gab kurzzeitig Anzeichen für eine Entspannung. In den

4 Vgl. Kemal Bozay, Der neue Sultan – Die Türkei zwischen Repression und Widerstand, Papy Rossa Verlag 2017, S. 92.

Jahren 2002 bis 2005 machten verschiedene Reformen den Weg für die private Nutzung der kurdischen Sprache frei. Seitdem sind private Fernseh- und Rundfunksendungen mit zeitlichen und inhaltlichen Begrenzungen genauso erlaubt wie private kurdische Sprachkurse und die kurdische Namensgebung.

Im August 2005 signalisierte der neu gewählte Ministerpräsident Erdoğan in Diyarbakır die Anerkennung der Kurden. Die kurdische Seite reagierte darauf mit der Verkündung eines neuerlichen Waffenstillstands. Er hielt aber nicht länger als einen Monat, weil die türkische Regierung und die Armee den Waffenstillstand ignorierten und ihre Militäroperationen weiterführten.

Die AKP sprach vor den anstehenden Wahlen immer die kurdische Frage an, um Wählerstimmen in den kurdischen Gebieten zu sammeln. Noch im Vorfeld der Kommunalwahlen 2009 erhoffte sich die AKP durch die Zulassung des kurdischen Staatssenders TRT 6 im Januar 2009, die Wählergunst der kurdischen Bevölkerung zu gewinnen. Der vermeintlich prokurdische Sender entpuppte sich jedoch als AKP-naher Propagandasender. Die AKP und die HDP deckten in den kurdischen Siedlungsgebieten einen Stimmenanteil von bis zu 90 % ab. Die anderen etablierten Parteien wie die CHP, MHP und weitere kamen zusammen auf nicht mehr als 10 % in diesen Regionen.

In dieser Zeit kam es auch zu den ersten geheimen Friedensgesprächen zwischen dem türkischen Staat und der Führung der PKK in Oslo/Norwegen. Ministerpräsident Erdoğan schickte für die Gespräche seinen Geheimdienstmitarbeiter Hakan Fidan nach Oslo. Für die türkische Regierung hatte dabei der Rückzug der PKK vom türkischen Territorium und die Niederlegung der Waffen die höchste Priorität. Die Kurden forderten kulturelle Rechte als ethnische Minderheit und einen politischen Sonderstatus innerhalb der Türkei. Im Laufe der Verhandlungen suchten verschiedene Delegationen der kurdischen

Barış ve Demokrasi Partisi (BDP) Öcalan auf, um einen Fahrplan für die Befriedung des türkisch-kurdischen Konfliktes zu erstellen. Zum Newroz-Fest am 21. März im Jahr 2013 erklärte Öcalan schließlich eine Waffenruhe und den Rückzug der PKK-Einheiten aus der Türkei. Seine Nachricht wurde auf der Newroz-Feier in Diyarbakır öffentlich vorgetragen. Viele Beobachter sprachen von einem entscheidenden Schritt. Der damalige Ministerpräsident Recep Tayyip Erdoğan bewertete Öcalans Aufruf als sehr positiv.

Ein Teil des eingeleiteten Friedensprozesses war die Einrichtung einer Kommission, dem „Rat der Weisen". In sieben Regionen der Türkei sollte er Öffentlichkeitsarbeit leisten und eine beratende Funktion übernehmen, um an einer Lösung des Kurdenkonfliktes zu arbeiten und einen Konsens zu finden. Bekannte Schauspieler, Journalisten und Intellektuelle sollten Mitglieder dieses Kreises werden. Einen Monat nach dieser Erklärung, also im April 2013, kündigte die PKK ihren Rückzug aus der Türkei an und zog sich in den Nordirak zurück. Das war der vereinbarte erste Schritt. Um seine Friedensbereitschaft zu zeigen, holte sich Erdoğan für eine große öffentliche Politveranstaltung im November 2013 mit dem irakisch-kurdischen Regionalpräsidenten Masud Barzani prominente Unterstützung ins Boot. Auch bekannte kurdische Sänger wie Şiwan Perwer oder İbrahim Tatlıses standen auf der Bühne. Erdoğan ließ sich von Barzani, der in diesen Jahren aus taktischen Gründen bereits mit seiner Kurdenpolitik viele Tabus gebrochen hatte, als „Architekt des Friedens" bezeichnen.

Als zweiten Schritt sollten politische Reformen eingeleitet werden. Jedoch zögerte die AKP-Regierung damit, weil sie inzwischen parteiinterne Krisen zu bewältigen hatte. Die größte Krise, von der die Öffentlichkeit etwas mitbekam, war der Korruptionsskandal um die bisherigen Verbündeten Gülen und Erdoğan. Dieser Skandal wurde am

17. Dezember 2013 durch langjährige Polizeiermittlungen aufgedeckt. Zahlreiche Personen aus dem engsten Umfeld der türkischen Regierungspartei AKP, die sich sinnigerweise Gerechtigkeits- und Entwicklungspartei nennt, wurden festgenommen. Unter ihnen befanden sich die Söhne des Innen-, des Umwelt- und des Wirtschaftsministers sowie der Geschäftsführer der staatseigenen Halkbank, Süleyman Aslan. Die drei Minister reichten daraufhin ihren Rücktritt ein. Erdoğan sprach von einer Schmutzkampagne gegen seine Regierung und beschuldigte sofort den in den Vereinigten Staaten lebenden Imam Fethullah Gülen und seine religiöse Bewegung. Als weitere Reaktion enthob die Regierung zahlreiche hohe Polizeibeamte, darunter den Polizeichef von Istanbul, ihrer Ämter und versetzte über 400 weitere Beamte.[5]

Die AKP stand nun vor der wohl größten parteiinternen Krise seit ihrer Gründung. Dies hatte auch einen großen Einfluss auf die Friedensgespräche, die nun immer mehr in den Hintergrund rückten. Im Winter 2013 kam es auch zu mehreren Zusammenstößen zwischen dem Militär und der PKK. Die nächste größere Krise folgte kurz darauf, im Oktober 2014. Die terroristisch agierende salafistische Miliz, der sogenannte Islamische Staat (IS), griff mit türkischer Unterstützung die kurdische Stadt Kobane in Nordsyrien/Rojava an. Präsident Erdoğan verkündete im Fernsehen: „Kobane steht kurz vor dem Fall".

In der Türkei gab es große Demonstrationen gegen die Unterstützung des IS durch den türkischen Staat. Bei den Protesten kam es zu heftigen Auseinandersetzungen zwischen den Demonstranten und der Polizei. Circa 30 Menschen verloren dabei ihr Leben.

---

5 Schlötzer, Christiane: Türkische Justiz weist Erdogan in die Schranken; Süddeutsche Zeitung vom 27.12.2013, https://www.sueddeutsche.de/politik/korruptionsskandal-tuerkische-justiz-weist-erdogan-in-die-schranken-1.1852009.

Kennzeichnend für diese Konflikte war, dass viele Zivilisten Opfer der innertürkischen Kämpfe wurden. Die eingestellten Friedensbemühungen vom Sommer 2015 der Erdoğan-Regierung führten besonders in den Kurdengebieten zu Enttäuschungen in der Bevölkerung.

Die kurdische YPG und die örtliche Bevölkerung schafften es auch dank westlicher Unterstützung, den Angriff des Islamischen Staates (IS) auf die Stadt Kobane zurückzuschlagen. Während dieser Zeit entwickelte sich im Rahmen der Krise in Syrien ein Autonomie-Gebiet der Kurden im Norden des Landes: Rojava. Kurdische Kämpfer und die Bevölkerung konnten den Durchmarsch des IS verhindern und gewannen einige Gebiete zurück. In dieser Zeit kämpften auch amerikanische sowie russische Truppen im Land als Verbündete der Kurden gegen die islamische Terrormiliz IS. In manchen Gebieten ging die kurdische YPG Bündnisse mit dem Assad-Regime ein, um den Vormarsch des IS zu verhindern. Diese Entwicklung an der südlichen Grenze der Türkei machte dem türkischen Staat große Sorge. Zwar hatte sich die PKK aus der Türkei zurückgezogen, aber in Nordsyrien (Rojava) hatte die nahestehende PYD (Partei der demokratischen Union) und ihre Milizgruppen YPG (Volksverteidigungseinheit) und YPJ (Frauenverteidigungseinheiten) ein Autonomiegebiet aufgebaut. Dies war mit Unterstützung des Westens geschehen.

Am 28. Februar 2015 unterzeichneten überraschenderweise die Vertreter der türkischen Regierung sowie Politiker der HDP im Dolmabahçe-Palast in Istanbul einen Fahrplan zur endgültigen Beendigung des Kurdenkonfliktes. Dabei verlas der HDP-Abgeordnete Sırrı Süreyya Önder im Beisein des stellvertretenden Ministerpräsidenten Yalçın Akdoğan einen von mehreren Sendern live übertragenen Aufruf von Öcalan an die PKK, die Waffen niederzulegen.

Die Hoffnung auf den langersehnten Frieden stieg mit diesem Treffen und man sprach von einer „großen Chance für einen historischen Schritt". Zwei Wochen später erklärte Erdoğan die Vereinbarung für nichtig. Diese Zeit beschreibt der damalige Co-Vorsitzende der HDP, Selahattin Demirtaş, folgendermaßen: „Auf Imrali wurde ein großes Treffen vereinbart. Schreiner bauten einen Tisch für dreißig Personen. Unabhängige Beobachter, Vertreter der HDP und der Regierung sollten sich an diesem Tisch versammeln."[6]

Dies belegt, dass die Gespräche sehr weit gediehen waren. Jedoch hatten sich für die AKP die politischen Bedingungen, verglichen mit der Lage zu Beginn der Friedensverhandlungen, verschlechtert. Mehrere innen- und außenpolitische Entwicklungen bereiteten dem Erdoğan-Regime Sorge.

Erstens stieg die Popularität des Vorsitzenden der HDP, Selahattin Demirtaş, aufgrund seiner Person, seines Auftretens und seiner Wortwahl. Auch im Westeuropa wurde er positiv wahrgenommen. Das belegen auch die Wahlergebnisse vom Juni 2015. Die AKP hatte nicht mehr die alleinige Mehrheit und musste sich einen Koalitionspartner suchen. Sie entschied sich für die nationalistische Bewegung MHP, die als Graue Wölfe bekannt sind.

Zweitens verlieh der Gezi-Aufstand den Gewerkschaften und den fortschrittlichen Verbänden, Vereinen und Organisationen wieder Mut, auf die Straßen zu gehen. Das zeigen die Statistiken der Gewerkschaftsverbände. Zwischen Januar 2013 und Juli 2018, d. h. innerhalb von fünfeinhalb Jahren, stieg die Zahl der Gewerkschaftsmitglieder von einer Million auf 1,8 Millionen. Im gleichen Zeitraum wuchs der Anteil

---

6 Vgl. Rogg, Inga: Wir standen kurz vor einer Lösung – für die Neue Zürcher Zeitung: https://www.nzz.ch/international/naher-osten-und-nordafrika/wir-standen-kurz-vor-einer-loesung-1.18588301

organisierter Beschäftigter an der Gesamtbeschäftigung von 9,2 Prozent auf 12,8 Prozent an. (Alpkan, 2019)

Drittens gab es sehr unterschiedliche Ansichten innerhalb der AKP zu den Friedensgesprächen. Die Verhandlungen hatten inzwischen eine offene und klare Form angenommen. Eine weitere Belastung für die AKP war der Streit mit der Gülen-Bewegung.

Viertens gewann das kurdische Autonomiegebiet in Nordsyrien/ Rojava immer mehr an Macht und internationaler Anerkennung. Westliche Militärkreise unterstützten die Kurden offen.

Alles zusammen waren es Gründe für die AKP und Präsident Erdoğan, die Friedensphase mit der PKK offiziell zu beenden. Das Wahlergebnis vom 7. Juni 2015 war dafür nur der letzte Auslöser.

›››››››››››››››››››››››››››››››››››››› EXKURS 2 ZU ENDE

Aus heutiger Sicht glaube ich schon, dass es für mich der richtige Zeitpunkt war, in die Türkei zu gehen. Nichts schien mich davon abbringen zu können: Istanbul war die Stadt, in der ich mein Leben aufbauen wollte. Ich hörte von Freunden, dass einige ihrer Bekannten diesen Weg auch eingeschlagen hatten und in Istanbul und Izmir als Lehrkräfte für die englische Sprache arbeiteten. Der Bedarf an Personal in dieser Richtung war sicherlich vorhanden. Ich lernte sie kennen und fragte sie nach ihren Erfahrungen. Sie schienen in Istanbul glücklicher zu sein als in einer Vorstadt im Norden Londons. Ich sammelte weitere Argumente. Nicht nur um meine Familie und Freunde zu überzeugen, sondern auch um eigene Zweifel an meinem Entschluss auszuräumen.

Im Juli 2015 war es soweit. Ich vollzog den Schritt, packte meine Sachen und stieg in den Flieger nach Istanbul. Dort richtete mir ein Zimmer im Haus meines Onkels ein. Er bewohnte den ersten Stock ganz allein. Im zweiten Stock lebte eine Cousine von uns und im Erdgeschoss wohnte ein älterer Mann aus dem Heimatdorf meines Onkels zur Miete. Im Viertel gab es noch zwei weitere Cousins, die ich auch besuchte. Damit hatte ich in Istanbul mehr Familie um mich als vorher in Deutschland. Meine neu entdeckten Verwandten erzählten mir viele Geschichten aus dem Dorf meiner Eltern. So erfuhr ich einige Details über die Kindheit meiner Eltern, aber auch über meine eigene Kindheit.

Die Hauptverwaltung der meisten Behörden sitzt in Ankara, auch die Anerkennungsstelle für ausländische Hochschulabschlüsse. Allerdings hatten die Beamten in der türkischen Hauptstadt auch kein Verständnis für meinen Entschluss, in Istanbul zu leben. Ebenso ließ mich meine Verwandtschaft wissen, dass sie meinen Plan, in die Türkei zu ziehen, nicht nachvollziehen konnten. „In Deutschland geht es doch euch allen gut. Ihr verdient dort so viel. Wir leben hier immer an der Armutsgrenze. Ich glaube, das geregelte Leben in Deutschland hat dich gestört", meinte mein Cousin.

Seine Aussagen machten mich zunächst stutzig, aber dann fiel mir auf, dass sein Bild von Deutschland und dem Westen eine Illusion und fernab der Realität war. Ich erzählte ihm, unter welchen Arbeitsbedingungen die migrantische Community in den 60er und 70er Jahren gearbeitet hatte. Und ich berichtete ihm von Günter Wallraff, der mit seiner Industriereportage „Ali bei Thyssen" die ausbeuterischen Verhältnisse der migrantischen Arbeiter aufgezeigt hatte (siehe Günter Wallraffs Buch „Ganz unten", erschienen 1985).

Als ich ihnen Fotos der Einrichtung für junge Flüchtlinge, in der ich gearbeitet hatte, zeigte, konnten sie damit nichts anfangen. Da ich auf diesem Wege nicht weiterkam, stellte ich ihnen die Gegenfrage: „Gibt es denn hier keine Menschen, denen es ähnlich gut geht wie den Menschen in Deutschland? Denk doch mal an die Bewohner von Stadtteilen wie Bebek." Sie stimmten mir zwar zu, ohne jedoch innerlich davon überzeugt zu sein.

Nach den ersten Tagen bei meiner Familie ging ich in Stadtteile Istanbuls, die ich bisher nur aus türkischen Fernsehserien kannte. Es waren die sehr bekannten touristischen Orte. Dies konnte man schon am Sprachgewirr merken, das dort herrschte. Englische Wortfetzen mischten sich mit Deutsch, Französisch und Arabisch. Selbst ich fiel mit meinem „Alamancı"-Türkisch aus dem Rahmen.

Mein Akzent war so stark, dass auch der Kioskbesitzer von nebenan bemerkte, dass ich wohl kein Landsmann von ihm sei. Er fragte mich, aus welcher Stadt ich käme. „Malatya und Diyarbakır", antwortete ich, doch er lächelte nur.

„Nein, nein. Du bist nicht aus Malatya und Diyarbakır. Du sprichst nicht wie wir. Aus welcher Stadt in Deutschland bist du?", hakte er nach.

Ich war verwundert, dass es so offensichtlich war, dass ich aus Deutschland kam. Im Vergleich zu vielen Türken und Kurden meines Alters, die in Deutschland lebten, sprach ich schon gut Türkisch – das dachte ich zumindest. Vielleicht stimmte das auch für deutsche Verhältnisse.

„Nasıl anladın?" – „Wie hast du das bemerkt?", fragte ich nach, woraufhin er mir erzählte, dass er in den 80ern lange in Bremen gearbeitet hätte und dann wieder in die Türkei zurückgekommen sei. Er sprach ein paar Wörter auf Deutsch mit mir. Ich lächelte, aber gleichzeitig war ich traurig über die Tatsache, dass ich die Muttersprache meiner Eltern mit einem deutschen Akzent sprach.

In Deutschland spricht man Deutsch mit einem türkischen Einschlag, und nun ist es in der Türkei andersherum. Wir sind die Generation, die nirgendwo wirklich daheim ist. Dies war für mich nicht neu, aber jedes Mal stimmte mich das nachdenklich. Urplötzlich erinnerte ich mich an eine Szene aus dem Deutschunterricht, in der wir uns die Frage nach der Heimat wie folgt stellten: „Fühlt sich der Kurde in Istanbul daheim oder der Türke in Kreuzberg?" Eine berechtigte Frage, die ich bis dahin nie unter diesem Gesichtspunkt betrachtet hatte. Die

Phase der Selbstfindung hatte begonnen. Wo aber ist meine Heimat? Diese Frage sollte sich mir noch oft stellen ... Adil, werde jetzt nicht verrückt, dachte ich mir, nahm meine Flasche Efes-Bier und ging zurück in die Wohnung.

Später sollte ich feststellen, dass nicht nur meine Aussprache, sondern auch meine Körpersprache und mein Style „deutsch" waren. Ich musste mir die „Istanbuler Art" angewöhnen, aber das ging unglaublich schnell. Die Stadt nimmt einen Menschen in sich auf und man gewinnt ein Gespür für sie, ganz egal ob, man über den Fischmarkt in Eminönü schlendert oder in den Cafés in Beşiktaş oder Kadıköy sitzt.

Wenn ich nachdenklich wurde, lief ich ans Meer und wanderte am Strand entlang. Mehrmals bin ich die Strecke von Kartal bis Bostancı, die sich auf ca. 15 Kilometer hinzieht, gelaufen. Nach diesem Weg war ich komplett erschöpft. Ich liebe es, spazieren zu gehen, aber diese Strecke machte mir schwer zu schaffen. Mein Onkel und mein Vater erzählten, dass sie früher weite Strecken bis Kadıköy gelaufen seien. Für mich war es kaum vorstellbar, diesen Weg mehrmals in der Woche zu gehen.

Ich war es aus meinem „deutschen" Alltag anders gewohnt. Ein großer Unterschied zu Deutschland ist der schleppende Ausbau im öffentlichen Personennahverkehr. Erst in den letzten Jahren hat sich auf diesem Gebiet in der Türkei etwas getan. Der Busverkehr zwischen den Städten hingegen war viel entspannter als in Deutschland und dem restlichen Europa und mir bisher unbekannt. Ich musste beispielsweise nach Ankara. Die Strecke mit dem Bus zu fahren, dauert mehr als 5 Stunden. Ich überlegte, das Flugzeug zu nehmen, aber damit wäre ich nicht schneller angekommen, weil man vom Flughafen nach Ankara mehr als eine Stunde bis in die Stadt braucht. Mein Freund empfahl mir daher, mit einem bestimmten Bus-Unternehmen zu reisen, weil die Fahrten angenehmer seien. Dem war auch so.

Ich staunte als „Alamanci“ nicht schlecht über die Ausstattung des Busses. Es war ein sogenannter 2+1-Bus. Auf der einen Seite gab es Einzelsitze und auf der anderen immer jeweils zwei Sitze, die sehr breit waren. Beinfreiheit hatte man wirklich.

Ich fuhr nach Ankara zum Hochschulrat, weil ich mein deutsches Diplom in der Türkei anerkennen lassen wollte. Das war meine erste Fahrt in die türkische Hauptstadt. Je näher ich meinem Ziel kam, desto mehr konnte ich förmlich spüren, wie sich die Stimmung veränderte. Der Kriegszustand drohte wieder. Die AKP hatte bei den Wahlen im Juni 2015 massiv an Stimmen verloren und konnte allein keine Regierung bilden. Daraufhin beendete sie die Friedensverhandlungen mit der PKK und es kam zu vermehrten Selbstmordanschlägen des Islamischen Staates in der Türkei.

## EXKURS 3: ›››››››››››››››››››››››››››››››››››››››››››››››››
## Anschlag in Suruç als Beginn einer blutigen Zeit

Das angekündigte Chaos begann bereits Ende Juli 2015 mit einem blutigen Selbstmordattentat des Islamischen Staates (IS) in Suruç/Urfa, direkt an der Grenze zu Syrien. Mehr als dreihundert Jugendliche folgten dem Aufruf einer sozialistischen Jugendorganisation (SGDF), die durch den IS zerstörte kurdische Stadt Kobane wiederaufzubauen. Auch international gab es breite Kampagnen für den Wiederaufbau der Stadt. Kobane liegt gegenüber von Suruç in Urfa. Die Jugendlichen, der größte Teil Studenten aus der ganzen Türkei, wollten am Morgen eine Presseerklärung abhalten und sich anschließend auf den Weg nach Kobane machen. Unter ihnen versteckte sich ein Selbstmord-attentäter des IS und sprengte sich in die Luft. 33 Menschen verloren ihr Leben, die meisten von ihnen waren Jugendliche und Studenten. Der Anschlag in Suruç/Urfa war der Beginn einer Reihe von Selbstmordattentaten, die die Türkei in eine blutige Zeit führen sollten.

Die Rojava-Revolution in Nordsyrien, der Aufbau eines autonomen kurdischen Staates an der südlichen Grenze der Türkei sowie der Sieg der YPG in Kobane über den IS verunsicherten den türkischen Staat ungemein. Einerseits hatte sich die PKK innerhalb der Türkei an die vereinbarte Waffenruhe gehalten und die meisten Kräfte ins Ausland abgezogen, andererseits interpretierte die AKP-Regierung in Ankara die „Staatsgründung“ von Rojava als eine Bedrohung der türkischen Souveränität.

›››››››››››››››››››››››››››››››››››››››› **EXKURS 3 ZU ENDE**

# Der Bombenanschlag in Ankara – Der Schmerz in meiner Seele

Die Hauptstadt Ankara! Bisher war ich noch nie dort gewesen. Ein sehr guter Freund von mir lebte in Ankara und kannte sich in bürokratischen Angelegenheiten sehr gut aus. Wir trafen uns im Stadtzentrum und gemeinsam fuhren wir zum Hochschulrat nach Bilkent, einem Stadtteil von Ankara.

Wie bei jedem öffentlichen Gebäude mussten wir auch hier eine Sicherheitskontrolle passieren. Die Sicherheitskräfte teilten uns mit, dass im Gebäude telefonieren und fotografieren verboten sei. „Warum haben sie uns das gesagt?", fragte ich Çağrı. „Sehen wir so aus, als würden wir hier journalistisch tätig sein?"

Mein Freund wunderte sich: „Daran habe ich gar nicht gedacht. Für mich ist das alles schon zur Routine geworden und ich hinterfrage solche Sicherheitsanweisungen gar nicht mehr."

Wir bemühten uns, die Formalitäten schnell zu erledigen. Die Verwaltungsangestellten waren nicht gerade nett und hilfreich. Trotzdem schafften wir es, innerhalb von einer Stunde aus dem Gebäude wieder herauszukommen. Der Antrag war gestellt. Man sagte uns, dass es einige Monate dauern könne, bis der Bescheid bei mir eintrifft, aber damit hatte ich gerechnet. Ich hoffte nur, dass mein deutsches Diplom anerkannt werden würde und ich keine weiteren Prüfungen absolvieren müsste. Einer Freundin war es so ergangen. Sie musste viele Prüfungen in der Türkei wiederholen, obwohl sie bereits einen europäischen Abschluss besaß.

Aber jetzt hatten wir erst einmal einen Grund zu feiern. Wir fuhren nach Kızılay ins Stadtzentrum der Hauptstadt. Am Abend waren wir einer Bar, in der die Band Kibele auftrat. Wir hörten begeistert zu und tranken Raki.

Am nächsten Tag, das war der 10. Oktober 2015, gab es eine große Gewerkschaftskundgebung am Hauptbahnhof von Ankara. Die großen Gewerkschaftsverbände wie DISK, KESK, Türk-IS und die Oppositionsparteien CHP und HDP sowie weitere linke Parteien hatten zu der Demonstration aufgerufen. Ich fuhr etwas früher los. Mein Freund Çağrı hatte noch einiges zu erledigen und wollte nachkommen. Hunderttausende von Menschen wurden erwartet. Als freier Journalist und Sozialwissenschaftler wollte ich mir einen Einblick verschaffen über die Situation der Gewerkschaften in der Türkei. Neuwahlen standen vor der Tür und daher war es klar, dass die Oppositionsparteien HDP und CHP für ihre Kandidaten Wahlveranstaltungen durchführen würden. Und genau das traf auch ein.

Auf dieser Kundgebung sah ich einige Freunde und ging zu ihnen. Wir umarmten uns und lachten. Sie waren mit dem Bus aus Istanbul gekommen und warteten bereits mehr als drei Stunden dort. Sie schienen etwas müde, aber als sie die Halay-Musik hörten, fingen sie sofort an zu tanzen. Aus allen Gesichtern strahlte ein beseeltes Lächeln. Die Menschen waren glücklich, auf der Kundgebung zu sein, und freuten sich über die große Beteiligung. Auch Familien mit Kindern sah ich unter den Teilnehmern der Demonstration. Das war ein starkes politisches Zeichen der Opposition gegenüber der AKP, die derzeit einen sehr harten Kurs verfolgte. Es war zu dem Zeitpunkt durchaus denkbar, dass die AKP durch eine starke Opposition eingedämmt und ihren Kurs ändern würde. Doch es sollte leider anders kommen.

Kurz nach zehn Uhr explodierten zwei Bomben. Überall war Blut und man hörte Schreie. Menschen lagen bewusstlos auf der Straße, einige von ihnen hatten offene Wunden. Es herrschte große Panik.

Menschen hielten ihre Hände vor den Kopf, ich sah weinende Gesichter und wild durcheinander rennende Jugendliche. Was macht man in solch einer Situation? Viele Gedanken schwirrten in diesem Moment durch meinen Kopf. Zusammen mit Kevin saß ich am Straßenrand. Wir fragten uns mehrmals gegenseitig, ob es dem anderen gut ginge, und konnten die Situation nicht realisieren. Kevin war ein deutscher Journalist, der aus Istanbul angereist war. Er berichtete aus der Türkei für die linke Zeitung „Junge Welt". Wir schauten uns um. Die großen Fensterscheiben des Bahnhofs waren zerborsten, die Transparente und Fahnen der Kundgebung lagen überall zerstreut herum und den Menschen standen Tränen in den Augen. Wir konnten in diesem Moment nicht sprechen.

Die Polizei riegelte den Platz ab und selbst Krankenwagen durften nicht zum Ort des Geschehens. Eine Gruppe von Menschen, die darüber empört war und dies der Polizei gegenüber auch zeigte, wurde mit Tränengas angegriffen. Sie flehten die Sicherheitskräfte an, die Notärzte durchzulassen. „Hier sterben Menschen!", hörte ich sie rufen.

Die Situation war so unwirklich und gleichzeitig klar und deutlich. Menschen lagen auf dem Boden und man deckte sie mit Zeitungen zu. Viele junge Menschen halfen den Betroffenen und durch die Gespräche der Menschen untereinander bekamen wir mit, dass es sich wohl um zwei Selbstmordattentäter des Islamischen Staates (IS) gehandelt hatte, die diese grausame Tat begangen haben. Es war einfach nur schrecklich. Wir standen unter Schock und folgten der Ansage, den Platz vor dem Bahnhof dringend zu verlassen, Ruhe zu bewahren und weiteren Anweisungen zu folgen. Ich sah mich nach meinen Freunden um. Einige waren dabei, den Verletzten zu helfen oder brachten sie zu den überall bereitstehenden Krankenwagen. Im Nachhinein empfinde ich eine große Hochachtung vor den Menschen, die in dieser Situation die Ruhe bewahrten und versuchten, den verletzten Menschen zu helfen.

Wir liefen lange und waren unfähig, miteinander zu sprechen. Çağrı war noch nicht aufgetaucht. Er hatte mir eine SMS geschickt, dass es bei ihm etwas länger dauern würde und er es vielleicht nur zum Ende der Kundgebung schaffe. Er hatte Glück und musste diese schrecklichen Szenen nicht miterleben.

In meinem Schockzustand dachte ich daran, mich bei meiner Familie in Köln zu melden, um ihr zu sagen, dass es mir gutginge. Zunächst hatte ich keinen Empfang, aber schließlich erreichte ich meinen Bruder Tamer. Er fragte mich, ob ich in Sicherheit sei. „Glaube schon, aber es gibt einige Tote", antwortete ich ihm.

Tamer entgegnete: „Einige? Man spricht bereits von über 70 Toten!"

Die Medien berichteten schon über den Anschlag und wussten natürlich viel mehr als wir. Ich teilte Kevin meine neuesten Informationen aus Deutschland mit, und erst in dem Moment bemerkten wir, dass Kevin seine Brille gar nicht aufhatte. Durch das Chaos und den Schockzustand ist das uns gar nicht aufgefallen. Das Attentat war bereits eine halbe Stunde her. Wir hörten nur Krankenwagen- und Polizeisirenen und liefen in Richtung Zentrum nach Kızılay.

Insgesamt verloren 102 Menschen an diesem Ort ihr Leben und mehr als fünfhundert Menschen wurden verletzt.

Die Opposition hatte geplant, mit dieser Aktion Kraft zu tanken für den Wahlkampf, aber der IS wollte diese Pläne durchkreuzen. Das war ihm leider gelungen. Es handelte sich um einen konkret geplanten Angriff auf die Kundgebung. Auf dem Weg ins Stadtzentrum hörte ich den Menschen zu, die an der Bushaltestelle über diesen Anschlag sprachen. Einige Jugendliche, eher dem konservativen Kreis zuzuordnen, befürworteten sogar indirekt die Anschläge.

Eine junge Frau, sie mag etwa 16 bis 18 Jahre alt gewesen sein, sagte zu ihrer Freundin: „Das sind doch alles Kurden und Linke. Ist doch egal."

Im Nachhinein habe ich mich darüber geärgert, mich nicht eingemischt zu haben. Diese kaltherzige Aussage hat mich in meiner derzeitigen Verfassung unglaublich irritiert. Wie können Menschen nur solche Gedanken haben? Ganz in der Nähe sind 102 Menschen gestorben und viele weitere wurden ins Krankenhaus gebracht. Die Bemerkung dieser jungen Frau bewies mir, dass die psychische Situation eines großen Teils der Bevölkerung in der Türkei gestört sein musste. In Regierungskreisen redete man so wie die Jugendlichen, und viele Menschen haben diese offiziellen Statements der Parteien ohne zu hinterfragen und ungefiltert übernommen.

Der Anschlag in Ankara stellte einen kritischen Moment in meinem Leben dar. Er ereignete sich, als ich gerade versuchte, mir mein Leben in der Türkei aufzubauen. Meine Eltern und meine Freunde rieten mir zurückzukommen, aber ich wollte erst einmal Zeit haben und über alles nachdenken. Am Nachmittag nahm ich den Bus zurück nach Istanbul und habe die kompletten fünf Stunden aus dem Fenster geschaut. Vor meinen Augen hatte ich immer noch die Bilder vom Anschlag.

Ich wollte mich selbst nicht zu einer Entscheidung zwingen, aber Angst hatte ich schon. Die Friedensphase war offiziell zu Ende, der IS verübte einen Anschlag nach dem anderen und die AKP machte den Terroristen keine Kampfansage, sondern drohte stattdessen der HDP. Kann man sich da heraushalten? Kann man da keine Meinung haben oder so tun, als würde man das nicht mitbekommen und einfach sein Leben leben? Ist man dann glücklich? Am Ende sollte sich mir die Frage danach stellen, ob es das alles wert sei. Die Frage über die Rolle der Zivilgesellschaft ist in meinen Augen sehr bedeutend.

Nach einigen Tagen nach dem Attentat, wieder zurück in Istanbul, wollte ich mir darüber Gedanken machen. Eigentlich lief es für mich gerade ganz gut. Meine Anerkennung hatte ich eingereicht und ich hätte mich jetzt bereits nach einer Tätigkeit umschauen können. Auf der anderen Seite entwickelte sich die politische Situation ins Negative.

Keinen Monat nach dem Anschlag wurden die beiden KO-Vorsitzenden der pro-kurdischen HDP, Figen Yüksekdağ und Selahattin Demirtaş, sowie weitere Abgeordnete des Parlaments festgenommen. Unter der Führung von Yüksekdağ und Demirtaş hatte es die HDP geschafft, einen großen Zuspruch im Westen der Türkei zu gewinnen. Besonders Selahattin Demirtaş bekam durch seine natürliche Art viel Sympathie. Genau das störte Erdoğan und seine AKP. Es war klar, man würde nicht mehr zurück an den Verhandlungstisch kehren, um den Friedensprozess wieder aufzunehmen. Ganz im Gegenteil, die Repression gegen die HDP, die Linken und die kritischen JournalistInnen ging weiter. Für Erdogan und die AKP ging es nicht darum, die „Kurdenfrage" zu lösen, sondern ihre Macht zu sichern.

Zu Silvester 2015/2016 flog ich nach Diyarbakır. Es war das zweite Silvester, das ich in der Türkei verbrachte. Davor war ich einmal an Silvester mit meiner damaligen Freundin und weiteren Freunden in Istanbul gewesen. Diesmal war es aber mein erstes Silvester in Diyarbakır, der Stadt, in der mein Vater geboren und aufgewachsen ist. Daher wollte ich meine Familie besuchen. Diyarbakır (Amed) gilt als kurdische Hauptstadt und ist die Hochburg der HDP. Es war sehr kalt in der Stadt. Aber nicht nur das Wetter machte es den Leuten schwer. Polizei und Militär führten gerade gemeinsam eine Aktion gegen die Menschen in der Altstadt, dem sogenannten „Sur", durch. Das Rathaus in Diyarbakır war umzingelt von Armee und Polizei. Eigentlich wollte ich nur meinen Onkel Zülküf Karatekin besuchen. Er war von 2004 bis 2014 Bürgermeister des Stadtteils Kayapınar und zuletzt Stadtdirektor der Stadt. Ende 2009 wurde mein Onkel im Rahmen des KCK-Verfahrens festgenommen und saß mehr als 4 Jahre im Gefängnis. Er kam erst kurz vor dem Ende seiner Wahlperiode wieder aus der Haft.

Als wir gerade zusammen mit meinem Cousin sein Büro betraten, flogen schon die ersten Gasbomben ins Gebäude. Die Situation draußen war sehr kritisch und die Menschen im Rathaus suchten einen Fluchtweg. Mein Onkel bat meinen Cousin, mich rauszubringen, denn er befürchtete, dass die Polizei gleich das Rathaus stürmen würde.

Meine Silvesterparty hatte ich mir natürlich anders vorgestellt. Normalerweise hätten wir ein schönes Familienessen gehabt, wären im Grünen spazieren gegangen und hätten anschließend den Nachbarn einen Besuch abgestattet. Das alles war in Diyarbakır und in den kurdischen Gebieten absolut unmöglich. In Nusaybin (Mardin), Cizre (Sirnak) und Sur (Diyarbakır) kam es zu gewaltsamen Straßenschlachten zwischen den kurdischen Milizen und den türkischen Streitkräften. Insgesamt starben hunderte Menschen in diesen Monaten. Nachdem wir ohne meinen Onkel aus dem Rathaus auf die Straße gelangt waren, verließen wir das Stadtviertel. Mein Cousin erkundigte sich, ob es mir gutginge. Durch das in der Luft liegende Tränengas bekam ich kaum die Augen auf und mein Cousin schaute mich lächelnd an und sagte: „Diyarbakır ist nicht Istanbul. Das Tränengas hier ist bestimmt bereits über dem Mindesthaltbarkeitsdatum."

Wir lachten trotz des Schreckens und gingen nach Hause. Gegen Abend kehrte dann auch mein Onkel total geschwächt heim. Um Mitternacht stießen wir mit einem Whisky an und hofften, dass das neue Jahr 2016 etwas ruhiger werden würde. Leider sollte es nicht so kommen.

Ende Februar wurde mein deutsches Diplom offiziell anerkannt und ich erhielt die entsprechende Urkunde. Jedoch war ich mir zu diesem Zeitpunkt nicht mehr sicher, ob ich wirklich weiterhin in meiner Traumstadt Istanbul bleiben wollte. Die Anschläge des IS in der Türkei gingen weiter und die politische Situation spitzte sich zu. Ich fragte die Redakteure der linken Nachrichtenagentur ETHA (Etkin Haber

Ajansı), für die ich zwischendurch Artikel ins Türkische übersetzt hatte, wie sie die aktuellen politischen Ereignisse einschätzten. Auch sie sahen die damaligen Entwicklungen in keinem guten Licht und sollten recht behalten, wie wir sogar selbst am eigenen Leib erleben mussten.

Ich gestand mir selbst ein, dass es nicht sinnvoll wäre, stur zu bleiben und weiterhin in der Türkei leben zu wollen. Meine Familie und die Freunde sollten mit ihren Rückkehrbitten Gehör finden und so traf ich schweren Herzens die Entscheidung, nach Deutschland zurückzukehren. Vorher ging ich aber noch zu der genehmigten Ersten-Mai-Kundgebung in Bakırköy und verabschiedete mich von meinen Freunden. Die Anschläge der letzten Monate und Jahre hatten ihre Auswirkungen auf die Menschen, auch auf mich. Ich hatte lange darüber nachgedacht, ob ich wirklich zum großen Kundgebungsplatz fahren sollte. Die Folgen von Ankara waren deutlich zu spüren, die Angst allgegenwärtig.

Als ich mich dem Kundgebungsplatz näherte, schaute ich mich mehrfach um. Es gab eine Einlasskontrolle von Ordnern der Organisatoren beim Platzeingang. Auch wenn diese Kontrolle sehr präsent war, nahm sie mir nicht die Angst, dass sich wieder Selbstmordattentäter des IS unter den Menschen befinden könnten. Aber der Wunsch, mich von meinen Freunden zu verabschieden, war größer als meine Furcht, und die Gewerkschaftskundgebung war der passende Ort dafür.

Ich wusste, dass Istanbul nichts dafürkonnte. Die AKP und Präsident Erdoğan waren schuld an der ganzen miserablen Situation. Eines Tages würde ich zurückkommen. Ich bin in dieser schönen Weltstadt geboren und habe einen Teil meiner Kindheit dort verbracht. Unser zweites Wiedersehen war eher durchwachsen, musste ich mir eingestehen. Aber ich sagte mir: Unser dritter Anlauf würde besser werden.

Die Konsequenzen meines Istanbulaufenthalts und aus meinen Teilnahmen an Kundgebungen der eher linken Szene und an

Beerdigungen sollte ich drei Jahre später spüren. Mein neunmonatiger Aufenthalt in meiner Traumstadt Istanbul endete, und im Handumdrehen war ich im Mai 2016 wieder in Köln.

# TEIL 2

## RÜCKKEHR AN DEN BOSPORUS

# Neugier vs. Skepsis

Nach meinem Aufenthalt in Istanbul hatte ich wieder meine Tätigkeit als Sozialarbeiter im Jugendmigrationsdienst (JMD) aufgenommen. Ich konnte gleich nach einem Monat bei der Stelle einsteigen. Zurück in Köln führte ich mein Leben so fort, als hätte ich dieses eine knappe Jahr in Istanbul nicht erlebt. Vielleicht war dies auch ein Verdrängungsprozess. Von vielen Freunden und Freundinnen hörte ich häufig, dass ich besser auf sie und ihre Warnungen vor der Türkei gehört und den Schritt nach Istanbul lieber erst gar nicht versucht hätte. Aber nein. Ich wollte es damals nicht unversucht lassen und musste diesen Weg gehen, um auch für mich mit meinem Wunsch nach einem Leben in Istanbul abzuschließen. Vorerst.

Im April 2018, zu Beginn der Osterferien, hatte ich mir eine Woche Urlaub genommen, um erneut nach Istanbul zu fliegen. Mein letzter Aufenthalt in der Türkei war ja eher ungut verlaufen und ich wollte als Ausgleich etwas Schönes in meiner Heimatstadt sehen und erleben. Das hatte aber vor allem einen weiteren, ganz privaten Grund: Meine Mutter hatte im Sommer 2017 die Diagnose Krebs bekommen und befand sich seither in Behandlung. Da ihr Krankheitszustand zu diesem Zeitpunkt stabil war und sie einen Flug ohne Risiken durchstehen konnte, entschied sie sich, noch einmal Zeit mit ihren Geschwistern und der Familie verbringen zu können und hoffte, dabei Kraft zu tanken. Ihre Chemotherapie nahm sie schon etwas mit und einige Nebenwirkungen zeigten sich bereits. Da wir sie nicht alleine reisen lassen konnten, entschied ich mich, sie zu begleiten.

Die politische Situation in der Türkei war weiterhin angespannt und es herrschte der Ausnahmezustand. Nach dem Putschversuch vom 15. Juli 2016 hatte die Repression gegen die Opposition sehr stark zugenommen. Es waren nicht nur die Sozialisten und Kurden, die angegriffen wurden, sondern jetzt konnte jeder, der etwas Kritisches über die AKP oder den Präsidenten Erdoğan gesagt oder auf sozialen Medien veröffentlicht hatte, zur Zielscheibe werden. Einige Fälle waren auch in Deutschland bekannt, wie zum Beispiel die der Journalisten Deniz Yücel und Meşale Tolu oder die Anklage gegen Peter Steudtner, einem Mitarbeiter von Amnesty International. Peter Steudtner war über vier Monate im Gefängnis, Meşale Tolu sieben Monate und Deniz Yücel sogar genau ein Jahr. Auf der anderen Seite las und hörte ich von vielen türkei-kritischen Posts deutscher Journalisten und Politiker, die in die Türkei fuhren, ohne Probleme zu bekommen. Offenbar entscheidet der Zufall, wer bei der Einreise oder später während seines Aufenthalts in der Türkei festgehalten würde.

Nun, ich hatte zwar Beiträge auf Facebook, die AKP-kritisch waren, gepostet, aber sie waren meist Teil von größeren Kampagnen und bekannten Politikern und Politikerinnen. Außerdem war das meiste war ja eh auf Deutsch verfasst. Beleidigend wurde ich nie, das ist nicht meine Art. Jedoch gehörte ich zu den kritischen und oppositionellen Stimmen in der Türkei und hatte während meines letzten Aufenthalts in Istanbul auch für eine linke Nachrichtenagentur übersetzt. Mein Name war der türkischen Polizei bekannt, das war mir bewusst.

Jedoch sammelte ich Argumente, um meine Entscheidung, in die Türkei zu fliegen, zu rechtfertigen, und dachte bei mir, dass mir schon nichts passieren würde. Erneut fiel mir die Entscheidung schwer, aber ich folgte meinem Bauchgefühl. Es sagte mir: Adil, du musst jetzt deiner Mutter in dieser schwierigen Zeit zur Seite stehen. All die Jahre war sie für euch da. Du kannst sie nicht allein gehen lassen.

Ich erzählte Freunden von meinem Plan, meine Mutter für eine Woche in die Türkei zu begleiten. Fast alle waren sehr skeptisch. Selbst meine Mutter hatte Bedenken, freute sich auf der anderen Seite natürlich, dass sie nicht alleine fliegen musste. Ich hatte meine Entscheidung getroffen und freute mich auf ein Wiedersehen nach knapp zwei Jahren mit meiner Familie, meinen Freunden und natürlich mit Istanbul.

Für diese Reise nahm ich mir vor, einige Orte zu besichtigen, die ich schon immer mal sehen wollte. Istanbul ist so groß, dass es fast unmöglich ist, alle Ecken zu kennen oder sie besichtigt zu haben. Während meines Aufenthalts vor zwei Jahren hatte ich bereits damit begonnen. Es ging mir dabei nicht um die allseits bekannten, in den Reiseführern empfohlenen Sehenswürdigkeiten, sondern um Orte, die in Büchern über Istanbul eine Rolle spielten. Vielleicht war ich bereits dort gewesen, ohne dieses Hintergrundwissen zu haben, und würde diese Gegenden jetzt mit ganz anderen Augen sehen. Es ist etwas anderes, wenn man mit einem erweiterten Bewusstsein bestimmte Orte aufsucht. Ahmet Ümit beschrieb diese Plätze in Istanbul sehr einprägsam und ich wurde neugierig. Ich musste einfach hin und für mich herausfinden, ob diese Orte wirklich so waren, wie sie der Autor dargestellt hatte.

# Verhaftung mitten in der Nacht

Am Samstag landeten meine Mutter und ich am Flughafen Istanbul-Sabiha Gökçen, der auf der anatolischen, östlichen Seite der Stadt liegt. Eine halbe Stunde später waren wir in der Wohnung meines Onkels im Stadtteil Kartal. Meine Tante war von Malatya aus angereist und erwartete uns zuhause. Familienangehörige väterlicherseits aus Diyarbakır waren auch gekommen. Sie alle wollten meine krebskranke Mutter sehen und waren daher aus den verschiedenen Ecken der Türkei nach Istanbul angereist. Schon nach der Ankunft war sie sehr glücklich und freute sich auf ein Wiedersehen mit der Familie und den Freunden.

Am Abend bekam ich die ersten Nachrichten auf mein Handy von Freunden, die sich um mich sorgten. Ich bedankte mich bei ihnen und antwortete mit großer Freude, dass alles in bester Ordnung sei, und so fühlte ich mich auch. Hatten wir die Situation überschätzt und uns unnötig Sorgen gemacht? Darüber wollte ich jetzt aber gar nicht nachdenken, sondern schöne Tage mit meiner Familie in Istanbul verbringen.

Leider spielte das Wetter nicht mit. Ich hatte mir schöne, frühlingshafte Tage in Istanbul erhofft, aber es wehte ein unangenehmer Wind und der Himmel über der Stadt war grau. Die ersten beiden Tage verbrachten wir zuhause. Besuche standen an und wir merkten bald, dass es für meine Mutter zu viel wurde. Ihre Geschwister und Verwandten wollten sie sehen, was man durchaus verstehen konnte, aber meine Mutter kosteten diese Besuche enorm viel Kraft. Sie verschwand zwischendurch in ihr Zimmer und legte sich hin.

Viele unserer Verwandten fragten meine Mutter über die Krankheit aus und welche Prognosen es gebe. Ich war hin und her gerissen, ob man einer krebskranken Frau solche direkten Fragen zum Verlauf ihrer Chemotherapie stellen dürfe. Manchmal ging ich dazwischen und antwortete für sie darauf. Dadurch verstanden sie, dass solche Nachfragen nicht gerade angebracht waren und sie lieber über die Ernte im Dorf sprechen sollten.

Für die nächsten Tagen hatte ich mir ein festes Programm vorgenommen. Neben den Besuchs-terminen bei Familienangehörigen und Freunden gab es noch bürokratische Angelegenheiten, die ich in dieser Woche erledigen musste. Meist fuhr ich nach dem Frühstück ins Zentrum von Kartal. Dafür brauchte ich mit dem Bus ca. 10 bis 15 Minuten. Zu Fuß dauerte es das Dreifache. Der Weg hinunter war angenehm, weil man eigentlich nur geradeaus bergab lief. Der Weg zurück war jedoch wegen der Steigung wesentlich anstrengender. Zusätzlich musste man immer auf den Verkehr achten. Während des Wanderns in Gedanken weit weg zu sein und zu träumen, durfte man sich nicht erlauben. Der Verkehr in Istanbul ist berühmt – aber leider im negativen Sinne.

Kartal liegt am Wasser und man hat eine Sicht auf die Inseln vor Istanbul. Am Mittwoch fuhren wir mit meiner Mutter und weiteren Familienangehörigen zur Insel Büyükada. Wir genossen die Fahrt mit der Fähre. Von Kartal aus dauerte es keine halbe Stunde. Meine Mutter freute sich während der Fahrt. Es tat ihr gut. Wir spazierten ein wenig durch das Zentrum der Insel, saßen später in einem Café und genossen die Aussicht. Auf Büyükada fahren keine Autos, alles ist dort ruhiger. Die Hektik der Großstadt erreicht einen auf der Insel nicht. Das Gehetze und eine ständige Rastlosigkeit gehören zu den Merkmalen Istanbuls, wie eigentlich zu jeder Großstadt. Dem konnte ich auch in diesen Tagen nicht entfliehen.

Die bürokratischen Angelegenheiten dauerten länger, als ich gedacht hatte. Ich war insgesamt drei Tage damit beschäftigt und konnte erst am Donnerstag meiner „To-do-Liste“ nachgehen. Dazu gehörte unter anderem auch ein Großeinkauf. Auf meinem Zettel standen einige Klamotten, die in der Türkei tatsächlich viel günstiger waren, und Bücher, die ich nach Deutschland mitbringen wollte. Freunde aus Deutschland hatten mir ihre Wünsche bereits mitgeteilt, und dafür nahm ich mir ausreichend Zeit. Diese Angelegenheiten wollte ich am Donnerstag erledigen, um den Freitag mit meinen Freunden in Ruhe verbringen zu können.

Mein Freund Çağrı aus Ankara wollte kommen, um mit mir in einen der traditionellen Meyhanes von Istanbul, die beliebten Restaurants oder Bars, zu gehen. Die Agora Meyhanesi gehört zu den ältesten und bekanntesten Bars in ganz Istanbul und befindet sich im Stadtteil Balat. Sie soll ursprünglich von dem griechisch-orthodoxen Kapitän Asteri im Jahre 1890 eröffnet worden sein. Aber unsere Pläne, diese Bar zu besuchen, wurden durchkreuzt.

In der Nacht zu Freitag, den 13. April 2018, stürmten Spezialeinheiten der Istanbuler Polizei unsere Wohnung. Ich wurde schnell wach und wollte gerade aufstehen, als zwei maskierte Polizisten mit Maschinengewehren bereits vor mir standen. Die großen Waffen waren auf mich gerichtet und die Männer schrien mich an, ich solle mich hinsetzen. Die Szene wurde von einem anderen Polizisten mit einer Kamera gefilmt. Ich konnte gar nicht so schnell realisieren, wie mir geschah, während die Wohnung von weiteren Polizeibeamten auf den Kopf gestellt wurde. Ich fragte sie, wonach sie suchen würden, aber die Polizisten sagten nichts. Akribisch durchsuchten die Männer die ganzen Kleiderschränke, die Küche und auch meinen Reisekoffer.

„Verreist du?“, fragte mich einer der Polizisten.

Wisst ihr denn nicht, wen ihr durchsucht, lag mir auf der Zunge, aber ich schluckte diese provokante Gegenfrage lieber schnell runter.

„Ich bin für eine Woche aus Deutschland gekommen und reise morgen wieder zurück“, antwortete ich anstelle dessen wahrheitsgemäß.

Er schaute mich an und hatte mein Portemonnaie in den Händen. „Daher die Euros!“, brummelte er vor sich hin.

Am Ende nahmen sie nur mein Handy mit. Ich war verwirrt. Braucht man eine komplette Spezialeinheit, um ein Handy sicherzustellen?

Es wurde nichts „Verdächtiges“ gefunden, erfuhr ich aus ihren Gesprächen, und das dokumentierten sie auch dann schriftlich. Mein Handy war jedoch offiziell bis zum Ende des Verfahrens beschlagnahmt. Das konnte ja noch eine Weile dauern, dachte ich mir, während ich immer noch darüber grübelte, wonach die Polizisten eigentlich gesucht hatten. Es war eine Szene, die mir aus den Filmen und Beschreibungen der politischen Gefangenen bekannt vorkam. Und jetzt war ich selbst betroffen. Das war kaum zu glauben.

Ich sollte mich anziehen und ein paar Sachen mitnehmen, wurde mir befohlen. Es war wie ein Albtraum. Und weitaus schlimmer war, dass ich nicht aufwachte … Leider war es auch kein übler Scherz, den sich jemand zum Freitag, den 13., mit mir erlaubt hatte. Ich war ganz sicher wach und wurde tatsächlich festgenommen! Einen Tag vor meiner Abreise. Das konnte kein Zufall gewesen sein.

# Auf der Polizeiwache

Den Grund für meine Festnahme erfuhr ich erst einmal nicht. Meine Mutter hatte von dieser Aktion glücklicherweise nichts mitbekommen. Sie schlief zusammen mit meiner Tante in der Wohnung, die sich in der oberen Etage befand. Mein Onkel hingegen musste meine Festnahme von Anfang an miterleben.

Ich wurde in ein ziviles Auto gebracht und von drei Beamten begleitet. Wir fuhren gemeinsam in Richtung Vatan, in die berühmte Istanbuler Polizeiwache. In der Türkei hat diese Polizeistation einen äußerst schlechten Ruf, besonders bei politischen Menschen. Vor allem in den 90er Jahren wurden viele Fälle von Folter bekannt, die sich in den Räumen dieser berüchtigten Polizeiwache abgespielt hatten. Das machte die Situation nochmal schwieriger. Ich hatte viel darüber gelesen und von Menschen, die an diesem Ort Schlimmes erlebt hatten, darüber gehört. Jetzt war ich selbst da, und das machte mir Angst. Was wollten sie von mir? Was wird dort passieren? Werden meine Familie und mein Anwalt darüber informiert, dass ich in Vatan bin? Können sie mich besuchen? Ich hatte tausend Fragen und keine Antworten.

Auf der Fahrt zur Wache stellten die Polizisten mir Fragen zum Leben in Deutschland und natürlich wollten sie auch wissen, wie viel die Polizisten dort verdienen würden. Solche Fragen habe ich in diesem Moment nicht erwartet. Die können mich doch nicht ernsthaft mitgenommen haben, um zu hören, wie viel Polizisten in Deutschland verdienen? Das habe ich natürlich nicht zu ihnen gesagt, aber gleichzeitig nahmen diese unpassenden Fragen mir auch die sehr starke Nervosität und etwas die Angst. Zu den Vorwürfen sagten sie nichts. Genaueres sollte ich erst später erfahren, als ich zur Staatsanwaltschaft musste.

Mitten in der Nacht kamen wir in der Polizeidirektion an. Ich hatte gehört, dass dieser Ort in den letzten Jahren modernisiert worden sei. Es gab 6 Flure mit jeweils 4 Zellen, in denen je drei Matratzen lagen. Diese drei Matratzen müssen sich meistens 5 bis 6 Personen teilen. Die Zellen waren sehr dreckig und die Wahrscheinlichkeit, dass man sich hier eine ernsthafte Krankheit holen konnte, erschien mir sehr hoch.

Für einen Linken und Oppositionellen in der Türkei war ich schon recht betagt, wenn man bedenkt, dass eine Führungsperson der 68er Bewegung wie Deniz Gezmiş mit 24 Jahren zum Tode verurteilt worden ist. Ein weiteres bekanntes Beispiel aus der Geschichte der Türkei ist Erdal Eren. Nach dem Militärputsch von 1980 wurde der damals 17-Jährige auf dem Papier für volljährig erklärt, damit das Gericht die Möglichkeit erhielt, ihn zum Tode zu verurteilen. Ihm wurde vorgeworfen, einen Soldaten erschossen zu haben, ein Vorgang, der später recht umstritten bis höchst unwahrscheinlich war. Der Umgang mit politischen Gegnern ist in der Geschichte der Türkei als nicht gerade freundlich bekannt. An dieser schrecklichen Tradition halten alle politischen Führungspersonen fest, egal ob sie aus dem kemalistisch-nationalistischen Lager oder aus dem jetzigen islamisch-konservativen AKP-Lager kommen. Jetzt war ich in einer dieser traditionellen „Folterkammern" aus den 80er und 90er Jahren. Auf diese Erfahrung hätte ich mit meinen 32 Jahren allerdings gern verzichten können.

Ich kam in die Zelle F2 auf der Polizeiwache und teilte mir den Raum mit zwei weiteren Personen, die wegen angeblicher Mitgliedschaft in der Gülen-Bewegung inhaftiert waren. Wir begrüßten uns kurz und anschließend versuchte ich, meinen Schlaf nachzuholen, aber das war unmöglich. Ich hatte schon immer Schwierigkeiten, woanders als zu Hause einzuschlafen, und die Polizeiwache war sicherlich kein angenehmer Ort. Mitten im Gang hing eine große Wanduhr, die sehr laut tickte. Mein Schädel brummte, ich war äußerst angespannt und machte mir Stress. Die Angst saß mir förmlich im Nacken. Was würde nun mit mir passieren?

Wie verfährt man an solch einem Ort? Ich kannte den Ablauf nicht. Das sollte ich aber schnell lernen. Am Morgen wurde die Zelle für eine halbe Stunde aufgeschlossen und wir durften zum WC. Auf dem Gang begrüßten mich die weiteren Insassen. Es folgten Fragen über Heimat, Beruf und aus welcher Stadt ich käme. Auf die Frage, warum ich im Gefängnis sei, hätte ich selbst gern eine Antwort gehabt. Ich versuchte mich daran zu erinnern, was ich womöglich bei Twitter oder Facebook gepostet haben könnte. Es musste etwas sein, was der AKP-Regierung und dem Präsidenten Erdoğan nicht gefallen hatte. Was ich zu diesem Zeitpunkt noch nicht wusste: Ich bin wegen der Teilnahme an drei Beerdigungen im Jahre 2015, die öffentlich und angemeldet waren, in Untersuchungshaft gekommen.

Am Nachmittag kam ein junger Mann zu mir, er mag etwa Anfang 20 gewesen sein. Er saß in der Zelle nebenan und hatte durch die Gespräche mit den Menschen in meiner Zelle gehört, dass ich aus Deutschland komme. Ihn interessierten Abläufe zu den Asylverfahren und Studienmöglichkeiten in Deutschland.

Mein Zellennachbar studierte an der renommierten Istanbuler Bosporus-Universität und wurde im Zuge der Protestaktion gegen den völkerrechtswidrigen Einmarsch der türkischen Armee in Afrin mit dem Vorwurf der Terrorpropaganda festgenommen. Ich hatte diesen Vorfall in den Medien verfolgt. Erdoğan störte es gewaltig, dass es noch Menschen gab, die trotz des seit zwei Jahren herrschenden Ausnahmezustands auf die Straßen gingen und ihn und seine Kriegspolitik kritisierten.

Ich sprach mit ihm über die Aktion an der Universität, über seine Möglichkeiten, nach Deutschland kommen zu können, aber überwiegend hörte ich ihm zu. Er hatte großen Redebedarf und zitterte die ganze Zeit, weil er auch vor seiner Familie Angst hatte. Er stammte aus einem rechtskonservativen Kreis und hatte sich an einer Aktion, die eher pro-kurdisch und ganz klar gegen das türkische Militär gerichtet war, beteiligt. Das würde bei ihm zuhause nicht gern gesehen werden. Seine Angst bestand nicht nur darin, dass er eventuell ins Gefängnis kam, sondern auch, von der eigenen Familie ausgeschlossen zu werden.

Eine Stunde später bekam ich ein Fax vom deutschen Konsulat mit dem Inhalt, dass sie bereits über meinen Fall informiert seien und sich bemühen würden, mich bald persönlich zu besuchen. Das erweckte in mir natürlich die Hoffnung, bald wieder frei zu sein. Leider erfüllte sich dieser Wunsch nicht. Als erstes wurde ich für zwei Stunden in einer Einzelzelle eingesperrt. Während sie mich einschlossen, fluchten die jungen Polizisten über Deutschland und sagten: „Du bist hier in der Türkei. Deutschland wird dich nicht retten können!" Die wirklich beleidigenden Schimpfwörter dazwischen möchte ich hier lieber nicht wiedergeben. Durch das Fax aus der Botschaft war mir jetzt klar, dass meine Familie und Freunde über meine Situation Bescheid wussten und das deutsche Konsulat in Istanbul eingeschaltet hatten.

Als mich am Nachmittag die Rechtsanwälte besuchten, konnte ich mich mit ihnen kurz austauschen und mich über den Zustand meiner Mutter erkundigen. Da wurde mir erzählt, dass sie nichts von der Verhaftung mitbekommen habe und erst am nächsten Morgen von meinem Onkel über alles aufgeklärt wurde. Sie stand danach unter Schock und wandte sich an die Rechtsanwälte der Botschaft, um sich zu informieren, was zu tun wäre.

Ich bat die Rechtsanwälte darum, meiner Mutter zu sagen, dass sie bitte nach Deutschland zurückfliegen solle, um ihre Chemotherapie weiterzuführen. Mir war klar, dass ich erst in einer Woche vor Gericht stehen würde und im besten Falle mit Auflagen freikäme. Ich rechnete nicht damit, die Türkei verlassen zu können, wenn ich nicht gar im Gefängnis landete.

Meine Mutter konnte weiter nichts für mich tun, als die Anwälte und meine Freunde in Deutschland darüber zu informieren, dass sie sich um meine Angelegenheiten kümmerten. Daher hat sich meine Mutter schweren Herzens ins Flugzeug nach Köln gesetzt und ist ohne mich zurückgeflogen. Die Rechtsanwälte teilten mir mit, dass es im Durchschnitt eine Woche dauere, bis man vor den Haftrichter komme und mit einer Entscheidung rechnen könne. Mehr Informationen zur Festnahme und zu den Vorwürfen lagen den Vertretern der deutschen Botschaft auch nicht vor. Meine Fragen, die ich im Kopf hatte, mussten wohl noch ein wenig auf Antworten warten.

Es war eine für mich schreckliche Situation. Ich beschrieb die Zustände in den Zellen, aber die Rechtsanwälte sahen es gelassen. Da sie öfter mit den Verhältnissen in den türkischen Gefängnissen konfrontiert waren als ich, blieben sie angesichts meiner Schilderungen zurückhaltend und waren wohl schon abgehärtet. Dennoch war es für mich wichtig, überhaupt mit einer Vertrauensperson sprechen zu können. Dass sie unbürokratisch und schnell meine Familie informiert hatten, bedeutete mir sehr viel.

Nach den Gesprächen mit den Rechtsanwälten verflog aber mein Hoffnungsschimmer gleich wieder, sobald ich in meine Zelle zurückmusste. Dort war es sehr dreckig und das wirkte sich auch auf die Stimmung und das Verhalten der Insassen aus. Die Gefängniskost, die verteilt wurde, war ungenießbar. Die Ungewissheit über die nächste Zeit machte mich schier verrückt. Meine beiden Mithäftlinge in der Zelle waren, so wie ich, zum ersten Mal in Haft und wussten auch nicht, was auf sie zukam.

Am Abend wurden dann 23 Mitglieder der Sozialistischen Partei der Unterdrückten (ESP) in die Polizeistation eingeliefert. Man hatte sie in Kadıköy festgenommen, als sie auf den Straßen Flyer mit dem Aufruf zum 1. Mai verteilten. Kaum vorstellbar, dass dies bereits einen Grund für eine Inhaftierung darstellte, gemessen an deutschen Verhältnissen.

Die Neuzugänge informierten mich über eine Razzia, die bei der Nachrichtenagentur ETHA (Etkin Haber Ajansı) stattgefunden hatte. Das konnte auch der Grund für meine Verhaftung gewesen sein, war mein erster Gedanke. Während meines vorherigen Aufenthalts in Istanbul hatte ich für diese linke Nachrichtenagentur Artikel und längere Kommentare ins Türkische übersetzt und auch regelmäßig ihr Büro in Aksaray besucht. Die ETHA ist eine legale Nachrichtenagentur, die sehr kritisch zu der AKP-MHP-Regierung steht. Dies hätte durchaus im Zusammenhang mit meiner Verhaftung stehen können, reimte ich mir zusammen.

## Exkurs 5: ›››››››››››››››››››››››››››››››››››››››››››››››››› Die Situation der Medien während des Ausnahmezustandes (2016–2018)

Unter dem nach dem Putschversuch im Juli 2016 verhängten Ausnahmezustand sprechen Medienrechtsorganisationen wie Reporter ohne Grenzen (ROG) von einer „Repression in ungekanntem Ausmaß“[7]. In der Rangliste der Pressefreiheit von ROG stand die Türkei im Jahr 2016 auf Platz 154 von 180 Staaten, 2019 rangierte das Land sogar auf Platz 157. Aktuell, im Jahr 2021, landet die Türkei auf Rang 153 weltweit.[8] Angriffe auf Journalisten, Schriftsteller und Intellektuelle, auch mit Todesfolgen, haben in der Türkei leider eine lange und traurige Tradition, schon seit der Zeit vor der Republikgründung. Die

---

7 https://www.presseportal.de/pm/51548/3437209

8 https://www.reporter-ohne-grenzen.de/fileadmin/Redaktion/Downloads/Ranglisten/Rangliste_2021/Rangliste_der_Pressefreiheit_2021_-_RSF.pdf

bekanntesten Opfer der jüngeren Geschichte sind Musa Anter (1920–1992), Uğur Mumcu (1942–1993), Metin Göktepe (1969–1996) oder der armenische Journalist Hrant Dink (1954–2007). Gegen viele weitere Journalisten, vor allem kritische Journalisten, kam es auch zu Angriffen.

Neben Can Dündar, der seit 2016 in Deutschland lebt, um dem türkischen Gefängnis zu entgehen, gab es im Oktober 2015 auch einen Angriff auf den bekannten Journalisten und Mitarbeiter von CNN Türk, Ahmet Hakan. Nachdem er direkt vor seinem Haus angegriffen wurde, mäßigte Ahmet Hakan seine Kritik an Präsident Erdoğan und der AKP. In der Phase nach dem Putschversuch häuften sich die Übergriffe auf kritische Journalisten in der Türkei.

Der Notstand erlaubte es der Regierung unter anderem, Zeitungen und Zeitschriften zu verbieten, falls diese die „nationale Sicherheit" gefährdeten. Die Repressionsmaßnahmen der AKP und Präsident Erdoğans richteten sich nicht nur gegen vermeintliche Mitglieder der Gülen-Bewegung und deren Angehörige, sondern gegen die ganze Opposition. So wurden auch viele Lehrer und Lehrerinnen, die der eher sozialdemokratischen Lehrergewerkschaft KESK angehörten, entlassen bzw. festgenommen. Ein ähnliches Bild zeigte sich auch im Bereich der Medien.

Mit dem Verbot der Tageszeitung „Zaman" (2016) und dem Fernsehkanal „Samanyolu TV" (ebenso 2016), die beide der Gülen-Bewegung nahestanden, war zu rechnen. Parallel zu dem Verbot mussten insgesamt 3 Nachrichtenagenturen, 9 überregionale Tageszeitungen, 16 Fernsehsender, 28 Verlagshäuser, 36 Lokal- bzw. Regionalzeitungen, 15 Zeitschriftenredaktionen und 23 Radiosender ihre Arbeit einstellen. Die zweite und die dritte Verbotswelle im August und September 2016 erfasste dann auch die kurdische, die linke und die alevitische Presse. Darunter gehörten auch der linksliberale Sender „IMC TV", die alevitischen Sender „YOL TV" und „TV10" sowie der linke und gewerkschaftsnahe Sender „Hayat TV". Die kurdisch-türkischen Tageszeitungen „Özgür Gündem" und „Azadiya Welat" sowie die Nachrichtenagentur „Dicle Haber Ajansı" (DHA) wurden ebenfalls verboten.

Die linke Nachrichtenagentur „Etkin Haber" (ETHA), für die unter anderem Meşale Tolu und ich gearbeitet hatten, wurde in dieser Zeit zwar nicht verboten, aber viele ihrer Mitarbeiter und Mitarbeiterinnen wurden zwischenzeitlich festgenommen. Die alevitischen Fernsehsender „YOL TV" und „TV10" (jetzt „CAN TV") müssen seitdem aus Deutschland senden und die meisten Menschen in der Türkei können diese Kanäle nur über Internet und in den sozialen Medien verfolgen.

Während des Ausnahmezustandes von 2016 bis 2018 wurden im Auftrag von Präsident Erdoğan und der AKP 7 Nachrichtenagenturen, 14 überregionale Zeitungen, 38 lokale Zeitungen, 31 Fernsehsender, 32 Radiostationen, 20 Zeitschriften und 28 Verlags- und Vertriebshäuser geschlossen. Insgesamt macht es in der Summe 170 Medieneinrichtungen, die in diesen zwei Jahren verboten und geschlossen wurden. Dort arbeitende Journalisten und Journalistinnen kamen zwischenzeitlich in Untersuchungshaft, einige von ihnen sitzen weiterhin im Gefängnis.

Diese Zahlen und Maßnahmen zeigen deutlich, dass Präsident Erdoğan und die AKP-Führung keine Form der Kritik zulassen möchten, egal aus welcher Richtung sie kommen. Solidaritätsaktionen von Schriftstellern, Autoren und Journalisten mit der Tageszeitung „Özgür Gündem" wurden im Nachhinein als „Terrorpropaganda" angesehen, entsprechende Prozesse wurden eingeleitet.

›››››››››››››››››››››››››››››››››››››› EXKURS 5 ZU ENDE

Mit der anwachsenden Anzahl von Häftlingen stieg glücklicherweise auch die Stimmung. Man sang Lieder, unterhielt sich gut und machte allerhand Witze. Es gab in der Gruppe auch einen 79-jährigen Rentner, dem man wohl bei der unsanften Verhaftung die Jacke zerrissen hatte.

Die jungen Polizisten hatten anscheinend keine Skrupel bei der Ausführung ihrer Anweisungen.

Alle nannten ihn „Ismet Baba". Er versuchte stets, vor allem den jungen Menschen Mut und Hoffnung zu machen. Zu mir sagte er: „Bist du nicht der Journalist aus Deutschland? Herzlich willkommen in der Türkei!"

Ich hatte mir schon gedacht, dass die Presse über mich berichtete. Auch die angeblichen Mitglieder der „Gülen-Bewegung" erkundigten sich bei „Ismet Baba", wie man sich auf der Polizeistation verhalten solle und wie er die Situation einschätze.

Am Wochenende nach meiner Verhaftung wurde es dann ruhiger, bevor am Montag mein Termin beim Staatsanwalt anstand. Mir wurde vorgeworfen, ich sei „Mitgliedschaft in einer bewaffneten Organisation", was unter Erdoğan ein recht üblicher Grund für eine Inhaftierung ist. Als Beweis wurde meine Teilnahme an drei Beerdigungen von Linken angeführt. Die drei Personen waren in Rojava (Nordsyrien) im Kampf gegen den IS gestorben und die öffentlichen Beerdigungen waren vom Gouverneur der Stadt ausdrücklich erlaubt worden. Ich konnte nicht verstehen, wie ich für etwas angeklagt werden konnte, was offiziell erlaubt war. Bei den Beerdigungen hatte es nicht einmal einen Polizeieinsatz gegeben.

Mein Anwalt versuchte, eine Freilassung unter Auflagen zu erwirken, aber der Richter erweckte den Eindruck, Anweisungen eines ihm zugeteilten unsichtbaren „Polizisten" mehr folgen zu müssen. Am fünften Tag meiner Festnahme stand ich zum ersten Mal in meinem Leben vor Gericht und wurde in Handschellen abgeführt.

# TEIL 3

## ÜBER METRIS NACH SILIVRI

# Isoliert

Nach dieser ersten Gerichtsverhandlung kam ich ins Gefängnis Metris, bevor ich dann nach Silivri gebracht werden sollte. Metris ist ebenfalls ein sehr bekanntes Gefängnis in der Türkei. Über diese Haftanstalt gibt es viele Lieder, die mir sofort eingefallen sind, wie dieses von Edip Akbayram mit dem Titel „Metrisin önü“ – „Vor Metris“.

## The front of that Metris

*I'm always seventeen years,*
*I chill in every sound of feet*
*Every time the iron door opens*
*My heart doesn't fit in the cage of my chest*
*I have tasted all kinds of pains and separations*
*I got used a little to everything*
*I couldn't vanquish myself waiting for you ...*

*The front of that Metris is long field*
*You are the only one I loved and the rest is lies*
*It's your yearning who fulls in my prison cell*
*You are the only one I loved and the rest is lies*
*It's your yearning who fulls in my prison cell*
*You are the only one I loved and the rest is lies*
*The rest is lies ...*

*I'm in my prison cell I feel grieved with your yearning*
*For you every day, every day I cry*
*My blood always flows into me I bleed*
*You haven't understood me, I feel grieved for it*
*My blood always flows into me I bleed*
*You haven't understood us, I fell grieved for it*
*I feel grieved for it ...*

*Ben hep onyedi yaşındayım.*
*Her ayak sesinde ürperirim.*
*Demirkapının her açılışında,*
*Göğsümün kafesine sığmaz yüreğim.*
*Her türlüsünü tattım, acılarin ayrılıkların.*
*Herşeye biraz alıştım.*
*Bir seni beklerken kendimi yenemedim ...*

*Şu metrisin önü, bir uzun alan.*
*Birtek seni sevdim, gerisi yalan.*
*Senin hasretindir, hücreme dolan.*
*Birtek seni sevdim, gerisi yalan.*
*Senin hasretindir, hücreme dolan.*
*Birtek seni sevdim, gerisi yalan,*
*Gerisi yalan ...*

*Hücremdeyim, hasretinle yanarım.*
*Senin için hergün, hergün aglarım.*
*Kanım hep içime akar kanarım.*
*Beni anlamadın, ona yanarım.*
*Kanım hep içime akar kanarım.*
*Beni anlamadın, ona yanarım,*
*Ona yanarım ...*

In Metris werden derzeit keine politischen Gefangenen untergebracht. Als ich dort einsaß, kam ich in eine Einzelzelle, die mit einem Bett, einer kleinen Decke, einem Fenster mit Gitter und einem WC ausgestattet war. Alles stand vor Dreck, was vor allem daran lag, dass Metris als Durchgangsstation diente. Raumpflege schien der Gefängnisleitung nicht besonders am Herzen zu liegen.

Am nächsten Tag sollte es dann weiter in Richtung Silivri gehen. Silivri ist ein Stadtteil weit außerhalb von Istanbul, der vor allem für seine Gefängnisse bekannt ist. Ich kam in die „Sonderanstalt“, die auch „geschlossene“ Anstalt oder „9-Nolu“ genannt wird. Dort befand ich mich in prominenter Gesellschaft, denn viele bekannte politische Gefangene waren in Silivri untergebracht. Auch Deniz Yücel, Peter Steudtner, Can Dündar, Osman Kavala, Ahmet Şık und viele weitere politische Gefangene saßen dort ein bzw. sind immer noch hier.

Es gab Einzelzellen und Dreierzellen für politisch Angeklagte und zum Teil auch Sechserzellen für Kriminelle. Die Menschen in der Sechserzellen waren meist wegen des Vorwurfs der Präsidentenbeleidigung zu Gast im „VIP-Gefängnis“. Präsidentenbeleidigung wird juristisch nicht als Terrorvorwurf gesehen und meist wurde dazu keine Anklageschrift eröffnet. Das änderte sich, nachdem Erdoğan zum Präsidenten der Türkei gewählt wurde. Im März 2020 wurde die Zahl von 30.000 Menschen erreicht, gegen die ein Verfahren wegen Präsidentenbeleidigung eröffnet wurde.

Ich wurde in der Einzelzelle „C86“ untergebracht. Mein Zellennachbar war ein älterer Mann, der wegen seiner HDP-Tätigkeiten inhaftiert worden war. Er nannte dieses Gefängnis „VIP“, aber es war nichts anderes als ein Isolations-Gefängnis nach dem Standard der Hochsicherheitsstrafvollzugsanstalten, den sogenannten F-Typ-Gefängnissen. „Adil, rede durch den Türschutz, dann hören wir

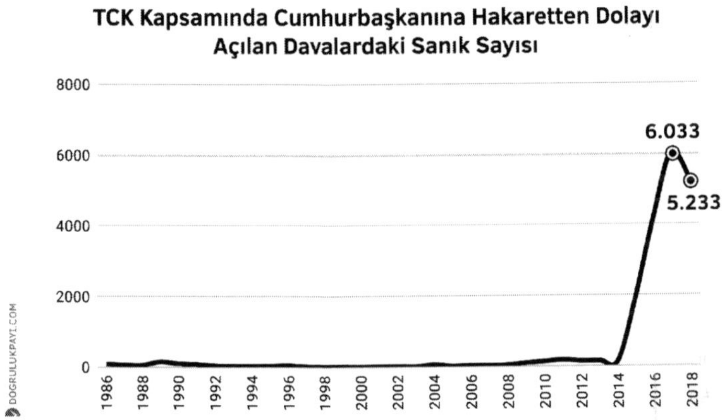


Übersicht über die Anzahl der Angeklagten in der Türkei mit dem Vorwurf der Präsidentenbeleidigung, Quelle: https://adlisicil.adalet.gov.tr/ (Institution für Vorstrafenregister und Statistik, Justizministerium)

dich besser und du brauchst nicht zu schreien", riet er mir. Diese Information sollte sich für meine weitere Zeit in Silivri noch als sehr wichtig herausstellen.

Ich hatte ein Bett, einen Wasserhahn, ein Bad mit WC und ein Radio. Ein kleiner Hof war auch vorhanden. Im Hof gab es eine Kamera und die freie Sicht auf den Himmel war durch ein Gitter versperrt. Ich versuchte sofort, mit dem HDP'ler zu sprechen. Er war schon betagt.

Die Angeklagten der Nachbarzellen nannten ihn „Dayi" (Onkel). Er sagte, dass er seinen Hof gerade mit Spülmittel putze und sich später melde. So lernte ich, dass man den Hof regelmäßig reinigen sollte, um die Insekten fernzuhalten. Eine weitere nützliche Information für meinen Alltag hier. Das Leben in einer Einzelzelle ist wirklich kaum zu ertragen.

In Silivri gibt es insgesamt acht Gefängnisse mit insgesamt mehr als 10.000 Plätzen. Diese Anlage gilt seit ihrer Eröffnung als größtes Gefängnis in Europa. Ich hörte in Metris, dass die allgemeine Situation in den Gefängnissen „2-Nolu“ oder „6-Nolu“ besser sei. Dort würden die politischen Angeklagten in Achterzellen untergebracht und man ist nicht so isoliert und alleine. Die HDP'ler, die eher zentral in das Gefängnis 5 gesteckt werden, haben es sogar noch besser, denn sie können sich den Hof mit insgesamt 25 Personen teilen.

Adil, du Pechvogel, du kommst in ein F-Typ-Gefängnis, in eine Zelle mit nur drei Personen maximal, sagte ich mir. Auch wenn die höhere Zahl an Mithäftlingen am Anfang abschreckend wirkt, hat man den Vorteil, dass man mit mehr Menschen zu tun hat und sie jeden Tag auf dem Hof sehen kann. Das ist in jedem Fall besser als eine soziale Isolation in Einzelhaft. Da die Gefängnisse überfüllt sind, teilen sich oft 35 Personen den Hof, etwa 10 Menschen mehr als vorgesehen. Insgesamt gibt es acht Gefängnisse in Silivri. Die politischen Gefangenen kommen in die Haftanstalt mit der Nummer 2, 5, 6 oder wie ich in die 9 (heute 1).

Nach einer Woche „Einzelzelle“ wurde ich in die Zelle A1-6 zu Ferhat, der am selben Tag wie ich festgenommen worden ist, verbracht. Er hatte im Sommer 2017 für die Universität ein offizielles Praktikum bei der Nachrichtenagentur ETHA absolviert und wurde wegen vier Facebook-Posts festgenommen. Ich kannte ihn nicht, aber das sollte sich ändern, denn wir hatten nun sehr viel Zeit zusammen.

Es war ein gutes Gefühl, sich mit jemandem die vier kargen Wände zu teilen. Erstens weil man sich nicht mehr so einsam fühlt und man jemanden zum Sprechen hat. Und zweitens war man weniger beunruhigt für den Fall, dass einem „etwas“ passieren könnte. Ein zweiter Zellenbewohner könnte immerhin anschließend als Zeuge aussagen. All diese Überlegungen konnten nicht verhindern, dass in meinem Kopf Schreckensszenarien hochkamen.

## Exkurs 6: ››››››››››››››››››››››››››››››››››››››››››››››››››
## Die Gezi-Proteste / Aufstand (Sommer 2013)

Die Gezi-Proteste von 2013 bilden einen Höhepunkt in der politischen Widerstandsbewegung der Türkei. Mit diesem „Aufstand" bzw. „Aufschrei" und der landesweiten breiten Beteiligung hatte keiner zuvor gerechnet. Der Ausruf „Überall ist Taksim – Überall ist Widerstand" war der Slogan dieser Tage. Der Gezi-Park befindet sich gleich am Taksim-Platz, dem bekanntesten Ort im Herzen von Istanbul. Der Taksim-Platz ist in der Geschichte der Türkei einer der bedeutendsten Symbole der Stadt, und er ist vor allem seit langer Zeit der Demonstrationsort für die Oppositionellen. Unter Atatürk wurde der Platz zum Aushängeschild der Republik. Für die linke Opposition hatte der Taksim-Platz ebenfalls eine Bedeutung, denn er bildete die Bühne für die studentischen Demonstrationen gegen einen Besuch der Sechsten Flotte der USA am 16. Februar 1969, der als „Blutiger Sonntag" in der Erinnerung blieb. Für die Gewerkschaften und die linke Opposition stieg die Bedeutung des Taksim-Platzes nach dem 1. Mai 1977. Hunderttausende Arbeiter und Arbeiterinnen strömten zum Taksim-Platz, wo Paramilitärs von dem Dach eines Hotels mit Gewehren auf sie schossen. 34 Menschen verloren ihr Leben und einige hundert wurden verletzt. Seitdem wurde der Taksim-Platz für die Gewerkschaft und die linke Bewegung zu einem Symbol der Trauer sowie des Kampfes und des Widerstands. Daher kommt auch die Forderung der Gewerkschaften, den 1. Mai auf dem Taksim-Platz zu feiern. Im Sommer 2013 bekam der Taksim-Platz schließlich eine zentrale und wichtige Rolle in der Geschichte der Türkei als Schauplatz der Gezi-Proteste.

Der Auslöser der Proteste war das gewaltsame Vorgehen der Polizei gegen Demonstrierende, die in unmittelbarer Nähe des Taksim-Platzes gegen ein geplantes Bauprojekt auf dem Gelände des Gezi-Parks protestierten. Es handelte sich zunächst um eine kleine Gruppe von überwiegend jungen Menschen, Umweltschützerinnen und Oppositionellen, die für eine Bürgerbeteiligung kämpften, als Instrument zur Eindämmung von Korruption und zunehmender Gentrifizierung. Die Ursache der landesweiten Proteste und des großen zivilen Ungehorsams lag vor allem in der zunehmend autoritären Regierung unter Erdoğan, der damals den Posten des Ministerpräsidenten einnahm.

Aufgeheizt wurde die Stimmung im Land durch die Entscheidung, den Alkoholkonsum einzuschränken. Viele sahen darin die Gefahr einer Islamisierung. Im neuen Gesetz wurde der Verkauf von alkoholischen Getränken ab 22 Uhr verboten. Parallel dazu entwickelte Ministerpräsident Erdoğan sein Zukunftsprojekt „Türkei – 2023". Bis zum Jubiläumsjahr – 100 Jahre Türkei – hatte er vor, seine Macht zu festigen.

Die Mehrheit der Bevölkerung befürchtete in den Maßnahmen, die Erdoğan im Zusammenhang mit seinem Zukunftsprojekt plante, weitere Schritte in Richtung Islamisierung der Türkei. Der Ausspruch Erdoğans, dass jede türkische Familie mindestens drei, besser noch fünf Kinder haben sollte, passte in dieses Bild.

Die Protestwelle hatte nun die gesamte Türkei erreicht. Die AKP-Regierung weigerte sich, einen Schritt auf die Demonstrierenden zuzugehen, und antwortete mit Repression und Gewalt. Präsident Erdoğan bezeichnete die Protestierenden als „Plünderer" (çapulcu) – ein Begriff, der zum Symbol dieses Zeitraums wurde. Daraufhin wurde „Çapulcu" unter den jungen Protestierern zur Auszeichnung, die sie einander verliehen. Künstler und Künstlerinnen nahmen den Begriff in ihre Musik auf und dichteten ganze Lieder dazu. „Çapulcu" nannten sich auch Fußballfans wie die von Besiktas.

Mehrere Umfragen, wie z. B. die der Istanbuler Bilgi-Universität, ergaben, dass die größte Gruppe unter den Protestierenden die der Jugendlichen war. Laut der Studie waren ca. 40 % der Protestteilnehmer und -teilnehmerinnen zwischen 19 bis 25 Jahren und weitere ca.

24 % zwischen 25 bis 30 Jahren alt. Das macht insgesamt zwei Drittel der Protestierenden aus, die unter 30 Jahre alt waren – und davor hatte die AKP-Regierung Angst. Sie fürchteten, dass sie die jungen Wähler und Wählerinnen verlieren würde. Die Mehrzahl der Teilnehmer und Teilnehmerinnen an den Gezi-Protesten war zum ersten Mal in ihrem Leben auf einer Demonstration und sie fühlten sich keiner bestimmten Partei zugehörig. Der Gezi-Protest ging von der Jugend aus, wie das bei anderen weltweiten Protesten auch der Fall war. Die Frauen spielten auch eine große Rolle, denn mehr als 50 % der Protestierenden war weiblich. Mehr als die Hälfte der Gesellschaft stand hinter den Protesten und den Menschen im Gezi-Park. Die AKP versucht bis heute, sie zu kriminalisieren. Damit spaltete sie selbst die Gesellschaft. Auch international gewannen die Gezi-Proteste viel an Anerkennung und Unterstützung. Sie wurden als eine Fortsetzung des arabischen Frühlings, der Occupy-Proteste und der 15M-Bewegung in Spanien gesehen. Wir erlebten einen türkischen Frühling. Weltweit gab es große Solidaritätskundgebungen mit der Bewegung.

Eine besondere Würdigung erfuhren diejenigen, die durch Schüsse aus Polizeiwaffen ihr Leben verloren und damit Opfer der Repression wurden: Mehmet Ayvalıtaş (İstanbul), Abdullah Cömert (Antakya) Mustafa Sarı (Ankara), İrfan Tuna (Adana), Selim Önder (İzmir), Ethem Sarısülük (Ankara), Zeynep Eryaşar (İstanbul), Medeni Yıldırım (Diyarbakır), Ali İsmail Korkmaz (Eskişehir), Ahmet Atakan (Antakya), Serdal Kadakal (İstanbul), Mehmet Istif (Mersin) und Berkin Elvan (İstanbul).

Nicht alle Opfer waren Demonstranten. Berkin Elvan zum Beispiel war ein 13-jähriger Junge, der vom Bäcker Brot holen wollte und auf dem Weg durch eine Kugel der Polizei getroffen und getötet wurde.

Manche Opfer waren ältere Passanten, die infolge der Gaseinsätze der Polizei ihr Leben verloren haben. Insgesamt starben bei den Gezi-Protesten 14 Personen durch die Kampfeinsätze der türkischen

Polizei. Circa 8.000 Personen erlitten Verletzungen. 7.832 von ihnen wurden durch Gaspatronen, durch Plastikgeschosse oder durch die Wasserwerfer verletzt und elf davon verloren ein Auge, weil sie von Plastikgeschossen getroffen wurden. In Untersuchungshaft wurden 3.773 Personen genommen.

Die Reaktionen im Westen und besonders in Deutschland nutzte Erdoğan aus, um der Bevölkerung gegenüber zu behaupten, dass die Proteste aus dem Ausland initiiert und gelenkt würden.

Gegen viele Personen, die bei den Gezi-Protesten verhaftet wurden, beantragte die türkische Staatanwaltschaft lebenslängliche Haftstrafen. Ähnlich hat sich die Justiz im Prozess gegen Osman Kavala verhalten hat. In der Anklageschrift für Kavala forderte die Staatsanwaltschaft auch eine lebenslängliche Haftstrafe. Viele dieser Verfahren endeten 2020 mit einem Freispruch. In der Anklage figurieren oft die deutsche Friedrich-Ebert-Stiftung (FES) und die Soros-Stiftung als vermeintliche Initiatoren und Finanziers der Gezi-Proteste. Ziel ihrer Aktivitäten sei der Sturz von Erdoğan und seiner Regierung.

Die Anklage mit dem Vorwurf „Sturz des Staatsapparates" wird reihenweise erhoben, und ihr folgt der Antrag auf eine lebenslängliche Haftstrafte. Die Vorwürfe sind so absurd, dass selbst die Staatsanwaltschaft sich gezwungen sieht, Freisprüche für die Angeklagten zu fordern. Allerdings vergehen bis dahin in der Regel gut zwei Jahre. Nachdem Osman Kavala im ersten Klageverfahren freigesprochen wurde, kam er nicht frei, sondern wurde in einem neuen Verfahren wegen Unterstützung des Militärputsches verhaftet und befindet sich durchgehend seit dem 1. November 2017, somit seit mehr als drei Jahren, in Silivri in Haft. Zur Zielscheibe wurden auch deutsche Politiker und Politikerinnen wie Claudia Roth, Cem Özdemir, Sevim Dağdelen und Andrej Hunko, die im türkischen öffentlichen Fernsehen und Zeitungen als „Unterstützer der PKK und des Terrors" abgestempelt wurden.

Auch innerhalb der AKP kam Kritik an der harten Linie von Ministerpräsident Erdoğan auf. So sprachen der ehemalige Präsident Abdullah Gül und der ehemalige Abgeordnete Bülent Arınç offen die harte Linie von Erdoğan an und rügten seine Vorgehensweise. Viele Änderungen an dessen Regierungsweise gab es jedoch dadurch nicht.

Die Protestbewegung leistete knapp drei Wochen Widerstand und hielt in dieser Zeit den Gezi-Park im Zentrum Istanbuls besetzt. Der Ort wurde zu einer Zone der Solidarität, des Engagements, des Widerstands, des Aufruhrs, der Kunst und der Basisdemokratie. Auf dem Taksim-Platz hatte Geld keine Bedeutung. Man nahm, was man brauchte, und organisierte gemeinschaftlich das Leben im Park. Basisdemokratisch diskutierte man über die weitere Vorgehensweise und stimmte ab. Die Leitmotive waren Demokratie, Emanzipation und Eigeninitiative. Die Regierung Erdoğan konnte diese Oase der Demokratie nicht dulden, für sie gab es kein Zurückweichen. Daher stand es für sie außer Frage, dass der Gezi-Park mit Gewalt geräumt werden musste.

Die Protestierenden wurden in den großen Medien, die zum größten Teil AKP-nah sind, als „Agenten" und „Spalter" abgestempelt. Erdoğan warf den Demonstranten und Demonstrantinnen vor, das Gotteshaus mit Schuhen betreten und dort Bier getrunken zu haben. Der Imam der Moschee erklärte jedoch, dass in dem Gebäude kein Alkohol konsumiert worden sei.[9]

Es gab aber auch noch alternative Medien, die von den Protesten und dem Leben im Gezi-Park berichteten, so dass die Bevölkerung sich ein Bild von den Protesten machen konnte.

**EXKURS 6 ZU ENDE** ››››››››››››››››››››››››››››››››››››

9 https://www.n-tv.de/politik/Gezi-Demonstranten-zu-Haftstrafen-verurteilt-article16204046.html

# Die geraubte Freiheit – Alltag im Gefängnis

Auch wenn ich es nicht wahrhaben wollte, konnte ich die Realität nicht verändern. Ich war in Silivri im Gefängnis gelandet. Nun hieß es, die Ruhe zu bewahren und nicht durchzudrehen.

Eigentlich wäre ich seit drei Tagen schon wieder in Deutschland und sogar auf der Arbeit. Ich fragte mich, was mit meiner Arbeit werden würde. Danach lächelte ich und schüttelte den Kopf. Adil, du bist eingesperrt in diesen vier Wänden und fragst dich, was mit der Arbeit wird, wunderte ich mich über mich selbst.

Die Sorge um meinen Job war erst einmal nicht mein größtes Problem im Gefängnis. Ich hatte weder ein Telefon noch Internet oder einen anderweitigen Kontakt nach draußen und allgemein zu anderen Menschen. Wie kann es der Mensch, der an sich ein soziales Wesen ist, nun unter diesen Umständen in der Isolation aushalten? Ich merkte, dass ich mir wieder zu viele Fragen stellte, und kam stets auf dasselbe Ergebnis: Ruhe bewahren. Mir fiel dazu ein Filmausschnitt von „Bad Boys 2“ aus meiner Jugend ein und ich sagte mir innerlich „Wusa“. Mit diesem Wort soll die Wut in die Wüste geschickt oder getrieben werden. Auch sagt man „Wusa“ zu anderen, damit diese sich entspannen und herunterkommen. Ich erzählte Ferhat davon, aber er kannte es nicht. Kein Wunder, der Film ist genauso alt wie er. Gleich fühlte ich mich etwas „alt“.

Da Ferhat zum ersten Mal im Gefängnis war, kannte er den Haftalltag ebenso wenig wie ich. Ich hatte in Gesprächen mit ehemaligen Gefangenen oder Rechtsanwälten und durch Briefe von Häftlingen erfahren, dass bei einem strukturierten Alltag die Zeit schneller vorbeigeht. Nicht die Zeit sollte einen leiten, sondern man selbst sollte die Zeit leiten. Das war einfacher gesagt als getan, aber rückblickend und mit der Erfahrung von insgesamt zehn Monaten Haft kann ich das nur unterstreichen.

Wie sah aber mein Alltag aus? Die ersten vier Monate war ich mit Ferhat in der Zelle A-6, das letzte halbe Jahr haben wir in der Zelle B-28 verbracht. Beide Zellen waren zweistöckig. Auf der oberen Etage gab es drei Betten sowie Schränke, unten hatten wir ein Bad mit WC, einen Fernseher, ein Radio, einen Teekocher und einen kleinen Hof (8 × 4 Schritte). Den Fernseher und den Teekocher mussten wir uns selbst anschaffen.

Morgens gegen 8:15 Uhr kamen die Wächter und öffneten die Tür zum Hof. Gegen 18:00 Uhr wurde wieder zugeschlossen. Wenn die Wärter kamen, sollte man unten sein. Meistens waren wir gerade beim Frühstück, wenn sie uns die Tür zum Hof aufschlossen. Auf der kleinen Freifläche konnten wir uns bewegen und Sport machen, aber wir waren abgeschottet von den anderen Gefangenen und konnten niemanden sehen. Nur durch Schreien im Hof oder im Gang konnte man zu anderen Gefangenen Kontakt aufnehmen und Gespräche führen. Was ich schnell lernte: Die Kontaktaufnahme zu anderen Menschen ist das A und O im Gefängnis.

Nach dem Kennenlernen hatten Ferhat und ich eine Liste mit unseren Bedürfnissen aufgestellt. Jeden Montagmorgen musste man diese Liste mit dem aufgeführten wöchentlichen Bedarf bei der Tageskontrolle abgeben. Wir besaßen nichts außer ein paar Kleidungsstücken. Die Wächter brachten uns das Mittag- und Abendessen sowie täglich ein Brot. Den restlichen Bedarf musste man sich selbst besorgen. Das reicht von der Handseife über Putzmittel bis zum Toilettenpapier fürs Bad. Für die Küche war es wichtig, erst einmal das

Frühstück zu organisieren. Käse und Oliven landeten ganz oben auf unserer Liste.

Um unseren Alltag zu organisieren, baten wir um ein kleines Heft sowie Papier und Stifte, damit wir uns Notizen machen bzw. Gedanken aufschreiben konnten. Unser Pech war es, dass wir eine Zelle von „Null" aufbauen mussten und nicht in eine schon bestehende Zelle gebracht wurden. Dazu kam noch, dass wir als „Neulinge" keine Ahnung hatten vom Alltagsablauf im Gefängnis. Es war daher wichtig, Kontakt zu den Nachbarzellen aufzubauen, um Fragen zu stellen. Wie auch im Arbeitsleben spielt die „Erfahrung" im Gefängnis eine wichtige Rolle, und die mussten wir nutzen.

Aber wie sollten wir das anstellen? Sollten wir uns einfach in den Hof stellen und schreien? Und hoffen, dass uns jemand hört? Es war mittags, jemand müsste doch wach sein, hoffte ich insgeheim. Während ich noch überlegte, fing Ferhat an zu singen. Ich war überrascht von seiner schönen Stimme. Er sang „Karanlıkta" von Ahmet Kaya. Es gehörte zu seinen Lieblingsliedern und sollte uns noch Monate erhalten bleiben. Als er zu Ende gesungen hatte, hörten wir Geräusche aus der Nachbarzelle. Wir mussten nicht lange warten, bis jemand von nebenan rief: „A-6, bist du da?" Wir freuten uns und Ferhat umarmte mich stürmisch, als hätten wir einen großen Triumph zu feiern.

Unsere Stimmen wurden gehört und wir waren nicht allein. Unter diesen Umständen gibt es etwas zu feiern. Die Freude über die kleinen Sachen im Leben sollte im Gefängnis große Bedeutung gewinnen.

„Ja", antwortete Ferhat. „Wir sind zu zweit. Ich heiße Ferhat und neben mir ist Adil. Wie heißt ihr?"

„Ich heiße Ömer Faruk", wurde uns geantwortet. „Ich nenne meinen vollen Namen, weil hier noch ein anderer Ömer und außerdem Sahin sitzen. Wir sind zu dritt."

Seine Stimme ließ mich ahnen, dass der Sprecher älter sein müsste. Unsere Nachbarn fragten uns nach unserem Alter und ob wir neu hier seien. „Ferhat ist 20 und ich, Adil, bin 32", antwortete ich. „Seit einer Woche sind wir hier."

Es war einen Moment still. „Hoffentlich seid ihr bald frei", hörten wir schließlich eine andere Stimme.

Wir ahnten, dass die drei Männer wohl schon etwas länger einsitzen mussten, aber wir verstanden nicht, warum jetzt ein anderer geantwortet hatte und es dann wieder still wurde im Hof. Jedoch gab es uns Sicherheit zu wissen, dass wir nicht allein im Gang waren. Beim nächsten Hofgespräch am Nachmittag stellte man sich gegenseitig die üblichen klassischen, türkischen Fragen, aus welchem Dorf die Eltern abstammen, was man beruflich machte und was die Vorwürfe waren, wegen denen man in Silivri einsaß.

Als wir beide angaben, dass uns aufgrund der Mitarbeit bei einer linken Nachrichtenagentur der Vorwurf der Terrorpropaganda gemacht wurde, hörten wir nichts mehr von der anderen Seite der Mauer. Ich fragte mich, ob die Funkstille wegen unseres Haftgrundes herrschte. Aber das konnte es eigentlich nicht sein. Die meisten Insassen in Silivri sitzen aus politischen Gründen ein und jedem wird ein ähnliches Vergehen vorgeworfen. Auch wenn es sich schrecklich anhört, sind „Terrorpropaganda" oder „Mitgliedschaft in einer Terrororganisation" dank Erdoğan und der AKP-Regierung zu üblichen Gründen geworden, Menschen in Gefängnisse zu stecken. Alternativ kamen die Verhafteten nicht aus der „linken" Ecke, sondern waren eher Leute der „Gülen-Bewegung". Wir vermuteten bei unseren Zellennachbarn Letzteres, was sich bestätigen sollte. Wir fragten uns, was sie nun tun würden. Das Gespräch abbrechen, weil wir vermutlich „Ungläubige" waren? Waren sie etwa Armeeangehörige, die beim Putschversuch beteiligt gewesen waren?

Das war eine kritische Situation, über die ich mir erst einmal einige Gedanken machen musste. Draußen wäre dieses Problem einfach zu handhaben gewesen oder wahrscheinlich gar nicht erst aufgetreten. Man wäre ins Gespräch gekommen, auch bei unterschiedlichen Meinungen. Man hätte diskutiert und vielleicht festgestellt, dass die Ansichten nicht zusammenpassen. Und dann wäre man auseinandergegangen.

Aber im Gefängnis waren wir Nachbarn. Sie waren in diesem Moment genauso politische Gefangene wie wir, auch wenn die Gülen-Bewegung in meinen Augen eine islamisch-konservative Sekte ist, die jahrelang gemeinsam mit der AKP für den ganzen politischen „Mist" verantwortlich war.

Es war eine schwierige Entscheidung. Mit Islamisten oder Mördern in Austausch zu kommen, passt bis heute nicht in mein Weltbild. Ferhat und ich diskutieren darüber und wir entschieden uns, den Kontakt erst einmal aufrechtzuerhalten, um besser den politischen Hintergrund der Zellennachbarn zu verstehen. Falls eine zu grundsätzliche Diskussion aufkommen sollte, könnten wir den Kontakt dann immer noch abbrechen.

In den weiteren Tagen entwickelten sich unsere Gespräche. Die Nachbarzelle hatte eine merkwürdige Zusammensetzung. Ömer Faruk war ein islamischer Prediger, der andere Ömer ein Fußballtorwart und Sahin ein Politikwissenschaftler. Ich musste mich sehr wundern, nach welchen Gesichtspunkten die Gefangenen zusammengestellt wurden. Steckte man absichtlich unterschiedlich denkende Menschen in eine Zelle? Wie bei vielen Fragen hatte Ömer Faruk darauf eine Antwort. Man merkte ihm an, dass er bereits viel Zeit im Gefängnis verbracht hatte und über die hiesigen Umstände gut informiert war. Von ihm erfuhren wir, dass Personen mit den Vorwürfen „Gülen-Bewegung", „PKK" und „DHKP" nur mit Häftlingen in eine Zelle kamen, die eine ähnliche Anklageschrift hatten, und Gefangene von allen anderen linken Organisationen konnten zusammen in eine Zelle gelegt werden. Da in unserer „VIP-Anstalt" fast nur politische Häftlinge saßen, brauchte man sich über kriminelle Gefangene immerhin keine Gedanken zu machen.

Es gab mehrere Sechserzellen, deren „Bewohner“ wegen Beleidigung des Präsidenten inhaftiert worden sind. Normalerweise ist das offiziell kein politischer Vorwurf. Wie sich aber zeigen sollte, saßen die meisten Häftlinge mit diesen Vorwürfen aus politischen Gründen in Silivri ein.

Wir hatten in den ersten Tagen unseres Gefängnisaufenthaltes einiges gelernt, dachte ich bei mir, als ich plötzlich eine Bewegung an der Tür wahrnahm. „Adil, dein Anwalt ist da!“, rief ein Gefängniswächter, und ich ging zur Zellentür.

## Kontakt zur Außenwelt

Der Gedanke, dass ich zum ersten Mal in meiner Haftzeit über meine Rechtsanwältin Neuigkeiten über meine kranke Mutter, meinen Vater, meinen Bruder und meine Freunde erfahren würde, machte mich nervös und hoffnungsvoll zugleich. Auf dem Weg zum Sprechzimmer wurde ich zwei Mal kontrolliert; das erste Mal, nachdem ich die Zelle verlassen hatte, und ein weiteres Mal vor dem Eingang ins Gesprächszimmer, in dem mein Besuch auf mich wartete.

Auf dem Weg dahin erzählte mir der Wärter, dass es Unterschiede bei der Behandlung der Häftlinge gebe bezüglich der „Vorwürfe", die ihnen gemacht wurden. Bei den vermutlichen Anhängern der Gülen-Bewegung sitze beispielsweise ein weiterer Wächter im Raum, um die Gespräche zu kontrollieren.

Bei mir war das nicht der Fall. Im Besucherzimmer traf ich auf Gülhan, eine Rechtsanwältin, die mehrere Menschen im Gefängnis besuchte und die ich bereits kannte. Wir umarmten uns. Sie bestellte mir Grüße von meiner Familie aus Deutschland und ich war erst einmal erleichtert. Meiner Familie gehe es gut, versicherte sie mir. Außerdem erfuhr ich von ihr, dass die deutschen Medien bereits über meinen Fall berichteten und es sogar eine Solidaritätsbewegung gebe.

Danach fragte sie mich, ob ich es überhaupt realisieren könne, dass ich im Gefängnis sitze. Eine schwierige Frage. Die ehrliche Antwort darauf hieß Nein, denn ich stand noch unter Schock und für mich fühlte sich alles wie ein schlechter Scherz an. Kurz zuvor hatte ich einen Tagtraum, in dem ein Wächter zu mir kam und sagte: „Adil du bist frei und darfst jetzt gehen." Danach lächelte ich darüber und blickte auf die vier weißen Wände und die Gitter, die mir den freien Blick auf den Himmel versperrten.

Die Wirklichkeit warf für mich viele Fragen auf, die ich meiner Anwältin stellte: Aus welchem Grund war ich im Gefängnis und vor allem, wie lange würde ich es noch bleiben? Gülhan musste eigentlich lachen, aber sie versuchte, ernst zu bleiben. Das sei die Standardfrage vieler Inhaftierter bei dem Gespräch mit ihren Anwälten, meinte sie. Zu ihrem Bedauern musste sie mir sagen, dass es bisher nichts Neues gebe und dass mein Aufenthalt hier dauern könne.

In der Türkei herrschte der Ausnahmezustand und die Staatsanwälte waren nicht dazu verpflichtet, genauere Informationen zu geben. „Es kann bis zu sechs Monaten dauern, bis du deine Anklageschrift bekommst", meinte Gülhan.

Das war eine harte, aber ehrliche Antwort. Mir unnötige Hoffnungen zu machen, wäre falsch gewesen. Meine Rechtsanwältin erzählte mir, dass der erste Prozesstermin von Meşale Tolu erst sieben Monaten nach der Verhaftung stattgefunden hatte und dass es bei mir vielleicht ähnlich sein könnte. „Die Anschuldigungen gegen dich sind vermutlich dieselben wie in ihrem Fall", meinte sie. Wir sprachen noch ein bisschen über den Tagesablauf im Gefängnis und wichtige Details, die man als Gefangener beachten sollte. Außerdem fragte sie mich, ob ich etwas von draußen benötigte.

Ich merkte gar nicht, wie schnell unsere Sprechzeit vorbei war, und mit ein paar Neuigkeiten von der Außenwelt reicher kehrte ich wieder in meine Zelle zurück. Ferhat fragte mich natürlich sofort aus, aber ich musste mir zuvor erst mein Gesicht mit kaltem Wasser waschen und mich danach aufs Bett legen. Immer mehr wurde mir bewusst, dass meine Lage ernst und ich wirklich gefangen war. Danach fielen mir Bruchstücke aus dem Gespräch mit meiner Rechtsanwältin ein. Vor allem eine Information ließ mich zittern: Musste ich tatsächlich sechs

Monate bis zur Anklageschrift warten? Das bedeutete, sechs Monate inhaftiert zu sein, ohne zu wissen, warum. Wie sollte ich das durchhalten? Einen kleinen Hoffnungsschimmer gab es immerhin, der mir Mut machte: Gülhan hatte mir erzählt, dass eine Solidaritätsgruppe in Köln gegründet worden war und über meinen Fall berichtet wurde. Das freute mich sehr. Ich war nicht allein und nicht in Vergessenheit geraten.

Jetzt widmete ich mich Ferhat und schilderte ihm Details des Gesprächs. Er rauchte eine Zigarette nach der anderen und ich merkte genau, dass es ihn ähnlich mitnahm. Er ist nur zwei Tage nach mir ins Gefängnis gekommen und musste entsprechend warten, bis er etwas über seinen Fall erfuhr.

Anschließend drehte ich meine Runden im Hof, während Ferhat zu singen anfing. Auf einmal rief jemand, mit dem wir bisher noch keinen Kontakt hatten, etwas aus der Nachbarzelle. Wir kamen ins Gespräch. Unsere Nachbarn waren drei junge Erwachsene im Alter von 20, 22 und 26 Jahren. Ihnen wurde vorgeworfen, Mitglieder in einer Terrororganisation zu sein.

# Bücher und Tee – Über die kleinen Dinge

Die dritte Woche meiner Haftzeit begann mit einem glücklichen Tag. Wir hatten jetzt einen Teekocher. Damit konnten wir frischen Tee kochen, aber nicht nur das. Mit dem Gerät konnte ich einiges anstellen. Ich nutzte es auch, um mir die Suppe oder das Essen, dass mittags von den Wächtern gebracht wurde, noch einmal aufzuwärmen, aber auch um Kuchen backen. Das sollte ich aber erst kurz vor meiner Freilassung lernen. Ferhat und ich bereiteten uns sofort einen Tee und testeten unser Gerät aus. Aus der Kantine hatten wir für diese Woche auch extra Kekse bestellt.

Am Nachmittag kam der Wächter zu uns, der für die Gefängnisbücherei zuständig war und brachte mir mein erstes Buch: „Hundert Jahre Einsamkeit" von Gabriel García Márquez. Was passt besser zu einem guten Tee als ein Buch? Lesen sollte meine Zeit in Zukunft bestimmen und bereichern.

Die Gefängnisbücherei war gar nicht so schlecht ausgestattet. Es gab sehr viele türkische Romane, aber auch internationale Bücher waren vorhanden. Viel schwieriger sah es aus mit wissenschaftlichem Material oder Büchern auf Deutsch oder Englisch. Dann hatten wir erfahren, dass die Tageszeitung „Cumhuriyet" einen Großteil der Bücher vor Jahren gespendet hatte, als die Ergenekon-/Balyoz-Verfahren in der Türkei liefen und den ehemaligen Militäroffizieren der Prozess gemacht wurde. Ich freute mich sehr über mein Buch. Dieses Werk von García Márquez wollte ich schon immer lesen und das war nun der passende Moment. Zeit hatte ich wohl genug.

Ich erstellte eine Liste der Bücher, die ich als nächstes lesen wollte. Im Mai hatte ich dann insgesamt 11 Bücher durch, „Schuld und Sühne“ von Dostojewski, „Elveda güzel Vatanım“ (dt.: „Lebe wohl, meine schöne Heimat“) von Ahmet Ümit und „İskender“ (dt.: „Ehre“) von Elif Şafak gehörten dazu.

So langsam organisierten wir den Alltag im Gefängnis. Neben dem Lesen gesellten sich erste Gespräche mit den Rechtsanwälten hinzu, außerdem hatten wir die Gefangenen aus den Zellen nebenan kennengelernt und wir planten unsere täglichen Routinen. Um 8 Uhr frühstückten wir jeweils, anschließend stand Morgensport auf dem Programm, indem wir Runde um Runde im Hof joggten.

Ömer von nebenan, der ehemalige Torwart, schlug vor, dass wir nicht eine halbe Stunde in dieselbe Richtung laufen sollten, sondern zwischendurch auch mal den Kurs ändern oder ein paar kurze Sprints einlegen sollten. Dazu kamen noch Übungen für Bauch und Arme.

Ferhat war sehr motiviert. Irgendwann hatte er sich verplappert. „Ich trainiere für die Strandfigur im Sommer“, meinte er. Er rechnete also damit, zum Sommer freizukommen und zu seinen Eltern nach Izmir fahren zu können. Damit stieg zumindest seine Motivation, Sport zu machen.

Eines Tages, kurz nachdem unsere Sportstunde zu Ende war, kam der Wächter auf mich zu. „Adil, die Deutschen sind da. Willst du sie sprechen?“

„Die Deutschen?“, fragte ich perplex.

„Die Mitarbeiter des deutschen Konsulats in Istanbul“, klärte er mich auf.

Natürlich wollte ich sie sprechen und machte mich bereit.

# Reaktionen von draußen

Für ein normales Gespräch mit Rechtsanwälten waren zwei Kontrollen üblich, aber für den anstehenden Termin musste ich drei Kontrollen über mich ergehen lassen. Es war schon Wahnsinn! Was hätte ich denn reinschmuggeln können? Ich empfand diesen Vorgang als reine Willkür.

Es herrschte eine merkwürdige Atmosphäre. Mir gegenüber saßen zwei Mitarbeiter des deutschen Konsulats, ungefähr in meinem Alter. Sie stellten sich vor. Eine Übersetzerin war auch dabei, aber da sie nicht benötigt wurde, nahm sie am weiteren Gespräch nicht teil. Ich schilderte noch einmal den ganzen Ablauf von der Festnahme bis zum derzeitigen Tag und wie es derzeit in der Zelle ausschaute. Natürlich fragte ich auch nach meiner Familie. Sie teilten mir mit, dass die Medien bereits viel über mich berichtet hätten und meine Verhaftung zu einem politischen Fall wurde. Viel wichtiger war für mich aber, dass ich die Briefe von meiner Mutter, meinem Bruder und seiner Freundin Zilan bekam sowie zwei Artikel über mich aus der deutschen Presse erhielt. Mir kamen die Tränen, als ich die Briefe las, und ich sagte den Konsulatsmitarbeitern, dass ich mich nicht fertigmachen lassen würde.

Die Briefe und das Gespräch machten mir sehr viel Mut. Meine Gesprächspartner teilten mir mit, dass sie mich einmal im Monat besuchen würden und gaben mir bereits den nächsten Termin für Juni. Mit sehr gemischten Gefühlen verließ ich den Raum. Freude und Sehnsucht. Mut und Einsamkeit. Ganz widersprüchliche Emotionen strömten alle gleichzeitig auf mich ein. Die Briefe durfte ich erst einmal nicht mitnehmen. Sie mussten, wie alle eingehenden Briefe, zunächst der Lesekommission vorgelegt werden.

Ein paar Tage später sollte ich meine Post ausgehändigt bekommen. Es waren die ersten Briefe, die ich von „draußen" bekommen habe, darunter war auch der erste Brief von meinen Eltern, geschrieben von meinem Vater:

*Hallo Adil,*
*wir haben uns sehr über Deinen Brief gefreut und haben ihn gleich mehrmals durchgelesen. Es war wie Doping für deine Mutter und ihre Moral stieg. Jetzt muss ich jeden Tag zwei Stunden am Rhein mit ihr laufen. Vor deinem Brief war es nur eine Stunde. Daran kannst Du sehen, was er verursacht hat. Es ist nicht so, dass ich mich darüber beschweren möchte, ganz im Gegenteil. Deinem Bruder geht es soweit ganz gut, er organisiert die Soli-Arbeit und hat sich ebenfalls sehr über Deinen Brief gefreut.*
*Letztens gab es hier einen Brief von Deinem Arbeitgeber, dem Internationalen Bund, für Dich. Du bist in den Betriebsrat gewählt worden. Deine Arbeitskolleginnen organisieren die Mahnwachen und Soli-Aktionen. Wunderschön! Uns geht es soweit gut, Du brauchst Dir keine Gedanken über uns machen. Deine Freunde sind auch toll und auch einen lieben Gruß von ihnen. Besonders Lisa*[10] *macht viel für Dich aber auch Deine Freunde wie Dirk, Said oder Kemal Bozay. Dein Onkel wird Dich bald besuchen kommen. Pass auf Dich auf. Wir lieben Dich und denken an Dich und hoffen, dass Du bald wieder hier bist.*

*Lieben Gruß, Deine Mama, Dein Papa und Dein Bruder*

Es ist ein sehr schönes Gefühl, einen Brief von seiner Familie oder von seinen Freunden zu bekommen, aber auch von Menschen, die man

10 Name geändert.

eigentlich nicht kennt. Ich konnte mich in sie hineinversetzen und war für einen Moment wieder in Köln.

Vor dem Brief meiner Eltern hatte ich drei Bücher durch meinen Freund Çağrı aus Ankara per Post bekommen. Darunter war auch ein Gedichtband von Yusuf Hayaloğlu. Die meisten Gedichte von ihm wurden später zu bekannten Liedern und von Sängern wie von Ahmet Kaya vertont. Diese Lieder habe ich gern mit Ferhat abends zusammen angestimmt. Lieber wäre es mir gewesen, nicht zu singen, denn meine Stimme ist leider ganz grässlich. Aber ich wollte Ferhat nicht demotivieren.

Mittlerweile waren wir seit einem Monat im Gefängnis. So lange schon war mir meine Freiheit geraubt worden und ich saß als Geisel des Erdoğan-Regimes in Haft. Tausende Kilometer von meinem Zuhause entfernt, getrennt von meiner Familie, von Freunden und der Arbeit. Ferhat und ich lernten, uns weiterhin über kleine Dinge im Leben zu freuen und von Tag zu Tag zu leben. Es hat in meinem „früheren Leben" in Deutschland natürlich auch traurige und einfach langweilige Tage gegeben, aber damals hatte ich es selbst in der Hand. Im Gefängnis habe ich die Kontrolle verloren beziehungsweise mein Leben und meinen Alltag ungewollt „Fremden" überlassen. Wenn ich in Köln zuhause auf dem Sofa rumsitzen oder einfach mal nichts tun wollte, dann war es allein meine Entscheidung. Es war ein ungutes Gefühl, in vielen Bereichen auf andere angewiesen zu sein.

Die Freiheit wurde mir durch das Erdoğan-Regime und seine Wächter genommen, aber um den Überblick über seine Angelegenheiten nicht zu verlieren, braucht man eine starke Familie und Freunde, die zu einem halten und einen unterstützen. In diesem Punkt hatte ich sehr viel Glück. Das merkte ich vor allem bei den Gesprächen mit den Rechtsanwälten. Sie erzählten mir von den Mahnwachen am Wallrafplatz, von den unterstützenden Politikern und Politikerinnen aus Köln und von der starken Solidarität meines Teams samt dem Arbeitgeber Internationaler Bund (IB). Alle standen sie hinter mir.

Ich war sehr dankbar über diese enorm wichtige Unterstützung und sah, dass es auch deutlich anders laufen konnte. Nicht wenige meiner Mithäftlinge erhielten wenige Tage nach ihrer Verhaftung die Kündigung, ihre Freunde wandten sich von ihnen und ihrer Familie ab, da sie fürchteten, auch Repressionen zu erleben. Die Angst war überall präsent.

Erdoğan und das AKP-Regime versuchen, die Gesellschaft mit Angst unter Kontrolle zu halten. Dabei greifen sie die Solidarität der Menschen untereinander an, und das ist ein äußerst wunder Punkt. Ich erinnerte mich an die Gespräche der Gülen-Angeklagten während des Polizeigewahrsams in Istanbul. Sie sprachen davon, dass ihre Kollegen ihre Namen der Polizei weitergegeben hätten.

Ich war schon wieder in Gedanken, als der Wächter zur Tür kam und mich zum Anwalt rief. Dieses Mal war es Herr Öztürk, ein alter Freund meines Vaters und bekannter Rechtsanwalt in Istanbul. Er überbrachte mir die Grüße meiner Familie und Freunde und berichtete über die Welt draußen. Bisher erreichten uns die Nachrichten nur über das TRT-Radio oder die Tageszeitung „Cumhuriyet", da der von uns beantragte Fernseher bisher noch nicht eingetroffen war. Mein Rechtsanwalt musste mir mitteilen, dass es juristisch keine Entwicklungen in meinem Fall geben würde. Ich berichtete ihm, dass ich weiterhin nicht nach Deutschland telefonieren könne und dass er sich bitte mit meiner Familie darum kümmern solle. Ferhat hatte bereits die Erlaubnis, alle 14 Tage mit seiner Familie aus Izmir zu telefonieren.

Ich hingegen durfte keine ausländischen Nummern wählen und aus diesem Grund nicht mit meinen Eltern in Deutschland telefonieren. Während des Ausnahmezustands galten verschärfte Regeln. Der Rechtsanwalt teilte mir mit, dass meine Mutter den Wunsch hatte, zum offenen Besuchstermin anzureisen. Ich vermisste sie, aber gleichzeitig wollte ich nicht, dass sie den weiten Weg aus Deutschland auf sich nehmen musste und dabei ihrem Körper schadete. Gerade jetzt sollte sie mehr auf ihre Gesundheit achten. Ich habe lange mit ihr darüber geredet und meine Zweifel geäußert, aber letztendlich war es ihre Entscheidung.

Nach dem Gespräch machte ich mich auf den Weg in die Zelle. Dort angekommen stellte ich fest, dass Ferhat nicht anwesend war. Das beunruhigte mich. Ich schaute oben nach, aber auch da war er nicht. Es lag auch keine Notiz auf dem Tisch. Ich fragte die „Nachbarn", ob sie mitbekommen hätten, wo Ferhat sei. Ömer Faruk antwortete, Ferhat wäre zum Anwalt gegangen. Ich war sehr erleichtert und bedankte mich bei ihm für die Auskunft. Offensichtlich bekam er alles mit, was im Gang geschah, was zum einen durchaus von Vorteil, mir aber zum anderen etwas unheimlich war.

Als Ferhat zurückkam, sah ich ein Lächeln in seinem Gesicht. Er hatte wohl gute Nachrichten von seiner Familie und den Freunden bekommen. Das sah man ihm an. Ferhat umarmte mich sofort und sagte, dass seine Freundin sich gemeldet und ihn gegrüßt hätte. Es waren die kleinen Momente in diesen vier Wänden, die uns Häftlinge sehr glücklich machen konnten. Diesen kleinen Geschichten, denen man Alltag draußen keine größere Bedeutung beimessen würde, geben in Gefangenschaft Mut und Hoffnung. So hörten wir zum Beispiel von Ömer nebenan, dass Real Madrid und Liverpool im Champions-League-Finale standen, was ein sehr spannendes Spiel zu werden versprach.

# Mutmacher: Die Kraft der inneren Solidarität

Diese Woche war viel los. Post traf für uns ein, die Rechtsanwälte besuchten mich zwei Mal und dazu gesellten sich gute Neuigkeiten aus Deutschland. Am Freitag kam der Wächter schon wieder zur Tür. „Adil, Anwalt!“, sagte er knapp. Diese Ankündigung machte mich nervös und ich befürchtete, dass etwas passiert sein konnte. Ich konnte mir keinen Reim darauf machen, warum ich in dieser Woche zum dritten Mal Besuch von einem Rechtsanwalt erhielt. Sprachen die sich untereinander nicht ab? Oder ist etwa meiner Mutter etwas passiert? Ich wollte nicht daran denken, aber irgendwie konnte ich das nicht aus meinem Hinterkopf bekommen. Schnell zog ich mich um und ging hektisch zum Rechtsanwalt.

Auf dem Gang sprach mich der Wächter ebenfalls auf meine häufigen Anwaltsgespräche an. „Adil, du hast diese Woche drei Mal Besuch von drei verschiedenen Rechtsanwälten. Du musst gut verdienen.“ Ich war überrascht, denn damit gab er mir zu verstehen, dass ich dieses Mal ein neues Gesicht sehen würde.

Den Rechtsanwalt, der im Besuchszimmer auf mich wartete, kannte ich in der Tat nicht. Er stellte sich vor und teilte mir mit, dass er für das deutsche Generalkonsulat arbeite und von dieser Stelle auch gesandt sei. Sein Name war mir unbekannt und die Mitarbeiter des Generalkonsulats hatten davon auch nichts erzählt, dass sie einen Rechtsanwalt vorbeischicken würden. Ich verheimlichte meinem Gegenüber mein Misstrauen nicht.

Um mich zu beruhigen, wechselte er ins Deutsche und zeigte mir Briefe meiner Eltern und Freunde, die per Mail an das deutsche Konsulat in Istanbul gekommen waren. Ich war sehr erleichtert und antwortete ihm auf Deutsch. Seit knapp sechs Wochen habe ich kaum Deutsch gesprochen und freute mich darüber, mich mit ihm unterhalten zu können. Er erzählte mir auch, dass er Peter Steudtner und Deniz Yücel hier besucht hätte und er häufig in Silivri sei. Wenn ich es wünschte, könne er mich auch besuchen kommen.

Besuche, seien sie vom Rechtsanwalt und natürlich besonders die der Familie, waren die schönsten Momente während meiner Zeit im Gefängnis. Sein Angebot konnte ich nicht ablehnen. Ich berichtete ihm, wie meine letzten zwei Wochen Haft abgelaufen sind. Viel hatte ich dabei nicht zu berichten, aber man freut sich, jemandem etwas erzählen zu können. Der Rechtsanwalt, er hieß Murat, brachte mir auch Briefe mit, die ich allerdings erst 14 Tage nach seinem Besuch erhielt, weil sie wie immer erst durch die Kontrolle gehen mussten.

Darunter war ein Brief von Zilan, der Freundin meines Bruders Tamer:

*Heute ist mein Geburtstag. Ich verzeihe dir, wenn du das vergessen hast. Aber du kannst natürlich noch eine Postkarte losschicken und das Datum vom 24. Mai drauf schreiben. Ich kann ja nicht wissen, ob du es nicht doch an dem Tag losgeschickt hast. :) Gestern und heute haben wir uns wieder für Dich getroffen. Gestern war auch der gesamte Betriebsrat hier in Köln und noch andere Kollegen aus sozialen Einrichtungen aus Remscheid. Auch Remscheid möchte sich für Dich stark machen. Remscheider Sozialarbeiter, die von Dir betreuten Jugendlichen und auch der Politiker Jürgen Hardt (MdB, CDU) wollen sich für Dich einsetzen. Letzte Woche waren auch einige Jugendliche, die Du betreut hast, bei der Mahnwache. Jede Woche werden wir mehr Menschen, was uns motiviert und die Kraft gibt, weiterzumachen. Deine jüngste Unterstützung ist gerade mal zwei Monate alt. Sie ist wirklich zuckersüß. Die meiste Arbeit leistet natürlich immer noch Dein Bruder. Alle Menschen grüßen Dich und wünschen Dir viel Kraft und Durchhaltevermögen.*

Neben Zilan hatte auch Peter Steudtner geschrieben.

*Was mich im Gefängnis sehr getragen hat, war die Solidarität drinnen und draußen. Schon allein das Wissen darum, dass ich nicht der einzige Menschenrechtsaktivist bin, so wie du nicht der einzige Journalist bist, dem das widerfährt, gab mir die Kraft der inneren Solidarität: Wir sind hier, weil wir das Richtige und Wichtige tun. Und die Kraft der Gemeinschaft ist groß genug, uns zu tragen.*

Die Briefe passten zu meiner psychischen Situation und gaben mir nochmal Mut. Letztes Jahr saß er hier und nun war ich dran.

Als ich wieder in meine Zelle kam, lag das Buch „İstanbul Hatırası" („Die Gärten von Istanbul") von Ahmet Ümit aus der Gefängnisbibliothek für mich bereit. Ahmet Ümit wurde während der Haftzeit zu meinem Lieblingsautor. Am Ende soll ich insgesamt dreizehn Werke von ihm in Silivri gelesen haben.

# TEIL 4

## BESUCH MEINER MUTTER, ODER: UNTERSTÜTZUNG AUS DER HEIMAT

# Du solltest wissen, Du bist nicht allein

Donnerstag, der 17. Mai: Ich war knapp über einen Monat in Gefangenschaft und heute stand mein erster offener Besuchstag im Gefängnis an. Wir sollten in einen Besucherraum gebracht werden, in dem sich weitere zehn Häftlinge mit ihren Familien gleichzeitig trafen. Bisher hatte ich nur direkten Kontakt zu Ferhat gehabt. Weitere Gefangene habe ich während dieser Zeit nicht gesehen. Umso mehr freute ich mich auf meine Familie, denn meine Mutter hat sich trotz meiner Einwände auf die Reise nach Istanbul gemacht.

Ferhat und ich hatten uns bereits schick gemacht und mehrmals in den Spiegel geschaut, ob alles stimmte, als endlich die Wächter die Tür öffneten und wir zum Gemeinschaftsraum liefen. Zuvor hatte ich eine Liste in der Kantine abgegeben, damit wir Wasser und Kekse hatten, um unseren Besuchern etwas anbieten zu können.

Ich erblickte meine Mutter sofort und wir umarmten uns erst einmal minutenlang. Sie schaute sich verwirrt um und lächelte. Ich war auch sehr ergriffen und nervös. Die anderen Gefangenen im Raum hatten jeweils drei bis vier Besucher, so dass im Raum so viele Menschen saßen, wie ich seit einem Monat nicht mehr gesehen hatte. Es war laut. Die allgemeine Freude war groß.

Die Tische waren in U-Form in einem großen Raum gestellt. Die Gefangenen und damit auch ich saßen auf der Innenseite und die Besucher auf der Außenseite. An diese Regel mussten sich alle halten. Es gab zwei Kameras und einen Raum, in dem die Wächter saßen und von wo aus sie uns kontrollieren konnten.

Die anderen Gefangenen begrüßten uns sehr herzlich. Ferhat und ich waren die „Neuankömmlinge“ in der Runde. Die meisten

Anwesenden saßen schon Monate in Silivri, aber keiner länger als ein Jahr. Ich widmete mich meiner Mutter und fragte zunächst, wie es ihr gesundheitlich gehe. Die Folgen der Chemotherapie waren an ihrer Haut offen zu sehen und machten ihr zu schaffen. Sie versuchte, ihre Schwäche zu verstecken und sich stark zu zeigen, damit ich mir keine Sorgen machen musste.

„Mama, ich freue mich so, dass du gekommen bist, aber du musst diese Strapazen nicht auf dich nehmen. Die lange Anreise aus Deutschland ist zu anstrengend für dich", sagte ich.

Ihre Antwort war eindeutig. „Ich bin deine Mutter. Du hast mich damals begleitet und nun bist du da. Ich habe dich hiergelassen."

Ihre Schuldgefühle trafen mich hart. Ich wollte nicht, dass sie so etwas dachte, denn die Schuldigen saßen in Ankara im Präsidentschaftspalast.

Um meine Mutter abzulenken, erzählte ich ihr von den lustigen und witzigen Momenten der ersten Zeit, zum Beispiel wie ich versucht habe, meine Wäsche im Hof zu waschen. Oder dass ich einmal zu viel Bleichmittel genommen hatte und die Bettwäsche anschließend fleckig war. Sie lachte viel angesichts der Vorstellung, wie ich meine Wäsche machte. „Du und Wäsche mit der Hand machen?" Meine Mutter konnte es kaum glauben. Ich sagte ihr auch, dass ich es nur in den ersten Wochen so gehalten hätte, jetzt aber den Wäschedienst in Anspruch nähme, denn es gab mehrere Waschmaschinen im Gefängnis. Im Durchschnitt konnte man alle 14 Tage den Wächtern seine Wäsche dafür mitgeben. Meine Mutter lachte weiter und konnte es kaum fassen.

Ich erzählte ihr außerdem, dass ich ab und zu mit Ferhat abends singen würde, was Ferhat vom Nebentisch aus bestätigte. „Adil hat eine wunderschöne Stimme. Er könnte ein großer Star werden", sagte er und wir lachten alle zusammen.

Meine Mutter berichtete mir danach über die Solidaritätsarbeit in Köln. Sie erzählte sehr stolz, dass mein Bruder Tamer und seine

Freundin Zilan die Arbeit organisierten und sie sich jeden Mittwoch zu einer Mahnwache auf dem Wallrafplatz träfen. Es machte sie außerdem sehr glücklich zu sehen, dass ich so gute Freunde hätte wie die Wuppertaler, Said oder Dirk. Ebenso erzählte sie mir von meiner früheren Kommilitonin und ihrer neugeborenen Tochter. Ich hatte sie seit der Uni nicht mehr gesehen und wusste gar nicht, dass sie jetzt eine Tochter hatte. Das Baby ist der jüngste Teilnehmer in der Runde am Mittwoch gewesen. Jetzt wusste ich auch, von welchem Kind mir Zilan in ihrem Brief berichtet hatte.

Stolz berichtete sie auch über Anke Brunn, Günter Wallraff und den Internationalen Bund (IB), die sich von Anfang an hinter mich gestellt hätten und mich unterstützten. Auch in der Presse würde über meinen Fall berichtet. Dirk und Tamer hatten auch den SPD-Politiker Rolf Mützenich auf der 1.-Mai-Kundgebung in Köln angesprochen und er hätte seine Unterstützung zugesichert.

Ich erzählte meiner Mutter von dem Schreiben, das ich von der Bundestagsabgeordneten der Linken, Heike Hänsel, im Gefängnis erhalten habe. Darin versicherte sie mir:

*Deine Verhaftung ist nicht nachvollziehbar und wir werden uns hier im Deutschen Bundestag weiterhin für deine sofortige Freilassung einsetzen. Ich werde mich auch um einen Besuchstermin in Silivri bemühen. Lieber Adil, Du solltest wissen, Du bist nicht allein.*

Ich freute mich sehr über die Solidaritätsarbeit, aber viel mehr gab es mir Mut, dass ich so starke Freunde hatte, die an mich glaubten und mich in dieser schwierigen Zeit nicht allein ließen.

Die Zeit verging wie im Fluge, und meine Mutter und ich merkten gar nicht, dass die Gesprächszeit schon abgelaufen war. Wir hatten nicht mal die Kekse angerührt, so vertieft waren wir. Das Gespräch und das Wiedersehen waren sehr schön, umso trauriger folgte nun der Abschied. Aber ich musste stark sein und mir nicht anmerken lassen, wie nah mir das ging. Meine Mutter sollte weder Schuldgefühle noch Mitleid mit mir haben, denn das hätte sie nur betrübt und einen schlechten Einfluss auf ihre Therapie gehabt. Sie kämpfte für meine Freilassung, aber gleichzeitig musste sie einen harten Kampf gegen den Krebs führen und brauchte dafür jegliche Reserven. Ich lachte und sagte, dass ich alle sehr vermissen würde und bald wieder zurück sei. Sie strahlte über das ganze Gesicht. Die Besucher im Raum lachten. Danach wurden alle Gäste aus dem Besucherzimmer geführt.

Anschließend waren die Gefangenen dran. Wir verließen aber leider nicht das Gefängnis, sondern kehrten in unsere kleine Welt zurück. Dabei lernte ich die anderen Gefangenen kennen. Es kam mir so vor, als hätten wir uns schon seit Jahren gekannt. Dieser Eindruck entstand sicherlich durch die Tatsache, dass wir hier alle so eng aufeinander wohnten. Ich sah „Ismet Baba", mit dem ich einige Zeit in Untersuchungshaft auf der Polizeistation in Vatan verbracht hatte, unter den Besuchern. Offensichtlich war er mittlerweile in Freiheit. Er erkannte mich sofort und wir umarmten uns. Er stellte mir seinen Sohn Hünkar vor. Auch Hünkar saß seit einigen Monaten in Silivri und berichtete mir, dass er seinen Prozesstermin im Juli haben würde. Neben Ferhat stand ein weiterer junger Mensch, den ich kurz vor dem Ausgang kennenlernte.

Es war Gökhan, ein junger Arbeiter aus der Istanbuler Vorstadt İkitelli, gerade einmal 21 Jahre alt. Er beschloss, dass er gerne zu Ferhat und mir in die Zelle kommen würde, und wollte gleich im Anschluss an unser Kennenlernen einen Antrag auf Zellenänderung stellen. Mir war das sehr recht, denn Gökhan war mir von Anfang an sympathisch.

Wir umarmten uns und verließen zellenweise das Besucherzimmer. Zuerst waren Ferhat und ich dran. In unserer freudigen Stimmung merkten wir gar nicht, dass die Wächter uns erneut zwei Mal kontrollierten, ob wir etwas reingeschmuggelt hätten, bevor wir zurück in unseren „Palast" kamen. Dort machten wir uns einen Tee und gingen später in den Hof, um gemütlich unsere Runden zu drehen. Ferhat holte seine Zigaretten heraus und rauchte. Er erzählte vom Gespräch, das er eben mit seinen Eltern und seiner Schwester geführt hatte. Sie waren aus Izmir angereist und wollten am gleichen Tag noch zurückfahren. Ich berichtete anschließend über die Situation meiner Eltern und redete über die Mahnwache in Köln. Die Eltern von Ferhat hatten wohl auch etwas davon mitbekommen und ihm davon erzählt.

# Vom Duo zum Trio – Gökhans Geschichte

Genau eine Woche später kam dann Gökhan zu uns und wir waren ab diesem Zeitpunkt zu dritt in der Zelle. Tags darauf erhielt er auch einen Brief vom Staatsanwalt mit der Ankündigung, dass sein Prozess am 1. August stattfinden werde. Die Freude darüber war sehr groß und nährte seine Hoffnung. Die Entwicklungen der letzten Tage waren wirklich äußerst positiv. Am Nachmittag erhielten wir unseren Fernseher. Voller Vorfreude baute ihn Ferhat auf. Der Fernseher kam für mich genau pünktlich zum Champions-League-Finalspiel zwischen Real Madrid und Liverpool. Gökhan und Ferhat freuten sich mehr darüber, die türkischen Serien, vor allem „Çukur", weiterverfolgen zu können. Wir kamen aber überein, dass der Fernseher unseren Tagesablauf nicht stören solle. Morgens würden nur Nachrichten geschaut und am Abend dürfte man den Fernseher anstellen und Filme, Serien oder Diskussionsveranstaltung ansehen.

Tagsüber sollte er weitgehend ausgestellt bleiben, damit wir unserem erstellten Leseplan folgen könnten. Wir wollten uns nicht komplett ablenken lassen. Das hatten wir von der Nachbarzelle gehört. Dort saßen die drei Zwanzigjährigen bis zum Morgen vor dem Fernseher und schliefen am Tag. Sie lebten in der Nacht und hatten sich gehen lassen. Wir waren uns darüber einig, dass wir so etwas mit aller Kraft verhindern wollten.

Die Umstände im Gefängnis waren nicht einfach. Die Isolation, die Einsamkeit, der Prozess und die ungerechtfertigten Beschuldigungen lasteten auf uns allen. Jeder Mensch ging mit der Situation anders um. Die Anklageschriften anderer Mithäftlinge waren noch etwas umfangreicher und manche befürchteten, dass sie die nächsten Jahre nicht rauskämen. Viele Gefangene waren in einer ganz anderen Situation als wir, was wir zu diesem Zeitpunkt nicht ganz verstanden. Die Angst, dass es auch uns hart treffen könnte, hatten wir durchaus. Aber da die Vorwürfe aufgrund von regimekritischen Facebook-Posts stärker zählten als die wegen einer Teilnahme an einer Beerdigung, wussten wir auch, dass wir keine Jahre in Silivri verbringen würden. Ich motivierte mich aufs Neue und sagte mir, das Beste daraus zu machen. Immerhin konnte ich mich jetzt den Büchern widmen, die ich wegen meiner Faulheit bisher nicht gelesen habe. Über diesen Gedanken musste ich lachen und begann motiviert mit der Lektüre.

Gökhan saß bereits einen Monat länger als wir im Gefängnis und brachte damit ein wenig mehr Erfahrung mit als Ferhat und ich. Wir freuten uns, dass wir jetzt zu dritt in der Zelle saßen, und zur Feier des Abends sangen wir laut am Fenster, so dass die Zellennachbarn uns hören konnten und zum Teil mit einstimmten. Gökhan kannte viele Lieder auswendig, aber seine Stimme war nicht so schön, wie er dachte. Natürlich konnte ich da nicht mitreden, da meine noch schlimmer war und ich zudem nicht einmal die Texte auswendig konnte. Anschließend stießen wir mit einer Cola an. Mehr als Cola hatten wir in diesen Wänden nicht. Wie gerne hätte ich mal wieder ein kaltes Kölsch getrunken!

Am nächsten Morgen stellten wir fest, dass wir Besuch auf dem Hof hatten, einen kleinen Vogel. Wir erfuhren, dass es durchaus vorkommen konnte, dass sie in einer versteckten Ecke ihr Nest bauen und im Gefängnishof überwintern wollen. Aber irgendetwas schien mit dem Vogel nicht zu stimmen. Gökhan sprang auf und rannte hinunter. Wir waren etwas überrascht über seine Freude über den Besuch. „Es ist noch ein Baby, es schafft es nicht hoch", stellte Gökhan fest. War das Vogelküken nun auch gefangen wie wir? Gökhan gab ihm etwas Wasser und nahm das kleine Tier in die Hand. „Nun haben wir jemanden, bei dem wir uns ausheulen können", scherzte Ferhat und berichtete sofort den Zellennachbarn über den Vogelbesuch. Sie lachten und sagten, die Saison sei eröffnet. Das werde noch öfter passieren. „Sie kommen auch in die Gänge des Gefängnisses hinein. Wundert euch nicht. Habt keine Angst. Sie sind unsere Freunde hier", wusste Ömer Faruk zu berichten.

Gökhan stellte sich etwas höher ans Gangfenster, um dem Vögelchen eine bessere Abflugmöglichkeit zu bereiten. Die ersten Versuche scheiterten, aber nach einigen Stunden hatte unser gefiederter Besucher es dann geschafft und war verschwunden.

„Welche Lehren ziehen wir daraus?", fragte ich in die Runde.

Gökhan antwortete sofort: „Nicht aufgeben, weiter versuchen, bis es klappt. Wenn du aufgibst, bist du auf jeden Fall verloren!"

Wir stimmten ihm zu, während wir uns an den Tisch setzten und weiter unseren Tee tranken. Ich war schon immer ein Teetrinker. Kaffee mochte ich nie, aber so viel Tee wie in Silivri hatte ich noch nie in meinem Leben getrunken. Danach hatten wir beschlossen, nur drei Mal am Tag Tee zu kochen: morgens beim Frühstück, nach dem Mittagsessen zum Nachmittag und am Abend, wenn wir TV schauten. Auch wenn wir die Zähne mehrmals am Tag putzten, hatten wir Verfärbungen durch den Tee. „Frag mal Ömer Faruk, er hat bestimmt auch da eine Idee", sagte ich zu Ferhat.

„Zähne putzen!", antwortete Gökhan.

Wir konnten uns das Lachen kaum verkneifen. Anschließend ging Ferhat tatsächlich in den Hof und rief unseren Nachbarn. Ömer Faruk freute sich und lachte ebenfalls erst einmal über seine Frage. Anschließend sagte er, dass ein gefangener Zahnarzt vom Gang nebenan ihnen einen Tipp gegeben hätte. Neugierig warteten wir auf den Ratschlag des Zahnarztes. Gökhan spitzte die Ohren und war überrascht. „Ihr müsst ein Stück Würfelzucker nehmen und die Ecken an die Stellen dranhalten, wo die Verfärbung am Zahn ist. Dabei muss der Zucker trocken bleiben. Sobald der Zucker durch den Speichel anfängt, sich aufzulösen, muss man ein neues Stück Würfelzucker nehmen. Anschließend den Mund intensiv mit viel Wasser ausspülen. Die Verfärbungen gehen damit weg." Mit den Zahnärzten hatte ich immer meine Probleme, muss ich gestehen. Ein Zahnarztbesuch war für mich immer schon die reinste Mutprobe. So war es bereits in meiner Kindheit. Bisher hatte ich auch nur drei Zahnärzte, denen ich vertraute, die ich in diesem Moment nacheinander vor meinem inneren Auge erschienen. Es war schon merkwürdig. Ich war im Gefängnis und dachte an meine Zahnärzte und ihre Praxen. Adil, du drehst durch, sagte ich mir. Während ich noch in Gedanken bei meinen Zahnärzten war, hatten Gökhan und Ferhat bereits begonnen, den Trick mit dem Zuckerstück zu versuchen. Gökhan sagte begeistert: „Es klappt!" Ich versuchte es auch und es zeigte wirklich die gewünschte Wirkung. Was man nicht alles im Gefängnis lernen konnte!

Wir hatten uns einen Fußball in der Kantine gekauft, um im Hof zu kicken. Ab sofort durften wir jetzt jeden Dienstag zum Sport. Es gab zwei kleine Höfe mit Kunstrasen, die oben einen freien Blick zum Himmel hatten. Damit hatten wir immerhin einmal pro Woche einen freien Blick nach oben und konnten diese Auszeit genießen. In diesen Sportstunden schien ein Ausnahmezustand zu herrschen.

Nach den Gefängnisregeln durften bis zu zehn Personen Sport gleichzeitig ausüben. Uns wurde zunächst nicht erlaubt, mit anderen Zellenbelegschaften gemeinsam zum Sport zu gehen. Unsere Anträge wurden immer abgelehnt. Das sollte sich im Verlauf der nächsten Monate aber ändern. Als wir den Sportplatz betraten, legten wir uns erst einmal mit dem Rücken auf den Kunstrasen. Ferhat, Gökhan und ich schwiegen und ließen die Gedanken schweifen. Ich war in diesem Moment in Köln bei meiner Familie.

Erinnerungen kamen hoch. Was machten sie gerade? Ferhat und ich waren noch in Gedanken, da schoss Gökhan uns mit dem Fußball an. „Kommt, steht auf. Wir spielen. Einer geht ins Tor, eins gegen eins. Bis drei. Danach wechseln wir uns ab. Wie früher im Viertel", rief er.

Wie früher. Er sprach, als wäre er schon 60. Die Jahre, von denen er da redete, waren ja noch gar nicht so lange her. Wir rappelten uns auf und ich ging als erster ins Tor. Die beiden wollten ein Duell. Manchmal machte ich mir Sorgen, dass Ferhat und Gökhan ein Konkurrenzverhalten entwickeln würden. Sie waren ungefähr im selben Alter, kamen aber aus sehr unterschiedlichen Lebenskulturen. Solche Widersprüche könnten schon dazu führen, dass sie irgendwann aufeinander losgingen. Schließlich lebten wir unfreiwillig zusammen und da waren negative Folgen nicht auszuschließen.

Das Duell gewann ganz klar Gökhan. Er war körperlich fitter und schien der bessere Fußballer zu sein. Ferhat akzeptierte seine Niederlage und fing an zu singen. Auf diesem Gebiet war er Gökhan eindeutig überlegen. War das etwa ein Zeichen dafür, dass er seine Niederlage nicht akzeptierte? War Ferhat ein „schlechter Verlierer"? Darüber wollte ich mir keine Gedanken machen. Adil, lass die Kirche im Dorf und genieße die restliche Zeit mit dem freien Ausblick zum Himmel, sagte ich zu mir. Es machte schon einen großen Unterschied, ob man nur graue Wände anstarrt oder den Blick schweifen lassen kann.

# Brief meiner Arbeitskollegin

Am 1. Juni bekam ich den ersten Brief von meinem Team aus Remscheid. Zuvor hatte ich bereits Post von Familienangehörigen aus der Türkei sowie Schreiben von Freunden und Gefangenen aus anderen Gefängnissen bekommen. Dieser Brief war anders. Ich freute mich sehr, dass die Gefängniswärter mir den Brief direkt übergaben. Das lag sicher daran, dass er auf Deutsch verfasst war. Meine Arbeitskollegin Sabine beschrieb darin ausführlich, wie sie selbst auf die Situation meiner Inhaftierung reagierte und wie meine Teilnehmer und Teilnehmerinnen aus der Beratung damit umgegangen sind.

Einige von ihnen hatten davon wohl aus den Nachrichten erfahren und waren zur Beratungsstelle gekommen, um nach mir zu fragen. Ein paar sind wohl auch zu mehreren zu den Mahnwachen nach Köln gefahren. Ich war gerührt davon, dass sie sich das zu Herzen genommen hatten und Solidarität zeigten. Ich war jetzt in einer Notlage, und sie kannten Verfolgung sehr genau aus ihren eigenen Biografien. Der Islamische Staat (IS) hat ihre Dörfer angegriffen und sie als „Ungläubige" verfolgt und vor den Augen der Menschheit getötet.

Viele tausende Kurden und Kurdinnen sind in den Shengal-Gebirgen sowie in Nordsyrien (Rojava) durch diese Angriffe gestorben. Alles gehört zusammen. Sie waren aus diesen Kriegsgebieten geflüchtet und zufällig in Deutschland in meiner Beratungsstelle gelandet. Ich hatte über die Beerdigungen derer berichtet, die im Kampf gegen die IS gestorben sind und in Istanbul begraben wurden. In vielen Gesprächen während der Beratungen hatten sie erzählt, was sie erlebt hatten. Sie haben mit mir ihre Erinnerungen an diese schlimmen Tage geteilt. Unsere Gespräche kamen mir im Gefängnis wieder in den Sinn. Ich konnte es damals nicht übers Herz bringen, sie zu fragen, wo ihre Mutter oder ihre Schwestern geblieben sind. Warum sie nicht mitgekommen sind. Die Angst, das Leid, die Wut … die ganzen schrecklichen Erlebnisse konnte man von ihren Augen ablesen.

Vermisste ich meinen Job? Sicherlich. Ich wollte den Geflüchteten helfen, wo ich konnte. Ihnen helfen, in Deutschland anzukommen, das System und die Abläufe zu verstehen. Ihnen helfen, die Erlebnisse zu verarbeiten, damit umzugehen, darüber zu sprechen. Ich wollte so meinen kleinen und bescheidenen Beitrag zur Flüchtlingshilfe beitragen. Es ist der einzige und wahre Grund dafür, dass ich mich für diese Tätigkeit entschieden habe. Man verdient nicht viel Geld damit, aber man kann aktiv sein und helfen.

Ich ging weiter meine Runden im Hof. Ich bewegte mich sehr viel. Es tat mir gut. Manchmal konnte ich mich so in Gedanken verlieren, dass ich mich gar nicht wie im Gefängnis fühlte. Ich war physisch zwar eingesperrt, aber mit den Gedanken frei und wieder in meinem Alltag, bei meinen Freunden, bei meiner Familie oder auf meiner Arbeit in Deutschland. Ich fühlte mich glücklich, wenn ich diese Runden im Hof lief. Manchmal schmerzten mir die Beine. Danach stellte ich fest, dass bereits Stunden vergangen waren, in denen ich meine Kreise gezogen habe.

# Keine Neuigkeiten – Lesen gegen die Leere

Das Wochenende war sehr langweilig. Irgendwie hatten wir es bisher immer geschafft, uns zu beschäftigen, aber an diesem einen Wochenende war es uns absolut nicht gelungen. Hinzu kam, dass meine Mitbewohner keine Zigaretten mehr hatten und deswegen die Stimmung im Keller war. Die Zigaretten gab es immer nur montags in der Kantine. Ferhat und Gökhan hatten in der vergangenen Woche wohl zu viel geraucht, so dass am Wochenende keine Zigaretten mehr übrig waren. Vielleicht sollte ich montags heimlich eine Schachtel Zigaretten zur Seite legen und sie ihnen dann am Wochenende geben. Ihre schlechte Laune und Lustlosigkeit wirkten sich schließlich auch auf mich aus.

Ich beschloss, lieber die Sonne im Hof zu genießen. Meinen Stuhl stellte ich nach draußen und las „İnce Memed“ (dt.: „Memed mein Falke“) von Yaşar Kemal, den ersten Band seines vierteiligen Werkes, und freute mich über diese großartige Literatur. Ich hatte zuvor viel darüber gehört und meine Eltern hatten mir diesen Roman als Lektüre ans Herz gelegt.

Damit war ich beim sechzehnten Buch im Gefängnis innerhalb von sechs Wochen. Davor hatte ich mir von Thomas Piketty „Das Kapital des 21. Jahrhunderts“ vorgeknöpft. Romane sind natürlich viel einfacher und entspannender zu lesen als wissenschaftliche Analysen. Bei Letzteren will man sich normalerweise Notizen machen und eventuell in weiteren Quellen nachschauen, aber die standen mir im Gefängnis nun einmal nicht zur Verfügung. Kurz ins Internet schauen ging ja leider auch nicht. Trotzdem war ich der Meinung, dass ich auch wissenschaftliche Bücher zwischendurch lesen sollte. Ausschließlich Romane zu verschlingen, war mir auf Dauer doch zu wenig.

Am nächsten Tag besuchte mich mein Rechtsanwalt und Familienfreund Mustafa Peköz. Er ist ein Sozialwissenschaftler, Autor und Journalist. Dass er auch Rechtsanwalt war, hatte ich bisher nicht gewusst.

„Wie bist du hier reingekommen?", fragte ich ihn.

Er lächelte und zeigte mir seinen Dienstausweis. „Ich bin jetzt Rechtsanwalt geworden. Man hört nie auf zu lernen. Du hast nun auch die Zeit, deinen Doktor in Sozialwissenschaften zu machen", sagte er.

Wir lachten. Er gehörte zu den Leuten, die mich immer unter Druck setzten, meine Doktorarbeit zu schreiben. „Wie soll das gehen?", fragte ich ihn. „Zu welchem Thema soll ich denn arbeiten? Hast du eine Idee?"

Mit einem Lächeln gab er mir eine für ihn typische Antwort: „Du kannst meine Bücher lesen. Ich bring sie dir das nächste Mal mit. Immerhin hast du genug Zeit."

Na, mit ihm waren die Gespräche wenigstens anders. Er schilderte mir die politischen Ereignisse, die gerade in der Türkei und in der Welt vor sich gingen. Und er gab mir seine Einschätzung der politischen Lage und seine Vermutungen über die weitere Entwicklung. Mustafa gehörte zu einem Kreis von Rechtsanwälten, die regelmäßig den ehemaligen Co-Vorsitzenden der pro-kurdischen HDP, Selahattin Demirtaş, im Gefängnis in Edirne besuchten.

Er schilderte mir diese Gespräche und gab Demirtaş' Meinung zu den aktuellen Geschehnissen wieder. Erst am Ende des Besuchs sprachen wir über meine rechtliche Situation. Bei manchen Besuchen fing er mit diesem Thema an, um nichts zu vergessen. Diesmal gab es nichts Neues. Er stand in Kontakt mit meinen Eltern und ich gab ihm auch die Zustimmung, mich beim Prozess zu verteidigen. Damit war dann schon viel geregelt. Keleş Öztürk und Mustafa Peköz sollten meine Verteidiger im Prozess sein.

Damit standen mir ein sehr erfahrener Rechtsanwalt und ein sehr cleverer und offener Anwalt zur Seite. Das müsste gut gehen, dessen war ich mir sicher. Was wir nicht hatten, war die Anklageschrift. Seit zwei Monaten gab es dazu keine neuen Entwicklungen. Mustafa Peköz meinte, die Staatsanwaltschaft hätte mitgeteilt, die Anklageschrift sei in Bearbeitung und sie würde uns bald vorliegen. Das war natürlich lediglich eine Verzögerungstaktik. Inzwischen durfte ich wenigstens alle 14 Tage mit meinen Eltern telefonieren. Nach zwei Monaten hatten wir es endlich geschafft. Diese Gespräche gaben mir sehr viel Kraft und waren auch für meine Familie wichtig.

# Geburtstag von meinem Bruder

Es war der 26. Juni, der 25. Geburtstag meines Bruders Tamer. Leider konnte ich heute nicht bei ihm sein und mit ihm gemeinsam anstoßen. Ich erzählte Ferhat und Gökhan von meinem Bruder und wie stolz ich darüber war, dass er seit meiner Verhaftung die Solidaritätsarbeit in Deutschland führte. Sie waren beeindruckt von unserem familiären Zusammenhalt und der Unterstützung durch den Freundeskreis. „Ich weiß nicht, ob das jemand in der Türkei auch machen würde", meinte Ferhat. „Die Festnahmen sind zu einer Routine geworden. Die Menschen haben Angst. Sie gehen einem eher aus dem Weg, als dich zu unterstützen und dir zu helfen".

Er hatte teilweise Recht. Die AKP hatte es darauf abgezielt, den Menschen Angst einzujagen, damit sie ihre Meinung nicht mehr vertreten. Warum sollte man sonst einen jungen Studenten wegen vier Facebook-Posts festnehmen lassen? Es ist doch offensichtlich klar, dass man mit der Verhaftung von einigen die meisten abschrecken will und andere dazu zu bringen, sich politisch zurückzuhalten. Gökhan saß ein wegen der Teilnahme an öffentlichen Demonstrationen wie der zum 1. Mai oder den Gedenkveranstaltungen für die Massaker von Sivas und Gazi, wo Menschen mit alevitischem Hintergrund ermordet wurden.

Es gab, wie in meinem Fall, sehr viele Menschen, die wegen der Teilnahme an Beerdigungen festgenommen wurden. Es gehört in der Türkei zur Tradition, dass man an Beerdigungen teilnimmt, das Leid mit der Familie teilt, vor allem wenn man aus demselben Viertel, derselben Familie oder demselben politischen Lager kommt. Doch das kann einem als Straftat ausgelegt werden, wie ich am eigenen Leib erfahren musste. Meine innere Anspannung hatte in der letzten Zeit zugenommen. Ich konnte immer noch nicht verstehen, warum ich seit zwei Monaten in diesem Gefängnis saß und bisher keine Anklageschrift hatte. Diese unklare Situation machte mich mehr und mehr verrückt.

Im Gefängnis hörte man Geschichten von Leuten, denen absurde Sachen vorgeworfen wurden, die sie gar nicht gemacht hatten – selbstverständlich ohne Beweise dafür vorzulegen. Der Staat behauptet etwas über Menschen, aber seine Unschuld beweisen muss es der Angeklagte. Es war einfach Wahnsinn, was sich die AKP politisch und juristisch alles erlaubte.

Ich drehte weiter meine Runden im Hof. Dann rief Gökhan mich herein, damit ich das Spiel nicht verpasse. Die Fußball-Weltmeisterschaft hatte bereits begonnen und wir verfolgten das Turnier gespannt.

Für diese Tage hatten wir uns mehr Cola, Kekse und Chips aufgeschrieben, damit wir auch beim Zuschauen etwas zu knabbern in der Hand hatten. Ferhat war nicht so der Fußball-Fan und schaute sich nur die großen Spiele an. Nach dem Abpfiff sprach Gökhan im Hof mit den Leuten aus den Zellen nebenan und machte eine Analyse zum jeweiligen Match.

Ich kann mich an kaum eine WM erinnern, bei der ich so viele Partien angeschaut hatte. Selbst bei der WM 2006 in Deutschland hatte ich nur ein paar Spiele verfolgt. Nun, jetzt hatte ich ja viel Zeit – und das war das Problem. Die Zeit ging hier sehr langsam vorbei. Während der WM kamen wir komplett von unserem üblichen Tagesablauf weg. Dadurch fehlte unseren Tagen die gewohnte Struktur. Die Tage wurden bestimmt vom Rhythmus der Spiele. In den Spielpausen erledigten wir schnell die „Haushaltsarbeiten“, aber beispielsweise zum Lesen kamen wir kaum noch.

Wir hatten auch unter uns zwischendurch Diskussionen zu aktuellen politischen Ereignissen geführt oder gemeinsam politische Debatten im TV angeschaut. Die Diskussionskultur in der Türkei ist nicht besonders entwickelt. Vor allem die Frauen leiden darunter, da man ihnen wenig Redezeit zugesteht. Man nimmt an, dass sie nicht so viel zu sagen haben. Ich rege mich mehr über das Verhalten der Teilnehmer auf als über den Inhalt ihrer Diskussionsbeiträge.

Nach der WM bemerkten wir, dass es uns besser ging, wenn wir uns an unseren Alltagsplan hielten. Mit dem Fortschreiten des Sommers wurde es sehr warm in der Zelle. Auch die politische Situation erhitzte sich. Die Türkei stand vor einer großen Wirtschaftskrise. Die türkische Lira verlor massiv an Wert und die Preise stiegen rapide. Das spürten wir auch im Gefängnis. Auf der aktualisierten Preisliste der Gefängnis-Kantine hatten sich die Preise zum Teil verdreifacht. In den Medien nahm man den Zwiebelpreis als Beispiel für die Teuerung. Ein Kilo Zwiebeln kostete früher 1,50 Türkische Lira (TL). Inzwischen stand der Preis bei 5,20 TL, also über das Dreifache. Anhand dieses Anstieges konnte man eindeutig die Inflation ablesen.

# Pressefreiheit

Im Fernsehen schauten wir Nachrichten nur auf FOX TV, mit den bekannten Sprechern İsmail Küçükkaya und Fatih Portakal. Die Nachrichten auf diesem Sender haben sehr hohe Einschaltquoten, meist belegen sie Platz 2 nach der jeweiligen Hauptserie des Tages. Die Nachrichtenredaktion war eher kemalistisch orientiert und zeigte meist eine kritische Haltung gegenüber der Politik der AKP-Regierung. Deswegen wurden die Journalisten auch oft zur Zielscheibe von Präsident Erdoğan. Im Vergleich zu FOX TV produzierten die anderen Fernsehsender Propaganda für die AKP. Die Entwicklungen im eigenen Land werden in diesen Sendern nicht kritisch betrachtet. Wie denn auch? Es wird vermutet, dass 90 % der großen Medien Personen und Unternehmen gehören, die der AKP nahestehen. Wie soll unter diesen Bedingungen eine kritische Berichterstattung möglich sein, ohne als Journalist einen Rauswurf zu riskieren? Die oppositionellen Fernsehsender wie Hayat TV, YOL TV, IMC oder TV10 wurden während des Ausnahmezustands verboten und ihre technische Ausstattung vom Staat beschlagnahmt. Nach dem Putschversuch vom 15. Juli 2016 nutzte die AKP die Gelegenheit, um kritische Fernseh- und Radiosender sowie Zeitungen zu verbieten. Beamte, Akademiker und Journalisten wurden entlassen. Zehntausende Menschen verloren ihre Arbeit, weil sie AKP-kritisch waren oder dem linken Gewerkschaftsbund angehörten.

In diese Zeit fiel die Rassismus-Debatte um Mesut Özil in Deutschland. Normalerweise gelangen nur wenige Nachrichten über Deutschland in die türkischen Medien, aber die Diskussion um den Fußballer fand hohe Aufmerksamkeit in der türkischen Presse. Präsident

Erdoğan und seine politische Gefolgschaft nahmen ihn in Schutz und prangerten den deutschen Rassismus an. Eigentlich wollte ich mich darüber besser informieren, aber in Silivri war das nicht leicht. Die Berichterstattung in den AKP-nahen Medien war sehr einseitig und fast zu 100 % gleich. Sogar die Sätze in den verschiedenen Fernsehkanälen waren identisch.

Selbst in den linken Zeitungen wie „Cumhuriyet“ und „Evrensel“ stand nichts darüber. So konnte ich mir kein Bild darüber machen, was wirklich passiert ist. Dieses Thema interessierte mich jedoch sehr.

Präsident Erdoğan versuchte in den türkischen Medien, die Türkei und Mesut Özil als Opfer darzustellen, um so den Rassismus in Deutschland an den Pranger zu stellen. Sein Ziel war es, die Wählerschaft im Ausland auf die Seite der AKP zu lenken. Erdoğan und seine Berater nutzten die Debatte taktisch klug aus: „Wir sind für unsere Bürger da“ titelten die Zeitungen, und Kanzlerin Merkel wurde in den türkischen Medien mit Adolf Hitler verglichen. „Seit Adolf Hitler hat sich nicht vieles geändert in Deutschland. Rassismus wurde nur zeitgenössisch modernisiert.“[11]

Die Propaganda-Maschine der AKP lief in diesen Tagen auf Hochtouren. Im Hintergrund muss natürlich viel mehr passiert sein. Leider bekam ich in Silivri nicht mit, wie sich in Deutschland die politischen Auseinandersetzungen gestalteten.

Der August nahte und der Ausnahmezustand in der Türkei wurde offiziell für beendet erklärt. Das hatte auch positive Auswirkungen auf uns. Vor allem erlaubte man uns jetzt jede Woche ein Telefonat mit unserer Familie und wir durften mit einer zweiten Zellenbelegschaft einmal in der Woche drei Stunden Sport machen. Außerdem konnten

11 https://www.focus.de/politik/deutschland/we-are-with-oezil-seit-hitler-nichts-geaendert-erdogan-steuert-anti-deutschland-kampagne-nach-oezil-aus_id_9317320.html

wir beantragen, dass man drei weiteren Personen den Besuch im Gefängnis erlaubte. Bisher durften uns nur Familienangehörige besuchen.

Ich schrieb Çağrı aus Ankara, Suat Çorlu (dem Ehemann von Meşale Tolu) aus Istanbul und meinen Onkel Zülküf aus Diyarbakır auf die Liste. Mir fiel die Entscheidung leicht. Meine Mitbewohner hingegen hatten Schwierigkeiten mit ihrer Wahl, denn wenn die Namen einmal auf der Liste standen, konnte man sie nur schwer ändern, falls der Betreffende zum Beispiel gar nicht in der Lage war, nach Silivri zu fahren.

## Exkurs 7: ››››››››››››››››››››››››››››››››››››››››››››››››› Der Ausnahmezustand 2016–2018

Der Putschversuch vom 15. Juli 2016 hatte Präsident Erdoğan in die Hände gespielt. Die ernste Situation gab Erdoğan einen perfekten Vorwand, um hart durchzugreifen. In allen politischen und gesellschaftlichen Bereichen und im politischen Ausland rechnete man mit der baldigen Einführung des Ausnahmezustands. Und so kam es auch. Die Situation beschrieb Lale Akgün im Juli 2016 mit den Worten: „Ich blicke einfach auf die große Linie. Wem hat dieser Möchtegern-Putsch gedient und geholfen? Und da komme ich schnell auf die AKP und Erdogan", sagte sie im Interview.[12]

Ähnlich sah es später auch der Politikwissenschaftler Prof. Dr. Burak Çopur und bezeichnete den Putschversuch als Katalysator für den Staatsumbau. „Der gescheiterte Putsch bietet Staatspräsident Erdoğan seit 2016 die Gelegenheit, Staat und Gesellschaft schneller als bisher

---

12 https://www.dw.com/de/akg%C3%BCn-dieser-m%C3%B6chtegern-putsch-hat-erdogan-geholfen/a-19408987

nach seinen Vorstellungen zu transformieren und einen neuen Nationalmythos zu manifestieren: Die Propagierung bizarrer Verschwörungstheorien über das Ausland, die permanente Erzeugung eines Klimas der Angst und der aggressive Konfrontationskurs gegenüber dem Westen; dienen dabei der kontinuierlichen Institutionalisierung eines autokratischen Herrschaftssystems und der Etablierung eines neo- osmanisch orientierten sunnistisch-nationalistischen Staatsnarrativs."[13]

Am 21. Juli 2016, sechs Tage nach dem Putschversuch, verkündete Erdoğan dann den zu erwartenden Ausnahmezustand. Das bedeutete, dass Erdoğan ab diesem Zeitpunkt mit sogenannten Notstandsgesetzen und Anordnungen regieren konnte. In Fällen des Notstands erlaubt es Artikel 15 der türkischen Verfassung, den Gebrauch der Grundrechte und -freiheiten unter Beachtung des Grundsatzes der Verhältnismäßigkeit teilweise oder vollständig auszusetzen. Der Notstand steht eine Stufe unter der von den Putschisten kurzzeitig ausgerufenen Verwaltung des Ausnahmezustands. Per Rechtsverordnung mit Gesetzeskraft, die in der Türkei auch als KHK-Gesetze bekannt sind, wurden eine Woche nach dem gescheiterten Putschversuch 2.341 Institutionen wie Privatschulen, gemeinnützige Einrichtungen, Gewerkschaften, Universitäten und medizinische Einrichtungen aufgelöst mit der Begründung, sie stünden der Gülen-Bewegung nahe. Bis zum 24. Juli 2016, wir sind jetzt neun Tage nach dem Putschversuch, stieg die Zahl der Festgenommenen auf über 13.000. Darunter befanden sich 8.838 Soldaten, 2.101 Richter und Staatsanwälte, 1.485 Polizisten, 52 leitende Beamte und 689 weitere Zivilisten.

Nach türkischen Regierungsangaben wurden während des Ausnahmezustandes ca. 500.000 Menschen inhaftiert und Staatspräsident

---

13 https://www.bpb.de/internationales/europa/tuerkei/253187/die-tuerkei-im-jahr-2017-2018

Erdoğan berichtete im April 2019 von 31.000 Mitarbeitern der Polizei sowie 15.000 Angehörigen des Militärs, die seit dem Putsch ihres Amtes enthoben worden waren.[14]

Präsident Erdoğan nutzte alle Möglichkeiten, um seine Macht auszubauen und politische Gegner auszusortieren. Zunächst sollte auch eine Umstrukturierung der Armee stattfinden. Bereits am 22. Juli 2016 hatte Erdoğan angekündigt, die türkische Armee binnen kurzer Zeit ordnen und dem Militär „frisches Blut" zuzuführen.[15]

Die „Säuberungsangriffe"[16] von Präsident Erdoğan gingen auch in der Justiz und Verwaltung weiter. Die staatliche türkische Nachrichtenagentur Anadolu Ajansı meldete am 16. Juli 2016, dass zehn Mitglieder des türkischen Staatsrats verhaftet und fünf Mitglieder des Hohen Rats der Richter und Staatsanwälte (HSYK) in Ankara von ihrer Mitgliedschaft entbunden worden sind. Der Hohe Rat der Richter und Staatsanwälte kündigte nach dem Putschversuch an, im Land insgesamt 2.745 Richter zu entlassen. Das entspricht etwa einem Drittel aller Richter und Staatsanwälte der Türkei.[17]

Auch andere Ministerien waren von den Säuberungen betroffen: Mehr als 15.000 Beamte im Bildungsministerium, darunter Verwaltungsmitarbeiter und Lehrer an staatlichen Schulen, 1.500 Angestellte des Finanzministeriums, 8.777 des Innenministeriums, 393 Angestellte im Ministerium für Familie und Soziales, 492 Personen, die für die oberste Instanz für religiöse Angelegenheiten (Diyanet) tätig waren,

---

14 https://www.dw.com/de/neue-verhaftungswelle-in-der-türkei/a-49520665

15 https://cn.reuters.com/article/erdogan-top-idDEKCN1020GD

16 https://www.tagesspiegel.de/politik/saeuberungen-in-der-tuerkei-erdogans-misstrauen-trifft-grosse-teile-der-armee/13948706.html

17 https://www.fr.de/politik/erdogan-anhaenger-feiern-istanbul-11093766.html

257 Mitarbeiter des Ministerpräsidentenamts und 100 Mitarbeiter des türkischen Geheimdienstes verloren infolge des gescheiterten Umsturzversuchs ihre Arbeitsstelle.

Sieben Mal ließ Erdoğan den im Juli 2016 verhängten Ausnahmezustand in seinem Land verlängern. Am 18. Juli 2018 wurde er aufgehoben. Die Bilanz ist erschreckend, die Zahlen sprechen für sich. 130.000 entlassene Staatsbedienstete, 70.000 Verhaftungen, etwa 150 eingesperrte Journalistinnen und Journalisten, hunderte von Medien- und Bildungseinrichtungen sowie Vereinen wurden geschlossen. Zusätzlich verschärfte die Regierung das Antiterrorgesetz. Der „Kampf gegen Terror" dominierte derzeit die öffentliche Debatte in der Türkei.

Der Begriff „Terrorismus" wird in der Türkei äußerst weitläufig interpretiert. Es bedarf wenig, um wegen Terrorismus angeklagt zu werden. Mehr als 1.000 Akademiker standen beispielsweise unter Terrorverdacht, weil sie 2016 eine Militäroperation in kurdischen Gebieten kritisierten. Wer an einer Universität, in einem Krankenhaus oder bei einer Bank tätig oder bei einer Bank Kunde war, der man eine Nähe zur Gülen-Bewegung vorwerfen konnte, konnte ohne großen Aufwand wegen einer „Terrormitgliedschaft" beschuldigt werden. Viele Journalistinnen und Journalisten wurden wegen kritischer Berichterstattung festgenommen. In der Anklage ist bei ihnen die Rede von „Terrorpropaganda".

**EXKURS 7 ZU ENDE** ››››››››››››››››››››››››››››››››››››

# Besucherregelungen und Briefe in die Zelle

Das Reglement der Haftleitung sah vor, dass man die Namen seiner Besucher nur einmal im Jahr, und zwar konkret an Neujahr, verändern konnte. Ich riet Ferhat und Gökhan, sich zunächst über ihre Familienangehörigen zu informieren, ob die Freunde wirklich kommen können. Auch die Post aus Deutschland war weiterhin ein Problem. Bei Telefonaten mit meiner Familie und über die Mitarbeiter des deutschen Konsulats erfuhr ich, dass es eine Postkarten-Aktion in Deutschland für mich gegeben hatte, aber bisher war nichts bei mir angekommen. Auch die Briefe von Freunden, die mir geschrieben hatten und meinen Bruder darüber informiert hatten, haben mich nicht erreicht.

Am Telefon sprach ich mich mit Tamer ab, dass es besser sei, die Post per Einschreiben zu schicken. Ich erzählte meinem Bruder, dass ich einen Brief meiner Lehrerin aus der Sekundarstufe I in Bochum bekommen hatte. Frau Ernst-Stürmann gehörte zu meinen Lieblingslehrerinnen und ich hatte mich sehr über ihren Brief gefreut. Ihrem Schreiben hatte sie auch einen Zeitungsartikel über unser damaliges Buchprojekt „Das Tagebuch der Anne Frank“ sowie ein Erinnerungsfoto des Besuchs unserer Schulklasse bei der damaligen Ministerin Birgit Fischer (Ministerin für Frauen, Jugend, Familie und Gesundheit) beigefügt.

Meine Lehrerin Monika Ernst-Stürmann schrieb:

*Lieber Adil, so ein Schock: In der Zeitung sehe ich dich auf einem Bild und das ist verbunden mit der Information, dass du in der Türkei inhaftiert bist. Und ich erkenne auch deine Mutter, der ich auf mehreren Elternsprechtagen begegnet bin, um ihr zu sagen, was sie für einen begabten und eifrigen Sohn hat, wie besonnen und klug er ist, wie sehr er sich für gesellschaftliche Themen interessiert und mit welcher Ausgeglichenheit er auf Konflikte mit Mitschülern reagiert und dass er immer den richtigen Ton trifft. Wie sehr habe ich mich gefreut, als wir uns vor einigen Jahren mitten in der Essener Innenstadt begegneten. Ein selbstbewusster junger Mann, der mit Stolz und Haltung von seinem Studium an der Uni Essen/Duisburg berichtete, von seinem Wissensdurst und seiner Freude am gesellschaftspolitischen Diskurs. Und jetzt das! Ich habe mit deinem Bruder telefoniert und er sagt, dass es dir den Umstanden entsprechend gut geht. Und dass du dich mit lesen, lesen, lesen über Wasser hältst. Eine gute Wahl, wenn du mich fragst. Aber es wird in dieser Zeit nicht reichen. Nimm deshalb die Gewissheit, dass ich ganz viel und oft an dich denke, Freunden und ehemaligen Kollegen von dir erzähle, die Petition unterschrieben und weitergeleitet habe und, wenn es geht, nach Köln zur Mahnwache fahre. Und so machen es offensichtlich sehr viele Menschen. Jetzt geht es darum, dass du den Mut und die Kraft für diese persönliche und politische Herausforderung nicht verlierst. Du hast dir nichts vorzuwerfen, was mit deinen moralischen und rechtsstaatlichen Positionen nicht vereinbar wäre. Davon bin ich zutiefst überzeugt. Beim kürzlichen Aufräumen meiner Schulsachen (seit fast 4 Jahren bin ich raus aus der Schule) fielen mir die Unterlagen zu unserem Anne-Frank-Buch in die Hände. Vielleicht erinnerst du dich – wir waren damals auch zu Gast im Landtag und da sah ich dich auch in der ersten Reihe und den Namen Adil auf der Rückseite unseres gemeinsamen Buches. Es hat mich sehr gerührt. Wenn du wieder zu Hause bist, schicke ich dir noch einmal deinen Textbeitrag in dem Buch.*

*Deine ehemalige Klassenlehrerin, Monika Stürmann / 19. Juni 2018*

An unser Buchprojekt konnte ich mich sehr gut erinnern. Später, in der Oberstufe, waren wir mit der Klasse zum Anne-Frank-Haus in Amsterdam gefahren. Ich dachte zurück an meine Schulzeit, an die lustigen und traurigen Momente mit den Klassenfreunden, an meine erste Liebe, aber auch an politische Konflikte, wie z. B. die der Alevitenfrage mit den türkischen Nationalisten im Türkisch-Unterricht. Dabei hatte es auch einmal eine Schlägerei gegeben. Ich erinnerte mich aber auch an deutsche Nationalisten, die unsere Deutschlehrerin bedrohten. Hatten meine Freunde davon überhaupt etwas mitbekommen? Ich hatte kaum noch Kontakt zu ihnen, nur mit ein paar von ihnen war ich auf Facebook befreundet.

Adil Demirci mit seiner ehemaligen Klassenlehrerin Monika Ernst-Stürmann

# TEIL 5

## ICH BIN KEIN EINZELFALL

# Prominente Leidensgenossen

Mittlerweile war es August, ich saß schon 4 Monate in Silivri ein. In den Medien sprach man gerade über die Verhaftung des US-amerikanischen Pastors Andrew Brunson. Die Inflation, die Schwächung der Türkischen Lira und somit auch der türkischen Wirtschaft zeigten erste Folgen. Seit 2017 war auch der deutschen Außenpolitik klar, dass Erdoğan Geiselnahmen als wesentlichen Bestandteil seiner Außenpolitik einsetzte. Deniz Yücel von der „Welt", Peter Steudtner von Amnesty International und Meşale Tolu von der Nachrichtenagentur ETHA wurden festgenommen und so zu Geiseln der Politik.

Der prominenteste Fall von ihnen war sicher Deniz Yücel. Erdoğan hatte offen angekündigt, ihn festnehmen zu lassen und den Journalisten als „Agenten" bezeichnet. Die türkischen Medien waren auf der Suche nach packenden Schlagzeilen. Daher kamen Schlagwörter wie „Agent", „Terrorist" oder auch „Verräter" bei den meisten Menschen sehr gut an und wurden in den alltäglichen Sprachgebrauch übernommen.

Im Jahr der Präsidentschaftswahl, 2018, ging das perfide Spiel weiter. Im April wurde ich festgenommen. Im Juni ereilte die kurdische Künstlerin Hozan Canê, ebenfalls aus Köln, nach einer Wahlveranstaltung der HDP im türkischen Edirne das gleiche Schicksal wie ich. Und nun wurde auch ein US-Amerikaner Opfer dieser Willkür. Das vorletzte Jahr schien sich zu wiederholen. Ich war wütend, diese Nachrichten in dieser Art und Ausführlichkeit zu hören und zugleich froh, dass die türkische Presse nicht im selben Stil über mich berichtete. Zumindest hatte ich davon nichts mitbekommen. Andrew Brunson war auf allen AKP-Kanälen zu sehen. Ihm wurde vorgeworfen, er wäre

Mitglied der Gülen-Bewegung und hätte der YPG in Syrien geholfen. Überlegten die Köpfe der „Propaganda-Maschine“ nicht vorher, was sie sagen? Oder weswegen stellte man eine Verbindung zwischen der Gülen-Bewegung und der kurdischen YPG her? Ich notierte mir diesen Fall, um beim nächsten Gespräch die Mitarbeiter des deutschen Konsulats darauf anzusprechen.

Am Abend schrieb ich in mein Notizbuch: „Jeder Tag ähnelt dem nächsten. Wichtig ist, die Disziplin einzuhalten und den Willen nicht zu verlieren. Die Hoffnung auf schöne Tage, auf eine bessere Welt und der entschiedene Willen, dafür weiterhin zu kämpfen.“

# Nach der Ungewissheit – Meine Anklageschrift

Meine Rechtsanwälte überbrachten mir die Nachricht, dass meine Anklageschrift von der Staatsanwaltschaft fertiggestellt worden sei. „Es sind insgesamt mehr als 250 Seiten", bereitete mich mein Anwalt Keleş Öztürk auf den bevorstehenden Prozess vor.

„250 Seiten?", fragte ich.

„Ja, du hast viel angestellt", sagte er, verschmitzt lächelnd.

Ich verstand, dass er mich auf dem Arm nahm. Andere Rechtsanwälte hatten mich bereits vor seinem Humor gewarnt.

„Und was steht drin?", fragte ich ihn.

„Es sind zwar 250 Seiten, aber es gibt nichts Neues über dich. Dein Part nimmt knappe 8 Seiten ein, und davon sind ganze 7 Seiten der Polizeibericht über die Beerdigungen, an denen du teilgenommen hast."

„Was gibt es noch?", hakte ich nach. „Das kann doch nicht der Grund sein, warum ich so lange festgehalten werde."

„Warum kann er das denn nicht sein?", antwortete mein Anwalt. „Was funktioniert denn in diesem System noch? Man kann doch von denen nicht erwarten, dass sie eine vernünftige Anklageschrift vorbereiten. Also steht nur das nochmal drin, was sie dich auf dem Polizeirevier gefragt haben."

Ich wusste nicht, was ich davon halten sollte. Bei den Verfahren der Mithäftlinge hatte ich die Erfahrung gemacht, dass die Staatsanwaltschaft absurde Vorwürfe erhob, ohne Beweise zu liefern. Mir hatten sie noch nicht einmal neue Vorwürfe gemacht. Sie behaupteten, dass ich auf einer offiziell vom Stadtgouverneur Istanbuls genehmigten

Beerdigung war, an der neben mir tausende andere Menschen teilgenommen hatten, so der Polizeibericht. Daraus leitete man ab, dass ich ein Mitglied einer Organisation oder Gruppe sei. Wohlgemerkt: Bei diesen Beerdigungen hat es nicht einmal einen Polizeieinsatz gegeben.

Angeblich wurde auf den Beerdigungen Propaganda für verbotene Organisationen gemacht. War meine Person daran beteiligt? Nein. Also warum war ich dann in Haft, fragte ich mich und stellte diese Frage natürlich auch meinem Rechtsanwalt.

„Diese Frage kannst du aber erst am 20. November dem Richter stellen, bis dahin wirst du in Haft bleiben. Erst dann ist dein Prozesstermin", war seine Antwort. Auf meine Frage, ob die Vorwürfe überhaupt ausreichen würden, um mich in Untersuchungshaft zu halten, antwortete Keleş Öztürk: „In deiner Akte steht, dass es eine sehr hohe Fluchtgefahr nach Deutschland gebe und sie dich daher erstmal in Untersuchungshaft behalten wollen."

Die Aussage des Haftrichters war wirklich lächerlich. Ich war für eine Woche nach Istanbul gekommen, stand kurz vor dem Rückflug nach Deutschland und nun solle es eine hohe Fluchtgefahr geben. Diese Stunde Gespräch mit meinem Rechtsanwalt kostete mich viele Nerven und wir verabredeten uns, beim nächsten Termin die Verteidigung vorzubereiten. „Viel Neues gibt es nicht, aber wir können es ja noch mal durchgehen", sagte er zum Abschied. Wir verabschiedeten uns und ich war wieder auf dem Weg zu meiner Zelle. Gökhan und Ferhat warteten schon auf die Neuigkeiten und ich berichtete ihnen darüber.

Ich erzählte ihnen auch, dass ich in einem Sammelklageverfahren mit insgesamt 22 weiteren Personen war, von denen 13 sich in Haft befanden. Unter den neun Mitangeklagten, die nicht in Haft waren, befand sich auch der 79-jährige „Ismet Baba", den ich von der Polizeistation her schon kannte. Ich hatte mich sehr gewundert, als ich seinen Namen in der Liste las. Es war eine äußerst gemischte Gruppe.

Die Jüngste war die 22-jährige Jura-Studentin Gönül, der man vorwarf, an den Gezi-Protesten und der verbotenen 1.-Mai-Demo auf dem Taksim-Platz im Jahre 2013 teilgenommen zu haben. Damals war sie laut der Anklageschrift noch 16 und durfte nach türkischem Gesetz nicht mit uns gemeinsam angeklagt werden. Der Älteste war, wie bereits erwähnt, Ismet Baba mit seinen 79 Jahren. In seiner Akte wurde auch seine Festnahme nach dem Militärputsch von 1980 erwähnt. In den Gesprächen mit meinen Rechtsanwälten erfuhr ich, dass es im Zeitraum von April bis Juli 2018 vier weitere Razzien gegen die sozialistische Partei gegeben hatte und alle Festgenommenen in einer Sammelanklage zusammengefasst wurden.

Die Beerdigungen, derentwegen ich in Haft war, schienen gut dazu zu passen, und deshalb hatte man mich in dieses Verfahren hineingenommen. Was hast du denn erwartet, Adil? Diese Frage stellte ich mir während meines Spaziergangs im Hof. Du hast von so vielen absurden Verfahren in den letzten Jahren gelesen. Warum soll dir nicht das Gleiche passieren? Ich erlitt genau dasselbe Schicksal wie zehntausende Menschen vor mir in der Türkei in den Jahren zwischen 2016 und 2018.

# Vorwürfe der Anklageschrift

## Person 23 – Adil Demirci

*Adil Demirci ist am 7. April 2018 am Flughafen Sabiha Gökcen in Istanbul in die Türkei eingereist und hat bei seinen Verwandten in Kartal übernachtet. Dabei wurden Daten gefunden, dass er am 14. April 2018 wieder nach Köln abreisen würde. Unserem Beschluss nach haben wir ihn am 13. April 2018 gegen 1:00 Uhr nachts in einer Operation festgenommen und ein Handy [...] beschlagnahmt. Die SIM-Karte befand sich im Handy und das Handy war angestellt. Für die Untersuchungen wurde das Handy beschlagnahmt und ein digitaler Bericht wurde angefertigt. Es gibt einen Festnahme-Befehl gegen Adil Demirci und er befindet sich seitdem in Untersuchungshaft.*

**Vorwurf 1:** *Der Beschuldigte Adil Demirci hat an de Beerdigung von Yeliz Erbay und Sirin Öter teilgenommen. Die beiden Terroristen, Mitglieder der MLKP, wurden in Istanbul nach einem bewaffneten Gefecht mit unseren Sicherheitskräften tot aufgefunden. Der Beschuldigte nahm an der Beerdigung am 22. Dezember 2015 in Gazi teil.*

**Vorwurf 2:** *Der Beschuldigte Adil Demirci nahm an einer Veranstaltung an der Bogazici-Universität/Campus Süd teil, auf der man der in Kobane/Syrien gestorbenen Suphi Nejat Agirnasli gedacht hat. Es wurde festgestellt, dass er sich mit der Gruppe der Veranstalter zusammen am 5. Oktober 2015 auf dem Campus aufgehalten hat.*

***Vorwurf 3:** Der Beschuldigte hat an der Beerdigung von Aziz Güler am 22. November 2015 teilgenommen. Aziz Güler starb in Ayn-El Arap/Syrien im Gefecht gegen die DAES (IS) auf Seiten der Terrororganisation PYD. Die Beerdigung wurde am 22. November in Gazi/Istanbul von der Alevitischen Gemeinde/Gazi organisiert. Auf den Fotos ist zu sehen, dass Adil Demirci an dieser Beerdigung teilgenommen hat.*

Die Vorbereitung meiner Verteidigung verlief sehr schnell. Ich hatte bereits auf der Polizeistation dem Staatsanwalt erklärt, aus welchen Gründen ich auf den Beerdigungen im Jahre 2015 teilgenommen hatte und wollte dies so vor dem Gericht am 20. November wiederholen. Wir mussten deutlich darstellen, dass ich zu diesem Zeitpunkt als freier Journalist für die linke Nachrichtenagentur ETHA gearbeitet und vor allem Übersetzungen für diese gemacht hatte. Meine Übersetzungen wurden nicht als Beweismittel genommen. Natürlich nicht, es waren ja auch Weltnachrichten, die nichts mit der AKP und Präsident Erdoğan zu tun hatten. Der einzige positive Aspekt der Anklageschrift war, dass ich nicht mehr wegen Mitgliedschaft in einer und Propaganda für eine Terrororganisation angeklagt wurde, sondern nur noch wegen einfacher Mitgliedschaft. Eine Verurteilung für Mitgliedschaft kann zwischen 5 bis 10 Jahre Haft bedeuten und eine Verurteilung für Propaganda kann zusätzlich zwischen 2 bis 5 Jahre Haft einbringen. Das bedeutet, die Staatsanwaltschaft kann maximal für mich nur noch 10 Jahre Haft fordern anstelle von 15 Jahren. Eine tolle Nachricht. Im Vergleich zu Deniz Yücel (Forderung 18 Jahre), Meşale Tolu (18 Jahre), Ahmet Altan und Osman Kavala (lebenslänglich) blieb die Forderung der Staatsanwaltschaft verhältnismäßig bescheiden.

In den nächsten Tagen vervollständigte ich meine Verteidigung.

# TEIL 6

## EINE WEITRE VERLEGUNG – ZELLE B-28

# ... ich hoffe, dass ich in zwei Monaten auch endlich hier raus bin

Im September hatten wir unseren offenen Besuchstermin, an dem auch Freunde teilnehmen konnten. Mein Freund Çağrı und mein Onkel Zülküf waren gemeinsam angereist und wir begrüßten uns. Sie bemerkten, dass ich abgenommen hatte und eigentlich fit aussah. Ich bedankte mich für das Kompliment.

Eine spezielle Diät hatte ich nicht geführt, aber wir machten jeden Morgen Sport, um körperlich fit zu bleiben und nicht krank zu werden. Ich erzählte, wie ich die letzten Monate hier verbracht hatte und schilderte ihnen einige lustige Momente, die ich mit Ferhat und Gökhan erleben konnte. Die beiden fingen gleich an, mich auf den Arm zu nehmen und fragten mich über die Peinlichkeiten aus, wie gut ich zum Beispiel im Wäschewaschen sei. Da hatte meine Mutter wohl mal aus dem Nähkästchen geplaudert ... Wir lachten herzhaft.

Mein Onkel berichtete mir von der aktuellen gesundheitlichen Lage meiner Mutter. Auch wenn wir jeden Mittwoch telefonierten und sie mich bereits zwei Mal im Gefängnis besucht hatte, war es mir wichtig, mit meinem Onkel persönlich darüber zu sprechen. Ich hatte ein schlechtes Gewissen, dass ich meinen Vater und meinen Bruder und vor allem meine Mutter im Kampf gegen den Krebs alleine gelassen hatte. Ich konnte nicht bei ihnen sein und wurde eher zu einer Last für sie. Sie standen weiterhin jeden Mittwoch auf der Mahnwache und hatten bereits große Unterstützung bekommen. Çağrı berichtete, dass der Kölner SPD-Abgeordnete Rolf Mützenich sich sehr um meinen Fall kümmerte und plante, zum Prozesstermin anzureisen. Auch

Anke Brunn vom Präsidium des IB (Internationaler Bund) und die Gesamtbetriebsratsvorsitzende des IB, Sabine Skubsch, hatten sich angekündigt.

Zuletzt sprachen wir über die Anklageschrift und meine Verteidigung. Alles stehe bereit, sagte ich ihnen, und dass ich ungeduldig auf den Prozesstermin am 20. November warte. Çağrı motivierte mich damit, dass wir an meinem Geburtstag, der zufälligerweise an meinem erhofften ersten Tag in Freiheit lag, gemeinsam zur Agora Meyhane in Balat fahren sollten.

Nach Ende der Besuchszeit verabschiedeten wir uns und ich ging mit meinen Mithäftlingen zurück in die Zellen. Mittlerweile waren einige Gefangene entlassen worden und wir waren nur noch zu acht in unserem Gang. „Ich sitze seit zwei Jahren und die Runde ändert sich bei fast jedem offenen Besuchstag. Es kommen und gehen immer welche", meinte Dursum, den ich durch die gemeinsamen Trainingsrunden kennengelernt hatte.

„Na ja, ich hoffe, dass ich in zwei Monaten auch endlich hier raus bin", antwortete ich.

Inzwischen waren Ferhat und Gökhan und ich in die Zelle B-28 gezogen. Es war meine dritte Station während der bisher fünfmonatigen Haftzeit. In den insgesamt drei Bereichen „A", „B" und „C" liegen meistens in einer Reihe acht oder zehn Zellen. Wir befanden uns in der Mitte des Gefängnisses. Das merkte man auch direkt daran, dass man relativ viel mitbekam und es wesentlich lauter als in der vorherigen Zelle war. Unser Umzug verlief sehr schnell und spontan, so dass wir uns nicht von unseren Nachbarn verabschieden konnten. Nur Ömer Faruk hatten wir kurz Bescheid geben können, die anderen Nachbarn schliefen noch, als wir auszogen. In der neuen Zelle hatten wir prominente Nachbarn. Gegenüber saß der Autor und Journalist Ahmet Altan ein und nebenan der Besitzer der großen Baklava-Kette Faruk Güllüoğlu.

Wir waren mittlerweile gefängniserfahren und lernten unsere Nachbarn schnell kennen. Ferhat und Gökhan hatten Ahmet Altan bereits am ersten Tag gesehen und sprachen über ihn. Ich war natürlich neugierig und wollte auch mal einen Blick auf ihn werfen. Er machte seine Runden auf dem Hof. „Ist er das?", fragten sich meine Freunde aufgeregt. Er war es tatsächlich. Ahmet Altan gehört zu den großen Autoren und Journalisten in der Türkei. So einem Menschen begegnet man nicht oft auf der Straße, und nun teilten wir sogar die Gänge im Gefängnis miteinander. Wir hielten uns zurück und trauten uns nicht, ihn anzusprechen.

So einfach war es auch nicht, ins Gespräch mit einer Person, die in der Zelle gegenüber sitzt, zu kommen. Man musste schon etwas lauter nach der Zellennummer rufen. Bei uns in der Zelle begann eine hitzige Debatte, wie wir nach ihm rufen sollten. Wie spricht man so einen Menschen an? „Ahmet abi" vielleicht, oder „Ahmet Bey"? Oder sollten wir direkt nach seiner Zellennummer rufen? Wir diskutierten bereits den zweiten Tag darüber, da begrüßte uns Ahmet Altan, fragte uns nach unseren Namen und ob wir neu seien.

Wir erzählten ihm von unseren Prozessen und sprachen fortan häufiger mit ihm. Meist fragte man sich gegenseitig, wie es dem anderen gesundheitlich und vor allem auch psychisch ging. Es ist wichtig, den Mut und die Hoffnung in dieser Isolation nicht zu verlieren. Man fühlt sich allein. Ahmet Altan hatte eine sympathische Stimme und machte Hoffnung auf bessere Tage. Man sollte die Zeit nutzen, um zu lesen, riet er Ferhat in einem Gespräch.

In der Zelle B-25, also drei Zellen nebenan, war auch Bedran, ein Freund von Gökhan. Beide kamen aus demselben Stadtteil Istanbuls. Für die zwei ergab sich durch ihre Freundschaft und zudem durch die Verbundenheit ihrer Familien eine ganz andere Situation als für uns. Die Solidarität unter den Familien der Gefangenen war auch stark. Dies zeigte sich vor allem an den offenen Besuchstagen. Silivri liegt sehr außerhalb. Man organisierte gemeinsame Fahrten und unterstützte auch Familien, die es schwieriger hatten, nach Silivri zu kommen, damit sie auch ihre festgehaltenen Familienangehörigen, meist die Kinder, sehen konnten.

Mit dem Umzug in die Zelle B-28 waren wir sehr zufrieden, weil es dort viel dynamischer und lebendiger zuging. Man hörte auch die Wächter, wie sie zum Beispiel untereinander Aufgaben verteilten. Wir stellten fest, dass wir in den ersten Monaten innerhalb der Isolation noch zusätzlich isoliert gewesen waren. Unsere beiden benachbarten Zellen nebenan, sprich B-29 und B-30, waren Sechserzellen, die komplett besetzt waren. Ihre Aufenthaltsräume waren nicht viel größer als unsere. In diesen Zellen saßen nur Angeklagte mit dem Vorwurf der Präsidentenbeleidigung, und es waren wirklich sehr unterschiedliche Charaktere.

Einer der beiden, ein 70-jähriger kurdischer Gefangener, sprach uns sofort an und fragte, weswegen wir einsaßen. Er war sehr direkt und Ferhat stellte anhand seines Akzents fest, dass er aus der Umgebung seines Dorfs stammen musste. Als Ferhat auf Kurdisch antwortete, nahm das Gespräch seinen Lauf … und dauerte. Ferhat hatte ein starkes Bedürfnis, Kurdisch zu sprechen, und so konnte er sich mit dem Nachbarn regelmäßig austauschen. Unseren Plan, dass er mir Kurdisch beibringt und ich ihm Deutsch, haben wir nach zwei Wochen verworfen. Er versuchte mir zwar, einige Vokabeln und Sätze auf Kurdisch beizubringen, aber zu der Grammatik konnte er nicht viel sagen. Seine Motivation, die deutsche Sprache zu lernen, verschwand bereits nach den ersten Tagen. Immerhin hatte er es zwei Wochen versucht durchzuhalten.

Zwei unserer wegen Präsidentenbeleidigung eingesperrten Zellennachbarn waren Mitglieder der HDP, ein anderer war von der sozialdemokratischen CHP und zu ihnen gesellte sich zwischenzeitlich ein Nationalist von der IYI-Partei. An dieser Zellenbelegung sah man, auf welche Gruppierungen sich die staatliche Repression mittlerweile ausgedehnt hatte. Die beiden von der prokurdischen HDP hatten die längsten Haftzeiten abzusitzen. Die anderen Gefangenen blieben durchschnittlich einen Monat. Bei den Kurden wurde neben dem Vorwurf der Präsidentenbeleidigung automatisch noch der Vorwurf der Terrorpropaganda hinzugefügt, sodass sie im Allgemeinen länger einsitzen mussten, obwohl die Anklageschrift ähnlich war. Weil sie aber Kurden und HDP-Mitglieder waren, wurden sie doppelt bestraft.

In Zelle B-28 ging die Zeit viel schneller vorbei als zuvor. Wir waren mit mehreren Menschen im Kontakt und zwischendurch wurde abends einfach gesungen. Mazlum aus der Zelle B-25 hatte eine sehr schöne Stimme und sang abends Lieder auf Kurdisch. Es war angenehm, ihm zuzuhören. Selbst Ferhat hatte auch akzeptiert, dass Mazlums Stimme etwas schöner klang als seine, und er lauschte ihm auch gerne. Zwischendurch sprachen sie sich ab und sangen im Duett. Das gemeinsame Singen erfreute uns. Auch weniger begabte Sänger, wie ich zum Beispiel, konnten mit einstimmen.

# „Adil, die Deutschen sind da"

Mittlerweile war ein halbes Jahr in Haft vergangen und ich bekam wieder Besuch vom deutschen Konsulat. Dieses Mal war der deutsche Generalkonsul Dr. Michael Reiffenstuel mit dabei. Er stellte sich vor und teilte auch mit, dass er erst in diesem Sommer seine Arbeit in der Türkei aufgenommen hatte und die aus politischen Gründen inhaftierten Deutschen besuchen wollte. Nachdem er sich kurz vorgestellt hatte, fing ich an, meine Geschichte zu erzählen und über meinen „Alltag" im Gefängnis zu berichten.

Ich erhielt von ihm die Nachricht, dass es Gespräche mit Beratern von Erdoğan gegeben hatte, als er vor einigen Wochen zu einem Staatsbesuch in Berlin und Köln war. Genauer gesagt wurde dem türkischen Präsidenten eine Liste mit sieben deutschen Gefangenen überreicht, die aktuell in türkischer Untersuchungshaft waren, verbunden mit der erneuten Aufforderung, sie freizulassen. Im türkischen Fernsehen gab es Berichte über den Erdoğan-Besuch in Deutschland, aber man erfuhr kaum etwas über die Ergebnisse der Gespräche und die damit verbundene Kritik.

Die Konsulatsmitarbeiter berichteten mir auch von der starken Solidaritätsarbeit in Köln, von einer breiten Unterstützung aus vielen Bereichen. Die damals amtierende Kölner Oberbürgermeisterin Henriette Reker hatte sich offen für meine Freilassung ausgesprochen. Dieses Gespräch gab mir Mut und Kraft, um die restlichen Wochen bis zu meinem Prozesstermin zu überstehen. Ich hatte große Hoffnung, dass ich am 20. November endlich entlassen würde.

Eine gute Freundin von mir berichtete mir in einem Brief auch über ihren Besuch im Bundestag, wo sie die gesammelten Unterschriften für mich abgegeben hatten.

In ihrem Brief schrieb sie:

*Zwei Wochen nach den Solidaritätsveranstaltungen für Dich in Köln und Frankfurt mit Lale Akgün, Mesale Tolu, Peter Steudtner, Günter Wallraff, Sharo Garip und Tamer sind wir nach Berlin gefahren. Kanka [türkisch: Kumpel], durch Dich hatte ich die Gelegenheit, den Kuchen im Bundestag auszuprobieren. Wir wurden im Reichstag von den Abgeordneten Jürgen Hardt und Michael Roth empfangen. Wir haben fünftausend Unterschriften für Dich persönlich abgegeben. „Falls ihr Adil nicht rausholt, kommen wir wieder", haben wir zu ihnen gesagt. Ich weiß nicht, ob sie Angst bekommen haben, aber wir werden wieder hinfahren, falls du nicht kommst. Dein Bruder war unser Fahrer, dein Vater, Georg und ich sind gemeinsam hingefahren. Georg war unser „deutscher" Vertreter und ich die Frauenquote. Wir haben dein Foto auf T-Shirts gedruckt und es ihnen als Geschenk mitgegeben.*

Die Rechtsanwälte erwarteten auch meine Freilassung. Sogar Keleş Öztürk, der dafür bekannt war, im Voraus nur selten konkrete Aussagen zu treffen, sagte mir, dass ich sehr gute Chancen hätte. Aufgrund der Anklageschrift müsste ich von den verhafteten 13 Personen als erster entlassen werden. „Der normale Prozessverlauf", sagte er im Gespräch, „geht wie folgt: Beim ersten Termin werden maximal nur die Hälfte freigelassen und die anderen folgen dann beim zweiten und dritten Termin. Dein Haftrichter ist ein Verrückter. Wir kennen ihn aus anderen Verhandlungen. Man kann ihn nicht genau einschätzen."

# Das Schicksal von Ferhat und Gökhan

Ferhat und Gökhan hatten vor mir ihre Termine. Die Rechtsanwälte von Gökhan erwarteten keine Freilassung zum Prozessauftakt, aber er erlebte eine positive Überraschung. Gegen Abend kehrte er aus der Verhandlung zurück und stand unter Schock vor Freude. „Ich bin frei!“, rief er, als der Wächter die Tür öffnete. Wir umarmten uns und er trank erst einmal einen Schluck Wasser. Der Prozess hatte ihm zu schaffen gemacht. Die Wächter schlossen wieder die Tür auf und sagten, dass er sich beeilen müsse. Gökhan war keine zwei Minuten da und musste sofort wieder gehen. Wir konnten uns gar nicht richtig voneinander verabschieden, aber wir freuten uns heftig, vor allem, weil er damit gar nicht gerechnet hatte. Unter dem Schock und dem Zeitdruck vergaß Gökhan einige seiner Sachen und verließ uns in Eile. Nun waren Ferhat und ich wieder zu zweit in unserer Zelle. Wir tranken Tee, während Ferhat seine Verteidigung vorbereitete.

„Ferhat, was würdest du machen, wenn du nicht wegen vier Facebook-Posts angeklagt wärst? Deine Anklageschrift beträgt zwei Seiten. Deine Verteidigung ist sogar fast länger. Läuft da nicht etwas schief?“, fragte ich ihn.

Er entgegnete, dass er es so mit seinen Rechtsanwälten abgesprochen habe. Seine Nervosität war trotz seines Lächelns zu spüren.

Auch Gökhan ist vor seinem Termin nervös gewesen, aber im Vergleich zu uns beiden noch relativ cool geblieben. Er hatte auch keinen großen Stress wegen der Verteidigung gehabt. Der Grund für seine

Inhaftierung war völlig an den Haaren herbeigezogen. Man hatte Telefongespräche zwischen ihm und seinen Freunden abgehört und diese mit geänderten Inhalten wiedergegeben. Gökhan konnte sich genau an diese Gespräche erinnern. Seine Anklageschrift gehörte zu den „absurderen" Fällen, in denen einfache Telefongespräche mit Freunden als Gespräche in Bezug auf eine feindliche „Organisationsstruktur" dargestellt wurden.

Ferhats Termin rückte näher. Insgesamt waren mit ihm vier Personen in einem Anklageverfahren zusammengefasst. Neben ihm betraf die Anklage zwei Mitarbeiterinnen der ETHA, nämlich Pınar Gayıp und Semiha Şahin. Ferhat hatte fest mit einer Freilassung gerechnet. Doch es sollte anders kommen: Ferhat wurde nicht freigesprochen, was uns alle sehr verwunderte. Auslöser der Anklage waren doch nur einfache Facebook-Posts und er hatte bereits sechs Monate Gefängnis hinter sich. Wie lange sollte er noch sitzen? Ferhat konnte man in den ersten Tagen danach nicht ansprechen, so verbittert war er.

Nach der Freilassung von Gökhan hatten wir wieder ein Bett frei, und dadurch kam Bedran zu uns. Aus seiner vorherigen Zelle waren beide Mitbewohner freigelassen worden, so dass man ihn zu uns verlegt hatte. Das wirkte sich positiv auf Ferhat aus. Die beiden kannten sich und sprachen über gemeinsame Freunde und die Briefe, die sie von ihnen bekommen hatten. Zu dem Zeitpunkt erhielt ich selbst sehr viele Briefe von meinen Teammitgliedern beim IB, Betriebsratskolleginnen und -kollegen, aber auch von vielen mir unbekannten Menschen. Am witzigsten fand ich die Post von einem mir nicht bekannten Absender, der mir regelmäßig die Bundesliga-Ergebnisse der letzten Wochen zuschickte. Schade, dass ich bei dieser Person nicht bedanken konnte, weil keine Adresse mitgeschickt wurde.

Besonders freute ich mich über einen Poetry Slam mit dem Titel „Freiheit" von meiner Bekannten Sarah, den sie eigens für die Mahnwachen entwickelt hat.

# Freiheit

*4 Uhr Nacht.*
*Die Tür kracht,*
*der Halbmond am schwarzen Himmel lacht*
*und in der Willkür liegt die Macht.*

*Darin, dich zu einem von Millionen*
*zu machen, von Millionen Verlor'nen;*
*darin, die Luft zu sieben*
*für alle, die die Freiheit lieben.*

*AKP*
*Alles Kein Problem:*
*Aktivisten verhaften*
*Kolumnisten verknacken*
*und alle Probleme verblassen ...*
*Adil in den Knast packen?!*

*Trotz aller grauen Knastmauern*
*hören wir nicht auf, zu lauern*
*jeden Lichtstreif einzufangen*
*in jedem Moment um dich zu bangen;*

*Adil, in jedem Wort*
*trage ich Hoffnung*
*in jeder Silbe*
*frische Luft*

*Von jedem Ort*
*kriegst du eine Umarmung*
*du gäbest dasselbe*
*drum schreien wir zu dir, selbst in die tiefste Gruft:*
*Freiheit für Adil Demirci! Freiheit für alle politischen Gefangenen!*

*Freiheit, das heißt*
*Finden wir eine Einigkeit*
*Rufen wir Gerechtigkeit*
*Erzählen wir die Wahrheit*
*Immer wissen: „Jetzt ist unsere Zeit."*
*Halten uns nicht bei der Vergangenheit*
*Erhalten wir Unbändigkeit*
*Ich weiß, das ist unsere Zeit*
*Teilen; das heißt Freiheit*

*Freiheit heißt: immer bereit*
*für sie zu kämpfen*

*Freiheit ist nicht mein Eigentum*
*„Meine Freiheit" ist ein Irrtum:*
*in jedem Moment um dich zu bangen;*

*Adil, in jedem Wort*
*trage ich Hoffnung*
*in jeder Silbe*
*frische Luft*

*Von jedem Ort*
*kriegst du eine Umarmung*
*du gäbest dasselbe*
*drum schreien wir zu dir, selbst in die tiefste Gruft:*
*Freiheit für Adil Demirci! Freiheit für alle politischen*
*Gefangenen!*

*Freiheit, das heißt*
*Finden wir eine Einigkeit*
*Rufen wir Gerechtigkeit*
*Erzählen wir die Wahrheit*
*Immer wissen: „Jetzt ist unsere Zeit."*
*Halten uns nicht bei der Vergangenheit*
*Erhalten wir Unbändigkeit*
*Ich weiß, das ist unsere Zeit*
*Teilen; das heißt Freiheit*

*Freiheit heißt: immer bereit*
*für sie zu kämpfen*

*Freiheit ist nicht mein Eigentum*
*„Meine Freiheit" ist ein Irrtum:*

*Wenn Adil im Knast ist und ich steh am Wallrafplatz*
*dann ist „Deutschland, freies Land" ein leerer Satz*
*wenn deutsche Staatsbürger in Silivri sitzen*
*dann sind CDU-Phrasen kaum noch schlechte Witze*

*Wenn um 4 Uhr Nacht*
*die Tür kracht,*
*der Halbmond am schwarzen Himmel lacht*
*weicht die bürgerliche Freiheit diktatorischer Macht:*

*Wenn sie Adil zu einem von Millionen*
*machen, von Millionen Verlor'nen:*
*die Luft sieben*
*für alle, die die Freiheit lieben.*
*Dann merkst du, dass du „Freiheit" nur verstanden hast,*
*wenn sie dir das Herz ausreißt, wenn dir das alles gar nicht mehr passt.*

*Deshalb rufen wir*
*Freiheit für Adil Demirci – Freiheit für alle politischen Gefangenen.*

# TEIL 7

## DER ERSTE PROZESSTERMIN

# Unerträgliche Anspannung

Bei den Telefongesprächen mit meiner Mutter spürte ich ihre Hoffnung, dass ich gleich zu Beginn des Prozesses freigesprochen würde. Ich hatte dieselbe Erwartungshaltung, wollte meine Familie aber auf den Fall vorbereiten, wenn es nicht dazu käme. „Wir sind in der Türkei. Hier kann alles passieren, Mama", sagte ich deswegen zu ihr. „Wir müssen uns auf alles einstellen. Wenn es gut ausgeht, ist es gut und wir werden meinen Geburtstag wieder in Freiheit feiern. Falls nicht, dürfen wir auf keinen Fall aufgeben, sondern weiterkämpfen!"

Natürlich hoffte auch ich auf einen positiven Ausgang. Alles andere wollte ich mir gar nicht vorstellen.

Mittlerweile waren es nur noch wenige Tage bis zu meinem Prozess. Die Aufregung stieg. Wie sollte man die Gefühle beschreiben? Ich war glücklich, nach 7 Monaten endlich aus dem Gefängnis zu kommen und wieder Menschen zu sehen, und mit ein bisschen Glück würde ich freigesprochen werden. Gleichzeitig war ich extrem nervös und angespannt, schließlich stand ich zum ersten Mal in meinem Leben vor einem Gericht. Wie sieht überhaupt ein Gerichtssaal in der Türkei aus, fragte ich mich im Stillen und ärgerte mich über mich selbst, dass ich zwar so oft die Möglichkeit gehabt hatte, Prozesse zu beobachten, die Gelegenheiten aber nie genutzt hatte. Sonst wüsste ich jetzt, wie so ein Gerichtstermin abläuft.

Wer kommt zuerst dran? Geht es nach der alphabetischen Reihenfolge, was wird zuerst gefragt und worauf muss ich antworten? Fragen über Fragen überschlugen sich in meinem Kopf, die ich mir selbst und meinen Rechtsanwälten sowie den Mitarbeitern des deutschen

Konsulats stellte. Ihnen hatte ich meine Verteidigung zukommen lassen. Die war schon seit Monaten fertig.

Schließlich war der Prozesstag gekommen, der 20. November 2018. Damit ich morgens fit sein würde, war ich am Abend vorher früher ins Bett gegangen. Bedran und Ferhat machten das auch. Ich hatte meine Kleidung und die Notizen geordnet, um nicht in Panik zu verfallen, wie es Gökhan bei der Entlassung aus der Haft geschehen war.

Beim Aufräumen bemerkte ich, dass ich mit einer Freilassung innerlich fest rechnete. Auch wenn ich meinen Eltern und den beiden in der Zelle gesagt hatte, dass ich wahrscheinlich nicht zu den Freigesprochenen gehören würde, hatte ich ein gutes Gefühl. Ich zog mich gemessen an Gefängnismaßstäbe schick an und trug ein blau-graues Hemd, über das ich einen braunen Pullover zog. Vorher hatte ich mir noch die Haare gemacht. Gegen halb acht schlossen die Wächter die Zelle auf und ließen mich raus. Meine beiden Zellenbewohner und die Nachbarn drückten mir die Daumen. Zweimal wurde ich kontrolliert, bevor ich in den Mannschaftsbus einsteigen durfte, mit dem wir zum Gericht gefahren wurden. Es saßen bereits fünf Gefangene im Bus.

Zwei von ihnen, Ersin und Engin, waren im selben Anklageverfahren wie ich. Wir lernten uns auf dem Weg kennen. Die Fahrt von Silivri zum Justizgebäude im Istanbuler Stadtteil Çağlayan dauerte knapp mehr als zwei Stunden und war sehr anstrengend. Im Businneren war es äußerst beengt. Die Kamera an der Decke überwachte uns und die kleine Klimaanlage war defekt. Es wurde zwischendurch sehr warm, dann froren wir wieder. Vor lauter Nervosität kriegte ich das allerdings gar nicht richtig mit. Zwei von uns beschwerten sich bei den Soldaten, dass sie die Klimaanlage ausstellen sollen.

Ich war mit Ersin und Engin in ein Gespräch vertieft. Ersin hatte bereits mehrere Gefängnisaufenthalte hinter sich und war der erfahrenste unter uns. Er war Steuerberater vom Beruf. Nach seiner Einschätzung werde er weiter in Haft bleiben und ich würde wohl zu den Glücklichen in der ersten Runde gehören. Ich sagte nur: „Hoffen wir mal. Man weiß nie."

Bei Engin sah es schlimmer aus. Er hatte zwei Kinder und seine Frau war schwanger, als er festgenommen worden ist. Sein jüngstes Kind hatte er erst im Gefängnis zu sehen bekommen. Seine finanzielle Situation war ebenfalls äußerst angespannt. Die Frau und Kinder waren darauf angewiesen, dass Engin arbeitete und Geld verdiente. Man merkte ihm an, wie sehr er darunter litt. Ich nahm ihn als einen äußerst netten und bescheidenen Menschen wahr. „Schade, dass wir uns unter solchen Umständen kennenlernen", meinte ich auf der Fahrt zu ihm.

Nach einer gefühlten Ewigkeit kamen wir an. Çağlayan – der größte Gerichtssaal Europas. Erdoğan prahlt mit ihm, als ob dieses Gebäude eine positive Errungenschaft wäre. Dabei spielten sich dort teilweise absurde Tragödien ab. Wir wurden in den Keller geführt, wo uns mehrere Zellen erwarteten. Eine Angeklagte wurde bereits vor unserem Prozesstermin freigelassen, so dass unser Verfahren jetzt 12 Angeklagte umfasste, darunter zwei Frauen. Die männlichen Angeklagten landeten in einer Zelle und konnten sich so kennenlernen. Alle stellten dieselbe Prognose: Adil kommt frei. Manche hatten gehört, dass das deutsche Fernsehen auch kommen würde, und löcherten mich neugierig. Teilweise waren sehr lustige Fragen darunter. Zwischendurch beriet ich auch meine Zellenkameraden zum Thema Asyl in Deutschland. Die meisten Mitangeklagten waren Arbeiter und Angestellte und wollten nicht mehr in der Türkei leben, weil sie der Repression des türkischen Staates überdrüssig waren. Sie litten unter einer enormen Existenzangst und hatten den Wunsch, weit weg ein besseres Leben anzufangen.

Die Spannung unter uns Angeklagten stieg. Ich erzählte, dass neben der Presse auch eine Prozessdelegation aus Deutschland angereist sei, um diesen Prozess zu beobachten. Ich nannte die Namen: Rolf Mützenich (SPD), Anke Brunn (SPD) und der Internationaler Bund,

Heike Hänsel und Jörg Detjen (Die Linke) sowie Günter Wallraff. Günter kannten einige von ihnen. „Ist das nicht der Autor von ‚Ganz unten'?", fragte Ali. Mit diesem Werk ist Wallraff bei der türkischen Bevölkerung bekannt, und das nicht nur bei den in Deutschland lebenden Türken, sondern auch in der Türkei selbst.

Die Wächter schlossen die Tür auf und nun ging es los. Wir waren wie eine Fußballmannschaft. 10 Angeklagte hintereinander einzeln und jeweils ein Wächter dabei. Wir machten Witze, um die Angespanntheit zu überspielen, aber in mir stieg die Nervosität. In einigen Minuten würde ich einen Gerichtssaal betreten und mir unbekannte Richter sollten darüber entscheiden, ob ich weiter im Gefängnis bleiben müsste oder freikäme.

# Ein willkürliches Urteil

Der Gerichtssaal war sehr klein und total überfüllt. Ich sah meinen Onkel Zülküf und einige deutsche Gesichter unter den Zuschauern und winkte ihnen zu. Der Richter betrat den Saal, war merklich schlecht gelaunt und verwundert über die große Zuschauermenge im Saal. Er besprach sich kurz mit den beiden Nebenrichtern und verkündete: „Pro Familie eine Person. Sonst breche ich das hier ab."

Fängt gut an, dachte ich mir.

Wir machten untereinander Witze und versuchten uns zu entspannen. Ich sah den 79-jährigen „Ismet Baba", der mitangeklagt war, aber nicht in Haft saß. Der Richter prüfte, ob alle Angeklagten anwesend waren. Anschließend wurden die Angeklagten, die nicht in Haft waren, aufgefordert, den Saal zu verlassen, weil es an dem Prozesstag nicht um sie ging. Knapp 10 Personen verließen daraufhin den Saal.

Zuerst wurden unsere Personalien kontrolliert und anschließend rief der Richter jeden Angeklagten für die Verteidigung einzeln nach vorn. Ich bereitete mich vor, weil ich damit rechnete, es würde nach alphabetischer Reihenfolge ablaufen. Aber der Richter hatte sein eigenes System. Ich sollte erst nach der Pause drankommen. Das legte ich als Vorteil für mich aus und meine Nervosität nahm ab. Ich lernte den Ablauf kennen und bemerkte, dass ich eigentlich gut vorbereitet war. Ein Störfaktor bestand darin, dass der Richter unnötige Kommentare und Fragen zwischendurch machte. Dies hatte er schon bei mehreren meiner Vorgänger so gehandhabt.

Schließlich kam ich dran und trat vor. Ein Wächter begleitete mich. Ich nahm meine Notizen und las meine Verteidigung vor:

aus Deutschland zu den Beerdigungen gekommen. Ich hoffte, dass der Richter mich verstanden hatte und schaute zu meinen Rechtsanwälten und anschließend zu meinem Onkel. Sie nickten zustimmend. Dann kam der nächste Angeklagte dran. Es war ein Massenprozess und deutlich anstrengender, als ich es mir vorgestellt hatte.

Mittlerweile war es Nachmittag. Die Stimmung sank auch beim Haftrichter, was man an seinen immer unsachlicher werdenden Kommentaren merkte. Jetzt war eine junge Jura-Studentin an der Reihe. Sie war erst 22 Jahre und hatte ihre Verteidigung schriftlich vorbereitet. Die Richter und der Staatsanwalt hörten gut zu. Das hatten sie bei den meisten nicht wirklich gemacht. Die Jurastudentin redete gut und beeindruckte auch die Mitangeklagten. Ali war der Lockerste unter uns. „Sie kommt auf jeden Fall frei. Schau mal, wie sie zuhören", sagte er leise in die Runde. Aber es sollte anders kommen.

Die Richter waren bereits recht genervt. Der Prozess zog sich mittlerweile über mehrere Stunden hin und wir hatten noch nicht die Verlesung der Verteidigung beendet. So unterbrach der Richter beispielsweise Ali bei seiner Verteidigung: „Komm zum Punkt. Warst du auf der Beerdigung oder nicht?"

Je angespannter der Richter war, desto tiefer sank das Niveau seiner Kommentare. Immer wieder suchte er sich ein neues Opfer aus, sogar die Delegation aus Deutschland und die Presse fragte er ketzerisch: „Was würdet ihr denn machen, wenn bei euch Bomben hochgehen würden?", oder: „Warum seid ihr alle überhaupt hier? Habt ihr eine Erlaubnis?"

„Der deutsche Generalkonsul sowie die Mitarbeiterin und Übersetzerin haben einen offiziellen Antrag eingereicht, der auch genehmigt wurde", antwortete die türkische Mitarbeiterin des deutschen Konsulats darauf.

Die Antwort gefiel ihm nicht. Einen Antrag gestellt und dazu noch genehmigt! Ich schaute meinem Anwalt Peköz an und er blickte ebenfalls verwundert zum Richter. So langsam änderte sich die Stimmung auch bei uns Angeklagten und mir dämmerte: Heute wird es nichts mit der Freilassung.

Schließlich gab es eine halbe Stunde Pause und danach sollte das Zwischenurteil verkündet werden. Und das war für mich ein Schlag ins Gesicht. Sechs Angeklagte wurden freigelassen, mein Name war nicht unter ihnen. „Adil Demirci bleibt in Haft wegen sehr hoher Fluchtgefahr." Eine Veränderung gab es: statt „hoher Fluchtgefahr" hieß es jetzt „sehr hohe Fluchtgefahr".

Die Mitangeklagten drückten mir ihr Mitgefühl aus: „Adil, tut uns leid. Wir haben gesagt, dass du als erstes rauskommst, aber das kam irgendwie anders."

„Ihr braucht euch nicht dafür zu entschuldigen", antwortete ich, freute mich mit den sechs Angeklagten, die nun freikamen. Die 22-jährige Jurastudentin musste jedoch weiterhin in Haft bleiben, wie auch Ersin und Engin, mit denen ich zusammen hergekommen war. Engin war sehr traurig und erst einmal nicht ansprechbar. Sein kleiner Sohn war ebenfalls im Gerichtssaal. Es waren unglaublich emotionale Momente.

# Mein Fall ist kein Einzelfall – Zurück in Silivri

Nach kurzem Aufenthalt im Keller wurden wir zurück nach Silivri gefahren. Ich war der Einzige in der Anklageschrift, der im Hochsicherheitsgefängnis „Nummer 9“ saß. Die anderen waren alle zusammen in einem Gefängnis „Nummer 2“ untergebracht. Ich wurde als letzter ins Gefängnis gebracht. „Bis Februar“, verabschiedeten wir uns voneinander, weil dann erst der Prozess fortgeführt werden sollte.

Die Wächter, die mich zur Zelle begleiteten, konnten mir am Gesicht ablesen, dass es nicht geklappt hat, und sie hakten lieber nicht nach. Ich fragte sie nur nach der Uhrzeit. Sie meinten, es sei kurz nach Mitternacht. Oh, ich hatte Geburtstag! Heute wurde ich 33. Mein schönstes Geschenk wäre sicherlich meine Freilassung gewesen. Doch daraus ist nichts geworden.

Die Gefangenen von Zelle B-25 erkundigten sich, sobald ich wieder in unserem Gang war. „Negativ für mich, aber sechs kamen frei“, antwortete ich ihnen.

„Wir reden morgen“, sagten sie, weil sie um diese Zeit niemanden aufwecken wollten.

Ich kam in unsere Zelle und Ferhat und Bedran hatten bereits erfahren, dass ich nicht die erhoffte Freilassung bekommen hatte. Sie umarmten mich und waren traurig, aber sie hatten einen Kuchen für mich gebacken. Kaum zu glauben! „Alles Gute zum Geburtstag!“, sagten sie.

Bedran war ein wahres Genie. Mit Backpulver und einigen Keksen und Schokolade hat er tatsächlich einen Kuchen gebacken – und das mit nur einem Teekocher. Und der schmeckte! Ich freute mich sehr über diese Überraschung. Wir probierten den Kuchen, Bedran und Ferhat sangen ein Geburtstagslied für mich und anschließend legten wir uns hin.

Beim Einschlafen ratterte mein Kopf. Hatte ich etwas falsch gemacht? Nein. An meiner Verteidigung lag es nicht. Es lag allein an dem alles andere als neutralen Richter, der seine politische Meinung auch mit seinen unnötigen Kommentaren deutlich gemacht hat.

Es war ein politischer Prozess. Die Menschen aus Deutschland und aus aller Welt sollten sehen, wie die Gerichtsverfahren hier abliefen. Ich war kein Einzelfall. In der Türkei gab und gibt es bis heute zahlreiche Prozesse gegen Journalisten und Journalistinnen, Studierende, Akademiker und Akademikerinnen sowie politische Aktivisten, die keine mediale Aufmerksamkeit haben. Sie sind oft sogar schlechter dran, weil die Verfahren in der Türkei zum Alltag geworden sind und die Medien auch darüber nur noch selten berichten.

Auch wenn es diesmal für mich zum Nachteil gewesen war, haben wir gezeigt, wie es mit dem Rechtsstaat in der Türkei aussieht. Dass die Richter willkürliche Urteile fällen und dies mit rassistischen und unsachlichen Kommentaren begleiten, gehört zum Usus in der Türkei. Dies sollte auch auf der Mahnwache in Köln erwähnt werden, sagte ich meinem Bruder am Telefon. Mittwoch konnte ich anrufen, und das passte zu meinem Geburtstag. Da am Abend die Mahnwache stattfand, konnten die Informationen der Prozessdelegation an die Öffentlichkeit in Köln weitergereicht werden. Wochen später bekam ich einen Brief mit einem Foto, auf dem mein Geburtstag auf der Mahnwache von meinen Unterstützern und Unterstützerinnen aus Köln gefeiert wurde. Ich erblickte einige bekannte Gesichter, anderen war ich noch nie begegnet.

# Nicht vergessen

Neben dem Brief mit dem Foto von meiner Geburtstagsfeier in Köln, an der ich selbst aus gegebenen Gründen nicht anwesend sein durfte, gab es auch weitere Post von Freunden aus Deutschland. So schrieb eine Freundin:

*Vor drei Tagen hattest Du Geburtstag. Ich hoffe mal, Du hast es nicht vergessen. Wir haben es nicht vergessen. Wir haben zusammen in Köln Deinen Geburtstag gefeiert und Lieder gesungen für Dich. Wegen der Kälte war es nicht möglich, die Kerzen anzuzünden, aber das holen wir nach, wenn Du wieder da bist. Herzlichen Glückwunsch zum Geburtstag.*

Ein weiterer Brief kam auch von einem sehr guten Freund aus Uni-Zeiten.

*Lieber Kanka, alles Gute zum Geburtstag. Gut, dass es Dich gibt. Ich vermisse Dich. Ich hoffe, Dir geht es den Umständen entsprechend gut. Ich lese die Nachrichten über Dich. Ich hoffe, dass Du bald rauskommst und wieder hier zurück bist. Verliere nicht Dein schönes Lächeln.*

Es war sehr schön, die Briefe von Freunden aus Deutschland zu lesen und mitzukriegen, dass sie an mich dachten und sich nach ihren Möglichkeiten für mich einsetzten.

Dies spürte ich auch immer in den Gesprächen mit meiner Mutter während der offenen Besuchstage im Gefängnis. Meist versorgte sie mich am Anfang mit den juristischen und politischen Neuigkeiten, die sie mir im Auftrag von meinem Bruder mitteilen sollte. Leider durfte sie sich von meinen Schilderungen keine Notizen machen, weil man in das Gefängnis nichts mit reinnehmen durfte. Daher musste sie sich alle Informationen merken und wir schoben meine Berichte an das Ende unseres Gesprächs, damit sie frisch für sie im Gedächtnis bleiben konnten.

Immer wieder merkte ich auch, dass sie sehr glücklich darüber war, dass sich meine Freunde für mich einsetzten, aber noch viel mehr war sie glücklich über die aktive Solidaritätsarbeit von Menschen, die sie bisher nicht kannte. „Barbara, Genevieve, Karin, Georg und Willi heißen sie. Sie sind jeden Mittwoch da und organisieren diese Mahnwache. Sie kennen dich gar nicht, aber setzen sich so unheimlich für dich ein. Karin ist deine Arbeitskollegin vom IB", sagte meine Mutter stolz.

„Ich glaube, ich kenne sie gar nicht", antwortete ich.

„Du kannst nicht alle kennen, aber alle deine ArbeitskollegInnen kennen dich", meinte sie. Sie erzählte auch von der Kleinen, dass so lieblich war und alle auf den Mahnwachen miterlebten, wie sie Woche für Woche wuchs. Sie müsste jetzt bereits 8 Monate alt sein.

Am 13. April 2018, exakt am Tag meiner Festnahme, bekamen auch meine Freunde Selda und Onur ihr Kind. Wir drei werden diesen Tag nie vergessen.

Ich bat meine Mutter bei diesem Treffen im Dezember, nicht mehr den langen Weg aus Deutschland auf sich zu nehmen, weil ihr Gesundheitszustand sich deutlich verschlechtert hatte. Sie war von den Nebenwirkungen der Chemotherapie schon gezeichnet.

„Schau dir die Runde an. Im Sommer saßen hier zehn Menschen. Davon sind nur vier übrig, und Ferhat wird uns nächste Woche auch verlassen", versuchte ich sie zu motivieren. „Zwei neue haben wir auch bekommen, darunter Can, ein Rechtsanwalt."

Es ist praktisch, einen Rechtsanwalt unter uns Gefangenen zu haben, sagten wir unseren Besuchern. Unsere Eltern wunderten sich zwar, aber wir spürten auch eine kleine Erleichterung. „Ihr könnt ja mit ihm die Verteidigung vorbereiten", bemerkten die Eltern von Bedran.

Can ist ein ruhiger und bescheidener Mensch. Er nickt viel. „Natürlich machen wir das", versprach er den anwesenden Eltern.

Meine Mutter und mein Onkel verabschiedeten sich und ich kehrte zurück in meine Zelle.

Meine Prognose bezüglich Ferhat sollte eintreffen: Drei Tage nach dem offenen Besuchstag durfte er zurück in die Freiheit. Acht Monate waren wir zuvor zusammen in derselben Zelle und nun hieß es, Abschied zu nehmen. Ich freute mich für ihn, dass er endlich freikam. Acht verschenkte Monate – nur wegen ein paar Facebook-Posts. Immer wenn ich daran dachte, konnte ich nur den Kopf schütteln. Das hieß gleichzeitig aber auch, dass Bedran und ich zu zweit in der Zelle blieben. Es machte viel aus, ob man zu zweit oder zu dritt war. Es wurde viel ruhiger – vor allem dann, wenn ein flippiger Typ wie Ferhat nicht dabei ist. Das Jahr neigte sich dem Ende zu und es wurde früh dunkel. Die beste Jahreszeit, um zu lesen. Mittlerweile hatte ich das 70. Buch verschlungen, es war „Der Alchimist" von Paulo Coelho. Unglaublich! 70 Bücher in acht Monaten.

# Baklava und Kölsch

Der Dezember war gekommen und mit ihm ist auch der Winter im Gefängnis eingezogen. Unsere Angehörigen hatten uns Winterklamotten gebracht, und wir gingen seltener als im Sommer auf den Hof. Bedran drehte seine Runden zum Rauchen und auch ich versuchte, wenn es nicht gerade regnete, immer mal wieder an die frische Luft zu gehen. Wie machte sich der Wintereinbruch im Gefängnis bemerkbar? Insgesamt war es in den Gängen leiser geworden. Im Sommer sind alle Häftlinge meist bis Mitternacht wach gewesen und haben gesungen und Witze erzählt. Jetzt wurde unser Hof gegen 17:00 Uhr geschlossen, weil danach schon die Dämmerung einbrach. Beim Abendessen war es bereits sehr dunkel draußen und man hatte den Drang, sich danach zum Schlafen hinzulegen.

Aber wir versuchten, weiterhin an unserem üblichen Tagesablauf festzuhalten. Auch in den Nachbarzellen war es ruhiger geworden. Sobald wir auf den Gängen mit Ahmet Altan in Blickkontakt kamen, erkundigten wir uns bei ihm, wie es ihm gehe und ob es etwas Neues gebe. Er lächelte und versuchte den jüngeren Gefangenen Mut zu machen. Auch im Winter drehte er diszipliniert weiter seine Runden im Hof.

Weihnachten stand an. In Deutschland schlenderten die Menschen jetzt auf den Weihnachtsmärkten und tranken Glühwein mit Freunden und Familie. In der muslimisch geprägten Türkei wird Weihnachten hingegen nicht gefeiert und ist auch kein Feiertag, sondern ein Tag wie jeder andere auch. Kurz vor Weihnachten kamen noch einmal die beiden Mitarbeiter vom deutschen Konsulat.

Wir waren mittlerweile freundschaftlich miteinander verbunden und ich schilderte ihnen die lustigen Erlebnisse in der Zelle, etwa wie Bedran mir zum Geburtstag mit dem Teekocher einen Kuchen gebacken hat.

Sie teilten mir mit, dass sie Geschenke für mich mitgebracht hätten, es aber nicht möglich war, sie mir zu geben. Geschenke? Ich war überrascht. Was würde ich denn zu Weihnachten bekommen? Über meinen Bruder hatten sie erfahren, dass ich die in der Türkei so beliebten zuckersüßen Baklava gerne esse und hatten mir eine Schachtel mitgebracht. Dazu gab es zwei Flaschen Kölsch, weil einer der beiden Botschaftsangestellten in der letzten Zeit in Köln gewesen ist und von dort für mich mein Heimatbier mitgebracht hatte. Ich brauchte einige Minuten, um wieder zu mir zu kommen. Baklava und Kölsch im Gefängnis! Was will man mehr? Unser Gespräch dauerte wieder eine Stunde. Beim Abschied nahmen sie leider das Kölsch wieder mit, damit wir es nach meiner Entlassung in Freiheit trinken könnten, und das Baklava haben sie den Gefängnismitarbeitern gegeben. Es war nicht erlaubt, den Gefangenen Essen und Trinken mitzubringen und Silivri wäre wohl das letzte Gefängnis in der Türkei, das hier eine Ausnahme machen würde. Allerdings erhielt ich einen Brief von Anke Brunn und durfte ihn an mich nehmen.

*Im Gerichtsaal sitzend sah und hörte ich mit Freude, dass Sie trotz Haft stabil und aufrecht wirkten und trotz Verfahrensstress Ihre Argumente ruhig und sachgerecht vortrugen. Mögen Sie sich diese Kraft erhalten und aus dieser Erfahrung gestärkt hervorgehen. Als Rheinländer sagen wir: „Man weiß nie, wozu es gut ist." So hoffe ich, dass Sie mit genügend Lektüre und Musik versorgt werden oder eventuell selbst etwas aufschreiben. Gerade las ich das Buch von Selahattin Demirtas, auf das mich Günter Wallraff aufmerksam machte. Am 10. Dezember hat der Vorstandsvorsitzende des IB in einem Rundschreiben an die MitarbeiterInnen und Mitarbeiter zum Tag der Menschenrechte auch auf Ihre Situation aufmerksam gemacht. Sie sollen also wissen, dass Sie nicht alleine sind.*

Frohen Mutes ging ich wieder in meine Zelle zurück.

Neben Weihnachten würde ich jetzt zum ersten Mal Silvester und Neujahr im Gefängnis verbringen. Bedran und ich fragten unsere Zellennachbarn, was sie denn alles vorbereitet hätten und ob sie feiern würden. Die meisten antworteten, dass Silvester für sie ein Tag wie jeder andere auch sei. „Was willst du denn feiern?", fragten sie resigniert. „Du bist nicht bei deiner Familie und deinen Liebsten." Sie redeten so traurig, dass wir nicht weiter in sie drangen. Wir bestellten in dieser Woche mehr Getränke und Süßigkeiten aus der Kantine als sonst, für den Fall, dass wir uns die Silvesterprogramme anschauen würden.

Mit Bedran schrieben wir fleißig Postkarten an Häftlinge in anderen Gefängnissen. Die Solidarität unter den Gefangenen war etwas Besonderes. Ich bekam bereits in den ersten Monaten viele Briefe aus anderen Gefängnissen von politischen Gefangenen, die von meinem Fall in den Zeitungen gelesen hatten. So hatte ich regelmäßig Kontakt zu Gefangenen in Tekirdağ, Izmir und dem Frauengefängnis in Bakırköy in Istanbul.

An meine Mutter schrieb ich:

*Liebe Mama, zunächst möchte ich Dir ein frohes neues Jahr wünschen. Ich hoffe, Dir geht es den Umständen entsprechend gut. Kommst Du mit Deinem Doping (Chemotherapie) gut klar? Mir geht es gut. Über mich brauchst Du Dir keine Gedanken zu machen. Der Mensch gewöhnt sich an jede Situation. Es ist am Anfang natürlich leicht dahingesagt, aber mit der Zeit gewöhnt man sich wirklich*

daran. Gesundheitlich geht es mir auch gut. Trotz der winterlichen Verhältnisse versuche ich, zwei Stunden im Hof meine Runden zu drehen.
Es soll kein Sport daraus werden. Auf dem Gebiet bin ich Dir hoffnungslos unterlegen. Ich erinnere mich, wie Du früher von uns zuhause am Rhein entlang bis ins Stadtzentrum gelaufen bist.
Inzwischen lese ich hier sehr viel. Über die Mitarbeiter des Konsulats habe ich Bücher bekommen, die Onkel Zülküf für mich besorgt hat. Zurzeit bereiten wir uns auf Silvester vor. Trinkt auch ein Glas für mich mit, Du natürlich nicht, aber die anderen beiden. Viele, die Du an den offenen Besuchstagen kennengelernt hast, wurden inzwischen aus der Haft entlassen. Von 12 Personen sind wir in unserem Gang auf 4 geschrumpft. Ferhat und Gökhan kamen auch frei. Wir haben fast 8 Monate zusammen in der Zelle verbracht. Jetzt bin ich mit Bedran in einer Zelle. Er ist ein guter Junge, 22 Jahre alt. Falls er freikommen sollte, wird der Rechtsanwalt Can zu mir kommen, damit ich nicht alleine bin. Mit Can haben wir jetzt auch einen Anwalt bei uns. Das ist praktisch. Alle juristischen Fragen können wir ihm stellen. Er kommt aus der Nähe Deines Heimatdorfes. Er teilt sich mit Erkan eine Zelle und Erkan war der Nachbar unserer Nachbarin aus Köln. Die Welt ist wirklich klein. Er erzählt Geschichten über die Schulzeit unserer Nachbarin. Sie war schon immer verrückt. Ich muss Dir bei Gelegenheit die Geschichten erzählen.
Einmal pro Woche machen wir mit anderen zusammen für drei Stunden Sport.
Ich habe auch bereits feste TV-Serien, die ich mir ansehe. Es ist unglaublich. Am Abend sitze ich vorm Fernseher mit Tee und Cekirdek [Anm.: Sonnenblumenkerne]. Die Mitarbeiter des Konsulats haben mich letzte Woche besucht. Wir haben über den Prozesstermin gesprochen. Der Generalkonsul wird mich im Februar wieder

*besuchen. Ihr macht wirklich eine tolle Solidaritätsarbeit. Ich bekomme sie durch die Gefängnismauern hindurch mit. Vor allem Dein Sohn Tamer macht eine tolle Arbeit. Gib ihm Künefe [Anm.: türkische Nachspeise] aus. Die Motivation muss stimmen. Mir geht es soweit gut. Mach dir keine Sorgen um mich. Bald bin ich hier raus. Ich vermisse Dich. Wenn es Dir mal schlecht geht, dann lass es bei Papa aus. :) Frohes Neues. Herzliche Grüße, dein Sohn*

Zwei Tage vor Silvester kam ein neuer Häftling, Göksel, zu uns. Mit ihm waren wir wieder zu dritt in der Zelle. Er war 30 Jahre alt und sprach auch Deutsch, weil er längere Zeit in der Schweiz gelebt hatte. Es war merkwürdig, auf einmal in der Zelle Deutsch zu sprechen. Wir frischten unser Deutsch wieder auf. Er hatte diese Sprache jahrelang nicht mehr gesprochen. Silvester feierten wir daher als Trio und lernten uns in den nächsten Tagen und Wochen kennen.

# TEIL 8

## DIE FREILASSUNG

# Vorhersage: ungewiss

Nachdem wir wieder zu dritt in der Zelle waren, verging die Zeit wesentlich schneller. Es brauchte eine gewisse Zeit, bis man miteinander vertraut war und man sich gegenseitig die Erfahrungen geschildert hatte, die jeder in seinem Leben bisher gemacht hatte. Göksel war zum ersten Mal im Gefängnis und ihm wurde Mitgliedschaft in einer Terrororganisation vorgeworfen.

Meine Rechtsanwälte kamen auch im neuen Jahr, um sich mit mir auf den nächsten Prozesstermin vorzubereiten. Sie schlugen vor, dass ich bei Gericht angeben solle, eine Wohnung in Istanbul zu haben. Dadurch gebe es die Möglichkeit, mich polizeilich anzumelden.

Es sei zwar schwachsinnig und widersprüchlich, aber wir sollten so vorgehen, schlug mein Anwalt Peköz vor. Mit der Glaubhaftmachung eines Wohnsitzes in Istanbul könnten wir der Annahme des Richters, es bestehe „hohe Fluchtgefahr", etwas Konkretes entgegensetzen. Diese Verteidigungs-strategie schilderte ich auch Dr. Reiffenstuel und dem Konsulatsteam bei ihrem nächsten Besuchstermin kurz vor dem Prozess. Wir diskutierten auch über die Frage, ob sich eine Prozessdelegation bei diesem Richter als sinnvoll erweisen könnte. Aber ich war immer noch der Meinung, dass es wichtig ist, dass die Politik, die Medien und die gesamte Öffentlichkeit in Deutschland und in Europa sehen, wie unfair die Gerichtsverfahren in der Türkei ablaufen. Ich war bei weitem kein Einzelfall. Der Rechtsanwalt des deutschen Konsulats, Murat, erzählte mir, dass er so einen Richter bisher noch nie erlebt habe. Er hätte sich umgehört und dabei erfahren, dass dieser Richter für seine unsachlichen Kommentare bekannt sei.

Am 14. Februar 2019 sollte mein zweiter Gerichtsprozess anstehen, 10 Monate nach meiner Inhaftierung. Meine Nervosität war diesmal nicht so groß wie beim ersten Prozesstermin. Hatte ich mich etwa an die Verhältnisse im Gefängnis gewöhnt? Warum war ich jetzt nicht mehr so aufgeregt? Beim ersten Mal war ich regelrecht glücklich gewesen, einen Prozesstermin zu haben, der mir die Freiheit versprach. Es kann damals aber auch reine Neugier gewesen sein, da ich überhaupt nicht wusste, wie solch ein Prozess ablief. Neu war nur die Tatsache, dass ich dieses Mal meinen Wohnsitz in Istanbul angeben würde. Am Morgen des 14. Februars holten mich die Wächter um kurz nach 8 Uhr aus meiner Zelle ab. Vorher habe ich in Ruhe frühstücken können. Nachdem ich mich mehrmaligen Kontrollen unterziehen lassen musste, verließen wir das Gefängnis. Die anderen Mitangeklagten warteten bereits im Gefängniswagen. Ersin war wieder dabei und prognostizierte, dass dieses Mal drei von uns aus dem Gefängnis entlassen werden würden und die restlichen beim nächsten Mal dran wären, aber er wollte sich nicht auf Namen festlegen.

Bei diesem Richter konnte man keine Vorhersagen treffen. Seine Entscheidungen waren davon abhängig, mit welchem Bein er aufgestanden und ob er dementsprechend gut oder schlecht gelaunt war. Konnte es wirklich sein, dass eine einzige Person so viel Macht hatte? Sicherlich hatte das nichts mit einem fairen Gerichtsprozess zu tun. Das gesamte türkische Justizsystem hatte in den letzten Jahren unter Präsident Erdoğan seine Rechtsstaatlichkeit und Glaubwürdigkeit verloren. Der größte Teil der Gesellschaft glaubte nicht daran, dass die Gerichte in der Türkei gerecht urteilten, sondern dass die Entscheidungen parteiisch und politisch motiviert waren. Verschärfend dazu kam bei uns noch der Richter.

Auf dem Weg zum Gericht gab es einen langen Stau auf der Autobahn. Das hatte uns noch gefehlt. Im Fall einer Verspätung konnte es sein, dass der Prozess einfach verschoben worden wäre. Für uns Angeklagte war das eine bedrückende Perspektive. Wir fragten zwischendurch die Soldaten, was nun wäre, warum wir nicht vorankämen. Es war uns klar, dass es nicht ihre Schuld war, aber die Anspannung saß uns im Nacken. Als wir ankamen, wurden wir direkt in den Gerichtssaal geführt und erhielten nicht einmal die Erlaubnis, vorher auf Toilette gehen zu dürfen. Dies sollten wir in den Pausen nachholen. Die junge Jura-Studentin befand sich bereits im Gerichtssaal und wartete auf uns. Anschließend betraten die Gäste sowie die Vertreter der Presse den Raum. Ich entdeckte sofort meinen Onkel sowie die Delegation aus Deutschland und machte mich bemerkbar.

„Schön, dass unsere deutschen Freunde auch wieder da sind", leitete der Haftrichter die Sitzung ironisch ein, und sagte an die Richterin gewandt: „Für wen waren die da?"

Nach dieser Bemerkung, die nichts Gutes versprach, schaute ich kurz zu Ali und Ersin hinüber. Unsere Hoffnung war weg. Der zweite Termin würde nicht besser werden als der erste. Nach Klärung der Personalien hatten wir kurz die Gelegenheit, zu unserer Situation auszusagen. Engin beschrieb noch einmal die Lage seiner Familie und dass er für ihren Lebensunterhalt da sein müsse. Ich hatte mich kurz zu Wort gemeldet und wie abgesprochen ausgesagt, dass ich einen Wohnsitz in Istanbul hätte und daher keine Fluchtgefahr bestünde. Daher beantragte ich meine Freilassung. Der Richter schien unter enormem Zeitdruck zu stehen. Es wurde eine Pause von 30 Minuten angesetzt. Wir sechs Angeklagten wussten nicht, woran wir waren, und hofften natürlich weiter auf die Freilassung.

Nach der Pause fiel sofort das Urteil. Knapp verkündete der Richter: „Ümit und Adil kommen frei, die anderen vier bleiben in Haft. Nächster Gerichtstermin ist der 30. April."

Es ging alles rasend schnell, dass ich gar nicht hinterherkam und es nicht fassen konnte, was da eben passiert ist. Verwirrt schaute ich hinüber zu meinem Anwalt. Mustafa Peköz zeigte mit dem Daumen nach oben. Das konnte nur Gutes bedeuten. Auch Ali hatte es mitbekommen und bestätigte mir meine Freilassung. Ich freute mich, aber gleichzeitig war ich traurig darüber, dass die anderen vier noch im Gefängnis bleiben mussten. Nach welchen Gesichtspunkten hatte der Richter entschieden? Eine transparente Erklärung fand ich nicht.

Die Gerichtswächter führten uns zu den Zellen im Keller. Dieses Mal ging es nicht sofort nach Silivri, sondern wir hatten zu warten, ohne den Grund genannt zu bekommen. Wahrscheinlich gab es bestimmte Uhrzeiten für die Busabfahrt oder man wartete, bis der Bus voll war. Engin war vom Gerichtsentscheid niedergeschlagen, Ersin und Ali versuchten ihn aufzumuntern. Er konnte es nicht verstehen und natürlich machte er sich ernsthafte Sorgen um seine Frau und vor allem um seine Kinder. Wir versuchten, mit ihm zu sprechen.

Nach einer Stunde schlossen die Wächter auf und brachten uns zum Gefangenentransport. Auf der Rückfahrt schliefen alle ein, außer Ümit und ich. Wir konnten es kaum glauben, tatsächlich bald in die ersehnte Freiheit zurückzukehren, und waren sehr aufgeregt. Es gab allerdings die Auflage, Istanbul nicht zu verlassen. Trotzdem: Das Gefängnis lag erst einmal hinter uns. Die Wächter sahen mir sofort an, dass es diesmal besser gelaufen war. Ich gab den Häftlingen aus den Nachbarzellen Bescheid und informierte den Rechtsanwalt Can sowie Ahmet Altan, dass ich frei war. Bedran und Göksel freuten sich unglaublich, und Bedran hatte zur Feier des Tages tatsächlich wieder einen Kuchen gebacken.

Unseren Abschied konnten wir aber gar nicht lange feiern, denn kaum war ich in der Zelle, schlossen die Wächter die Tür auf und sagten: „Adil, du musst vor dem Abendessen raus. Sonst geht es erst nach 21 Uhr."

# Exit: Silivri

Ich beeilte mich und nahm noch ein Stück vom Kuchen. Zum letzten Mal schaute ich mir mein Bett und meinen Schrank auf der oberen Etage an, blickte aus dem Fenster auf den Himmel und drehte noch eine Runde im Hof. Ich packte meine Notizen, meine Hefte sowie die Briefe ein und nahm sie mit. Einen Tag davor hatte ich einen großen Stapel Briefe bekommen. Es waren ca. 50 Briefe und Postkarten aus Deutschland, die zum Teil bereits im Herbst letzten Jahres abgeschickt worden waren. Sie wurden mir alle am Tag vor der Freilassung gegeben, als ob sie es schon vor der Verhandlung gewusst hätten. Na ja, ich will jetzt keine Verschwörungstheorien entwickeln. In diesem Augenblick war ich nur froh, das Gefängnis verlassen zu können.

Ich ging vor meiner Abreise noch einmal meine privaten Bücher durch. Die meisten waren auf Deutsch.

Im Gefängnis war ich ein Krimi-Leser geworden. Ahmet Ümit und Frank Schätzing gehörten zu meinen Favoriten. Frank Schätzing stellte für mich eine Verbindung nach Köln dar. Ich überließ diese Bücher Göksel, damit er auch Bücher auf Deutsch hatte und zwischendurch auf Deutsch etwas lesen konnte. Jetzt war der Zeitpunkt des Abschieds gekommen. Wir umarmten uns und ich verabschiedete mich von meinen Zellengenossen.

Ich ging zum letzten Mal den Gang entlang in Richtung Ausgang. Dort gab es noch einige Dokumente zu unterschreiben. Anschließend wartete ich auf den Bus, der mich abholte. Silivri ist ein großer Gebäudekomplex, neben den neun Gefängnissen gibt es auch Wohnhäuser für das Wachpersonal sowie einen Kindergarten. Manchmal hörten wir die Stimmen der Kinder, besonders gut im A-Bereich. Ungeduldig wartete ich eine halbe Stunde. Dann kam der Bus und fuhr mich in Richtung Ausgang. Ich war schier überwältigt und mir kamen die Tränen.

In dem Moment, in dem ich das Tor durchschritt, würde ich wieder frei sein. 10 Monate hatte ich in Silivri hinter Gittern verbracht. Ich wusste, dass mein Onkel und ein Freund mich draußen abholen würden. Auch die Familie von Ümit wartete sehr wahrscheinlich schon, aber vielleicht war Ümit bereits draußen. Ich überblickte das weiträumige Areal des Gefängnisses und stellte fest, wie groß es war. So viele Menschen sitzen hier ein und viele von ihnen sind unschuldig und werden aus politischen Gründen festgehalten, ging es mir durch den Kopf. War es nicht egoistisch, sich zu freuen, während zehntausende Menschen im gleichen Augenblick in Silivri eingesperrt waren? Nein, denn ich würde meine politische Arbeit weiterführen. Ich hatte mir vorgenommen, ab jetzt auf die Situation der politischen Gefangenen und Geiseln des Erdoğan-Regimes aufmerksam zu machen. Was ich hier erlebt habe, müssen in diesem schönen Land so viele Menschen, so viele Jugendliche durchmachen.

Es gibt tausende Ferhats, Bedrans, Gökhans, Gönüls und Özges in diesem Land. Sie sind Studierende, sie arbeiten für die Presse und oder sind Akademiker und Akademikerinnen, sie sind Künstler und Künstlerinnen oder politisch aktiv. Sie drücken ihre politische Meinung aus, sie kritisieren das Regime – und bezahlen dies mit dem Preis ihrer Freiheit.

Braucht der Westen solche Diktatoren wie Erdoğan? Sind die Flüchtlingsdeals moralisch gerecht? Adil, du wirst genug Zeit haben, diese Fragen zu beantworten, dachte ich mir damals.

# Wiedersehen mit der Familie

Schau, dass du rauskommst, und melde dich bei deiner Familie, war mein erster Gedanke, nachdem ich das Tor durchschritten habe. Ich sah meinen Onkel und meinen Freund Deniz bereits warten. Wir liefen uns entgegen. Dabei wurde ich von einem Unbekannten gefilmt. Ich nahm zuerst an, dass dieser Mann ein Polizist sei, umarmte meinen Onkel und begrüßte die anderen Wartenden auf dem Parkplatz. Danach stellte sich der Filmende vor. Er gehörte zum Kamerateam der ARD. Sie hatten keine Dreherlaubnis vor dem Gefängnis bekommen und baten uns, auf die nächste Autobahnraststätte zu fahren, um dort noch einmal drehen zu können. Wir stimmten dem zu.

Dann musste ich aber dringend mit meiner Familie in Deutschland telefonieren. Ich sprach mit meiner Mutter über Video-Chat. Sie hatte ein großes Lächeln im Gesicht und konnte ihre Freudentränen nicht zurückhalten. Meine Familie war zusammen mit weiteren Freunden versammelt und alle stießen gemeinsam auf meine Freilassung an. Es war schön, sie wiederzusehen und ihre Stimmen zu hören, auch wenn es nur über das Handy möglich war, ohne dass ich sie umarmen konnte.

Auf dem Weg zu meinem Onkel klingelte mein Handy durchgehend. Die Fahrt von Silivri nach Kartal dauert ca. 3 Stunden. Unglaublich. Diese Strecke haben meine Mutter, mein Onkel und die anderen Besucher immer zurückgelegt, wenn sie mich besuchen kamen. Ich wollte die deutsche Beobachter-Delegation noch sehen und mich bei ihnen bedanken, bevor sie am nächsten Tag wieder abflogen. Gegen 1 Uhr nachts waren wir bei meinem Onkel angekommen und um 8 Uhr morgens ging es wieder los. Den Rhythmus hatte ich am ersten Tag noch nicht verloren. Ich fuhr mit meinem Onkel nach Taksim, um dort Anke Brunn, Sabine Skubsch, Günter Wallraff und Jörg Detjen zu treffen, bevor auch sie nach Deutschland zurückkehrten. Es war ein wunderschönes Gefühl, wieder durch Istanbul zu reisen, mit der Fähre den Bosporus zu überqueren und dabei einen schwarzen Tee zu trinken.

Unterstützung in Istanbul (v. l. n. r.): Jörg Detjen, Sabine Skubsch, Adil Demirci, Anke Brunn, Günter Wallraff und Dilan Yazicioglu

# TEIL 9

## DIE ZEIT IM „FREILUFT-GEFÄNGNIS"

# Ungewohnte Freiheit und ein kühles Kölsch

In Istanbul war ich wieder bei meinem Onkel in der Wohnung in Kartal untergebracht. Das Gefängnis lag hinter mir. Die meiste Zeit verbrachte ich mit telefonieren. Bereits zum Frühstück rief ich meine Eltern und meine Freunde in Deutschland an, um mit ihnen zu sprechen. Es war ein ungewohntes Gefühl, wieder das Handy in der Hand zu haben und jederzeit erreichbar zu sein. Die letzten zehn Monate konnte ich niemanden spontan anrufen oder beispielsweise eine Nachricht schreiben, wenn es mir gerade sehr schlecht ging und ich von außen ein wenig Kraft brauchte. Das Handy hatte für mich jetzt einen anderen Stellenwert als vor meiner Zeit im Gefängnis. Aber es fiel mir nicht leicht, über die zurückliegende Zeit zu sprechen. Auf manche Interviewfragen konnte ich nach so kurzer Zeit in Freiheit nicht ohne weiteres antworten.

Mein Onkel Zülküf aus Diyarbakır blieb die erste Woche in Istanbul und begleitete mich bei den Behördengängen, die ich zu erledigen hatte. Es kannte sich aus, weil auch er schon einmal im Gefängnis gesessen hatte. In seiner zweiten Amtszeit als Bürgermeister in Diyarbakır wurde er damals festgenommen und verbrachte mehr als 4 Jahre hinter Gittern. Mit ihm konnte ich sprechen und ich wusste, dass er mich verstand. Aber selbst er war sehr verwundert über die hohen Sicherheitsauflagen und die strenge Isolation im Gefängnis „Nummer 9“. Er verglich meine Schilderungen mit seinen Erfahrungen in Diyarbakır. In vielen Gesprächen schilderte er mir seine Erlebnisse im Gefängnis und die Auswirkungen seiner Haftzeit. So konnte er zum Beispiel bestimmte Gerichte nicht mehr essen, ja, es wurde ihm schon bei deren Geruch schlecht.

Mir war klar, dass die Zeit in Silivri auch für mich Konsequenzen haben würde, aber mit dem Verzicht auf einige Nahrungsmittel könnte ich leben. Mein Onkel vertrug beispielsweise kein Hühnerfleisch mehr. Im Gefängnis hätte es fast jeden Tag Hühnerfleisch gegeben und er hatte schon während dieser Zeit eine Abneigung dagegen entwickelt. So schlimm war es bei mir nicht, aber auch ich hatte mit dem Fleischessen während der warmen Sommerzeit aufgehört. Das Fleisch, was wir in der Haft serviert bekamen, roch nicht gut und schmeckte widerlich. Ich wurde im Gefängnis quasi zum Vegetarier. Zudem bekam ich Probleme mit Zwiebeln und Bohnen. Fast jeden zweiten Tag wurden uns Bohnen oder Kichererbsen zu essen gegeben, und das sollte bei mir seine Folgen haben.

Jetzt war ich wieder frei und musste zum Glück keine Kichererbsen essen. Die ersten Tage in Freiheit waren sehr ungewohnt für mich. Ich merkte, dass ich morgens auf dem Weg zum Bäcker alle Menschen genauer ansah und darauf achtete, ob ich beobachtet werde. Deniz hatte mir auf dem Weg von Silivri nach Kartal erzählt, dass oft Zivilpolizisten in den ersten Tagen vor dem Haus stehen und die frisch aus dem Gefängnis Entlassenen beobachten, was sie als erstes machen. Ich fragte ich mich, warum sie das tun, aber selbst die Mitarbeiter des deutschen Konsulats konnten mir darauf nicht antworten. Sie bestätigten mir allerdings, dass es solche Überwachungen gebe. Vorrangiges Ziel dieser Maßnahme ist es höchstwahrscheinlich, dem Ex-Häftling das Gefühl zu geben, überwacht zu werden und sich in einem Freiluftgefängnis zu befinden. Es geht ihnen nicht darum, jemanden abzuhören oder seine Bewegungen und Kontakte zu registrieren, sondern lediglich, den Menschen Angst einzujagen. Sie zeigen sich offen und wollen auch gesehen werden, um damit einen psychischen Druck auf die Person auszuüben.

Nicht nur auf dem Weg zum Bäcker, sondern am auch Folgetag nahmen wir sie deutlich wahr. Mit meinem Onkel und Çağrı waren wir zum Beispiel unterwegs in Istanbul. Wir fuhren mit der Fähre nach Eminönü und wollten zur Sultanahmet, der Blauen Moschee, laufen. Dort setzten wir uns in ein Café und tranken Tee. Ich versuchte, die Aussicht und die Tatsache, wieder in Istanbul spazieren zu können, zu genießen. Aber ich konnte nur kurz abschalten. Kurz nach uns setzten sich zwei Zivilpolizisten an den Nachbartisch und zeigten dabei ostentativ ihre Waffen und Dienstausweise.

Sie hatten uns wahrscheinlich den ganzen Weg über verfolgt und wollten dies auch deutlich machen. Über die kleine Pause schienen sie sehr erfreut zu sein. Als sie ihre Bestellungen aufgaben, zahlten wir und verließen das Café. Die Beschattung war mir nicht geheuer. Das Gericht hat mich freigelassen, und doch wurden all meine Bewegungen genau beobachtet. Das machte mir Angst und ich wurde mir bewusst darüber, dass die Zeit nach dem Gefängnis nicht einfach werden würde. „Lass dich nicht verrückt machen. Das machen sie nur an den ersten Tagen", versuchte mein Onkel mich zu beruhigen. Aber so leicht konnte ich seinem Rat nicht folgen, dafür saß mir die Erinnerung an Silivri zu fest im Hinterkopf.

Beim nächsten Termin in der deutschen Botschaft sprach ich mit dem deutschen Botschafter und seinen Mitarbeitern darüber, dass ich überwacht wurde und wie nervös mich das machte. Um mich zu entspannen, boten sie mir das Kölsch an, das bereits seit Monaten im Kühlschrank der deutschen Botschaft auf mich wartete. Es war später Nachmittag, die meisten Mitarbeiter hatten Feierabend, und so genossen wir die Aussicht auf den Bosporus und tranken unser Bier. Durch ihren regelmäßigen monatlichen Besuch in Silivri war zwischen uns eine Nähe und Freundschaft entstanden. Die Botschaftsmitarbeiterin und ihr Kollege kannten mich und meine Familie. Sie hatten mich in meinen tiefsten, depressivsten und schlimmsten Phasen erlebt und mir geholfen. Im Gegenzug wusste ich nicht sehr viel über die beiden, was wir in diesem Moment nachholten. Sie kam aus München und er stammte aus Berlin. Nachdem sie mir erzählt hatten, wie sie nach Istanbul zur Botschaft gekommen waren, stritten wir uns in einer wichtigen Frage. Wir waren uns absolut uneinig und hatten am Ende drei verschiedene Meinungen. Das ist uns in all den letzten zehn Monaten nicht passiert. Es sah auch so aus, als würden wir die Meinungsverschiedenheit nicht aus der Welt bringen können, auch Argumente brachten nichts. Eine Pattsituation. Sollten wir den Generalkonsul nach seiner Meinung fragen? Das wäre sicherlich peinlich gewesen angesichts der Frage, die uns so schwer beschäftigte: Welches Bier schmeckt am besten? Das Weizenbier aus Bayern, das Berliner Kindl oder das Kölsch? Wir lachten sehr und ließen die ungelöste Frage auf sich beruhen. Anschließend händigten sie mir noch die ganzen Mails und die Post aus, die für mich bei der Botschaft angekommen waren. Damit endete unser erstes Gespräch in Freiheit.

# Nicht ohne Folgen

Die wirtschaftlichen und politischen Beziehungen zwischen Deutschland und der Türkei liefen zur Zeit meiner Freilassung hervorragend. Auch kleine politische Krisen verhinderten nicht, dass die Türkei weiterhin sehr unterstützt wurde. Vor allem durch ihre Flüchtlingspolitik war die EU auf die Türkei angewiesen. Präsident Erdoğan hatte damit die EU in der Hand und versuchte mehr oder weniger subtil, sie zu erpressen. Und es sollte bald darauf auch wieder Diskussionsbedarf geben, als deutsche Journalisten und Journalistinnen in der Türkei ihre Akkreditierungsschreiben nicht ausgehändigt bekamen und dadurch gezwungen waren, das Land zu verlassen. Davon betroffen war auch der Journalist Jörg Brase vom ZDF, den ich ein paar Tage zuvor kennengelernt hatte. Drei deutsche Journalisten verließen unter Zeitdruck die Türkei, obwohl sie bereits seit Jahren in Istanbul arbeiteten. Präsident Erdoğan hatte wieder ein Anliegen. Was sollte es denn dieses Mal sein?

Was wird Deutschland unternehmen beziehungsweise welchen Wunsch von Erdoğan soll Deutschland erfüllen, damit die deutschen Journalisten ihre Akkreditierung wieder zurückerhalten? Diese Krise sollte auch ein Hauptthema im Gespräch mit dem deutschen Botschafter Erdmann sein, den ich bald in der Sommerresidenz der deutschen Botschaft im Stadtteil Sarıyer treffen würde.

Inzwischen waren bereits Wochen seit meiner Freilassung vergangen und die Voraussage stimmte: Die Zivilpolizisten folgten mir nicht mehr, jedenfalls waren sie nicht mehr zu sehen. Ich war frei, aber gleichzeitig durfte ich die Stadt nicht verlassen, da meine Entlassung aus dem Gefängnis mit der Auflage „Stadtverbot“ und „Ausreiseverbot“ verknüpft war.

Eigentlich wollte ich meinen Onkel und meine Familie in Diyarbakır besuchen, aber selbst das war mir nicht gestattet. Die Tage in Freiheit waren nur begrenzt frei. Außerdem stellte ich an mir einige Folgen des Gefängnisaufenthaltes fest. Neben der positiven Auswirkung, dass ich 15 kg abgenommen hatte und meinem in Haft selbst auferlegten sehr strikten Tagesplan weiterhin folgte, gab es auch Auswirkungen, die nicht so schön waren und die mich bis heute begleiten. Beispielsweise hatte ich eines Tages Beklemmungen, als ich in der Metro von Kartal nach Kadıköy unterwegs war. Sie ist immer voll und fährt 35 Minuten lang unterirdisch. In diesem Tunnel ist es dunkel, man blickt ins Nichts, wenn man aus dem Fenster schaut. Dadurch fühlte ich mich eingeengt und eingesperrt. Ich stieg aus und wartete auf die nächste Bahn in der Hoffnung, sie sei leerer. Ich hatte Glück.

Die nachfolgende Metro war etwas leerer und hatte einige Waggons mehr. Trotzdem änderte das nichts an meinem Gefühl. Die Panik war weiterhin da. Ich öffnete die oberen Knöpfe des Hemdes und stellte fest, dass ich stark schwitzte. Es war kaum zu glauben. Mit dieser Metro war ich fast ein Jahr lang gefahren, ohne dass mir das je unangenehm gewesen wäre. Auch die Bahnen in Paris und London waren mir vertraut. Warum passierte mir das jetzt? Die 35-minütige Fahrt mit der Metro fühlte sich an wie Stunden. Mit dem Bus brauchte man je nach Verkehrslage das Dreifache der Zeit. Beim Aussteigen beeilte ich mich und verfiel beinahe in einen Laufschritt. Ich orientierte mich am Licht des Ausgangs, wie ein Taucher beim Auftauchen. Je näher ich dem Ausgang kam, desto leichter wurde mir ums Herz. Als ich den U-Bahn-Schacht verließ, schüttelte es mich, als müsste ich diesen Albtraum loswerden. Erschöpft holte ich mir auf dem nächsten Markt etwas zu trinken.

Das war zu viel, und leider wurde es später auch nicht besser. Ich beschloss, auf den Bus oder den Dolmuş (eine spezielle Art von

Sammeltaxi) umzusteigen, auch wenn die Fahrtzeit sich damit verlängerte. Ehemalige Mithäftlinge, die ich auf diese Panikattacken ansprach, wie zum Beispiel Ferhat, den ich inzwischen in „Freiheit" wiedergetroffen hatte, konnten mir nicht weiterhelfen. Er hatte diese Symptome nicht und meinte: „Istanbul ist zu groß für dich. Komm nach Izmir."

Ob ein Ortswechsel Abhilfe schaffen würde, schien mir zweifelhaft. Zunächst blieb ich aber sowieso an Istanbul gefesselt dank der Gerichtsauflagen, fragte aber Ferhat, wieso er in Istanbul sei. Er lachte. „Der Richter hat beschlossen, dass ich einmal im Monat zur Unterschrift nach Istanbul kommen muss. Unseren Antrag, diese Unterschrift in Izmir abzugeben, haben sie abgelehnt. So muss ich einmal im Monat nach Istanbul fahren, nur für die Unterschrift", erklärte er.

So willkürlich konnte doch keine Auflage sein, aber so ist die türkische Rechtsprechung. Ferhats Freude über unser Wiedersehen war auf jeden Fall sehr groß. Wir gingen zusammen essen, sprachen über die Zeit im Gefängnis und die Zeit danach. Nachdem wir ein „Selfie" in Freiheit geschossen hatten, umarmten wir uns und gingen auseinander.

Wir verabredeten, dass er sich bei der nächsten Fahrt nach Istanbul meldete. „Dann holen wir Gökhan dazu", sagte er. „Wir treffen uns als Zelle B-28 in Freiheit."

Meine Zellengenossen Ferhat Pehlivan, Gökhan Güneş, Bedran Çoğaltay

# Der öffentliche Druck wächst

Es war mittlerweile April 2019 und immer noch sprach alles dafür, dass ich die nächsten Monate Istanbul nicht verlassen dürfte. Bei den nächsten Gesprächen mit den Rechtsanwälten berichtete ich ihnen von der gesundheitlichen Situation meiner Mutter. Es ging ihr schlechter und die Ärzte stellten fest, dass die Chemotherapie nicht half. Das bedeutete nichts Gutes, und an die Folgen wollte ich nicht denken. Im Telefongespräch meinte meine Mutter, sie habe drei Ziele: „Erstens die Verlobung und die Hochzeit deines Bruders Tamer, dann gehen wir auf das Standesamt von deinem Onkel Erol in Istanbul und danach erlebe ich deine Ankunft in Köln."

Diese Gespräche mit ihr fielen mir immer schwerer. Sie wusste von Anfang an, wie ihr Krankheitsverlauf sein würde, und hatte ihren Facharzt mit Fragen zu ihrer Krankheit ausgequetscht. Sie wollte ihr Leben, ihre Krankheit und die Zeit kontrollieren, so lange sie konnte.

Das war typisch Mama. Wenn sie einmal einen Plan aufgestellt hatte, verfolgte sie dessen Umsetzung sehr konsequent und erreichte auf diese Weise häufig ihr Ziel. Jetzt schien aber der Krebs die Kontrolle über sie übernommen zu haben. Von den Ärzten aus dem Krankenhaus hatten wir einen Bericht über ihren Gesundheitszustand und den aktuellen Stand der Chemotherapie erhalten. Der Bericht klang überhaupt nicht gut. Umso schwieriger war es, ihn bei einer anerkannten Übersetzerin in der türkischen Botschaft in Köln ins Türkische übersetzen und beglaubigen zu lassen. Mein Bruder Tamer und seine Freundin Zilan hatten sich darum gekümmert. Von der deutschen Botschaft in Istanbul wollte ich nochmal die Echtheit des Berichtes beglaubigen lassen, um ihn dann beim Gericht einzureichen. Zudem hatte der Rechtsanwalt die Idee, eine Kaution vorzuschlagen, um damit die Aufhebung meiner Ausreisesperre zu erwirken. Das sollte unser Vorgehen beim Prozesstermin am 30. April 2019 sein. Bis zum Termin waren es zwar noch einige Wochen, aber es war ein beruhigendes Gefühl, schon vorbereitet zu sein.

Jeden Monat hat man die Möglichkeit, einem Ausschuss einen Antrag auf die Freilassung zu stellen. Mit einer sehr hohen Wahrscheinlichkeit wird dies automatisch abgelehnt. Jedoch versuchen viele Juristen, von diesem Recht Gebrauch zu machen. So wurden auch meine monatlichen Anträge vom Gericht abgelehnt und in der Begründung der Ablehnung stand meist derselbe Text. Zudem schätzten die Rechtsanwälte unsere Aussichten auf Aufhebung der Klage für gering ein, da noch vier Personen desselben Verfahrens in Haft waren. Wenn ich etwas in dieser Zeit gelernt hatte, dann war das die Tatsache, dass in der Türkei nicht nach Gesetzen entschieden wird, sondern willkürlich. Dadurch war und ist es schwierig bis unmöglich einzuschätzen, ob die Richter sich wirklich an die Gesetze halten würden. Bei dem Richter, der meinen Prozess geleitet hat, war es dann noch einmal etwas Besonderes. Seine Entscheidungen hingen ganz von seiner Tageslaune ab. Daher hieß es, einen Plan B für die Zeit in Istanbul zu entwickeln. Ich konnte mich glücklich schätzen, dass ich einen Arbeitgeber hatte, der mich von Anfang an unterstützte und mich auch im Prozess nicht alleine ließ. Da mein Gehalt weiterhin gezahlt wurde, hatte ich eine Sorge weniger. Ich brauchte mir keine Gedanken darüber zu machen, wie ich meine Miete oder laufende Raten zahlen sollte.

Um die Zeit in Istanbul sinnvoll zu überbrücken, überlegte ich mir, an kleinen Projekten mitzuwirken. Aber wie konnte ich in der Türkei arbeiten und war das überhaupt rechtlich möglich? Und vor allem: War ich psychisch dazu in der Lage zu arbeiten? Dieser Frage war ich immer ausgewichen. Die zehn Monate Haft und die Zeit im „Freiluftgefängnis" hatten mich psychisch so belastet, dass ich mich nicht lange auf eine Sache konzentrieren konnte. In den zwei Monaten nach meiner Entlassung schaffte ich es nicht einmal, ein einziges Buch zu lesen, während ich in meiner Zelle insgesamt 90 Titel verschlungen habe.

Ich brauchte Zeit, um mein Schicksal zu verarbeiten. Es waren so viele Sachen passiert. Ich las die Nachrichten über meine Festnahme, meine Prozesstermine sowie die Interviews mit meinem Bruder und mit meinen Freunden. Ich schaute mir das Video von einer Solidaritätsveranstaltung in Köln an. Günter Wallraff, Anke Brunn, Meşale Tolu, Sharo Garip und mein Bruder hatten miteinander diskutiert, mein Freund Said hat diese Veranstaltung moderiert. Diese von ihnen organisierte Veranstaltung war äußerst gut besucht, was mir gezeigt hat, wie breit die Solidaritätsgruppe aufgestellt war. Im Gefängnis hatte ich zwar immer mitbekommen, dass in Köln eine Aktion für mich lief und dass viele Menschen jede Woche an der Mahnwache standen, aber nun konnte ich es mit eigenen Augen sehen und die jeweiligen Artikel dazu lesen. Besonders freute ich mich auch über die breite Unterstützung aus Köln. Ich las auch Nachrichten über die anderen Fälle, die sich in dieser Zeit ereignet hatten. Der kurdischen Künstlerin Hozan Canê aus Köln wurde in der Türkei ein kurzer Prozess gemacht. Das Gleiche erlebte Patrick Kraicker aus Gießen. Im zweiten Prozesstermin wurden beide direkt verurteilt. Hozan Canê wurde zum 1. Oktober 2020 entlassen, Patrick Kraicker befindet sich weiterhin im Gefängnis.[18]

Aus Telefongesprächen mit Freunden aus Köln erfuhr ich, dass Rolf Mützenich (SPD) und Anke Brunn (IB) zu meinem nächsten Prozesstermin am 30. April anreisen wollten. Wir planten, uns am Vorabend im deutschen Konsulat zum Abendessen zu treffen und dort über den folgenden Tag zu sprechen. Die Planungen liefen. Nach der

18 Stand: Mai 2021

letzten Besprechung mit dem Rechtsanwalt fuhr ich zum Taksim-Platz, lief durch die beliebte İstiklâl Caddesi und setzte mich in ein schönes Café, um dort Tee zu trinken.

Als ich noch den Tee trank, erreichte mich ein Anruf des deutschen Konsulats mit der Nachricht, dass der ehemalige Bundespräsident Christian Wulff in Istanbul sei und mich sprechen wolle. Natürlich war ich zu einem Gespräch bereit. Einerseits überraschte mich das, andererseits wuchs in mir die Hoffnung, dass der morgige Gerichtstermin zu meinen Gunsten verlaufen würde. Ich begab mich sofort zum deutschen Konsulat. Eine Mitarbeiterin des deutschen Konsulats sowie ihr Fahrer fuhren von dort aus mit mir zu einem großen Hotel in Beşiktaş. Das Hotel war berühmt für seinen perfekten Blick über den Bosporus. Auf der Fahrt war ich nervös angesichts der Vorstellung, gleich auf den Altbundespräsidenten zu treffen.

Nach der Sicherheitskontrolle am Eingang fuhren wir mit dem Aufzug zum Hotelzimmer von Christian Wulff. Die Solidarität und Unterstützung aus Deutschland zu spüren, war mir sehr wichtig. Nachdem wir uns begrüßt haben, ließ sich Christian Wulff von mir meine Zeit im Gefängnis schildern und hörte mir zu, als ich ihm meine bisherigen Erfahrungen mit der türkischen Gerichtsbarkeit mitteilte. Anschließend unterstrich er, dass er meinen Prozess für einen Angriff auf die Meinungs- und Pressefreiheit halte und bereit sei, mich wo es nur möglich sei zu unterstützen.

So schlug er vor, beim morgigen Gerichtstermin zugegen zu sein, wovon ihm seine Berater jedoch abrieten. Es wurde mir nahegelegt, über unseren Kontakt Stillschweigen zu bewahren, zumindest solange ich mich noch innerhalb der Türkei aufhielt.

Wulff kündigte mir an, sich weiterhin um meinen Fall zu kümmern und seinen Kontakt im türkischen Außenministerium darauf anzusprechen. Bei aller Genugtuung über die Solidarität von Christian Wulff war ich ungeduldig, weil mir in Bezug auf meine Mutter die Zeit davonlief. Ihre Krankheit würde sie diesen Sommer nicht überleben lassen, hatten die Ärzte prognostiziert. Mein Bruder Tamer erlebte gerade eine anstrengende Zeit. Er war 25 und hatte angefangen, als Informatiker zu arbeiten. Gleichzeitig musste er sich neben meinen Angelegenheiten auch um unsere Mutter kümmern. Neben den bürokratischen Dingen, in denen er mich vertreten musste, organisierte er eine sehr starke Solidaritätsarbeit. Ich war äußerst stolz auf ihn. Es war nicht einfach, mit der Krebserkrankung meiner Mutter umzugehen. Alle Beteiligten wussten, dass der Krankheitsverlauf meiner Mutter sehr schwierig war. Auch unsere Bemühungen, Krankenhäuser aus dem Ausland anzusprechen, schlugen fehl. Freunde erzählten uns von Therapie-Möglichkeiten gegen Krebs auf Kuba. Wir versuchten Informationen über diese Krankenhäuser herauszufinden und erkundigten uns über diese Therapie-Möglichkeiten auf Kuba. Nachdem wir uns Informationen eingeholt hatten, schickten wir dem Krankenhaus die Unterlagen, aber man teilte uns mit, dass die Situation meiner Mutter sehr kritisch sei und sie bei diesem Zustand nicht viel mehr tun könnten. Wir wollten nichts unversucht lassen, koste es, was es wolle. Doch unsere Bemühungen scheiterten. Und während dieser schwierigen Zeit musste ich meinen jüngeren Bruder allein lassen. Das machte mir äußerst zu schaffen.

Mahnwache für Adil Demirci. Links im Bild: Die Mutter von Adil Demirci.

# Der dritte Gerichtstermin – Hoffnung auf einen Freispruch

In einem Telefongespräch mit meiner Mutter am Vorabend des Prozesses stellte ich fest, dass sie optimistisch gestimmt war und schon ein Flugticket gekauft hatte. Demnach wäre sie trotz ihres Krankheitszustands am Nachmittag des 1. Mai 2019 in die Türkei eingereist. Ich brachte es nicht über mich, ihr das zu verwehren, da wir beide uns sehen wollten. Meine Mutter und ich freuten uns auf ein Wiedersehen.

Am Tag des dritten Gerichtstermins, sprich am 30. April 2019, traf ich meine Rechtsanwälte sowie die Delegation aus Deutschland im Gerichtsgebäude. Zusammen betraten wir den Verhandlungssaal. Alle Angeklagten waren versammelt, darunter vier in Handschellen, die in Untersuchungshaft waren. Wir begrüßten uns und ich fragte, wie es ihnen gehe. Man spürte, dass sie alle eine große Hoffnung auf einen Freispruch hegten. Und so sollte es auch kommen. Alle vier wurden aus der Haft entlassen – meinen Antrag zur Aufhebung der Ausreisesperre jedoch lehnte der Richter ab. Natürlich habe ich mich für meine Mithäftlinge gefreut, dass sie endlich, nach einem Jahr Haft, aus dem Gefängnis entlassen wurden. Aber ich war verzweifelt über den Entscheid, der mich weiterhin an Istanbul fesselte. Der nächste Prozesstermin wurde in den Oktober 2019 gelegt. Hieß das etwa, dass ich bis zum Oktober in der Türkei verharren musste? Und die wichtigere Frage war: Würde meine Mutter bis dahin durchhalten?

Prozesse in die Länge zu ziehen und immer neue Termine anzusetzen, war und ist eine gern angewandte Zermürbungstaktik der türkischen Regierung. In dieser Zeit können die Angeklagten, die in der Türkei leben, keine neue Arbeitsstelle finden, weil gegen sie ein „Terrorverfahren" läuft. An öffentlichen Protesten und Kundgebungen werden sie sich in der Regel auch nicht beteiligen aus Angst, in eine Polizeikontrolle zu geraten. So mied auch ich zum Beispiel die zentralen Haltestellen in Istanbul. Den Taksim-Platz oder mir unbekannte Haltestellen suchte ich wegen möglicher Polizeikontrollen nicht auf, obwohl ich offiziell nichts zu befürchten hatte. Die erniedrigenden Kommentare und die völlige Willkür der Polizisten aber wollte ich nicht hören und konnte sie auch nicht akzeptieren. Sobald sie festgestellt hätten, dass ich Angeklagter in einem „Terrorprozess" war, hätten sie eine komplette Leibesvisitation durchgeführt. Dafür nahm ich in Kauf, auf anderen Routen eine halbe Stunde länger zu fahren, als auf direktem Weg zum Ziel zu kommen.

Der in die Länge gezogene Prozess ist sozusagen eine Strafe auf „Bewährung". Die türkische Justiz will mit ihrem Verhalten die Menschen in permanente Angst versetzen, so dass sie an keinen Protesten mehr teilnehmen, sich nicht mehr für gesamtgesellschaftliche Themen einsetzen oder sogar die Türkei verlassen. Die ständige Repression und die Angst vor Verfolgung belasten die Psyche der Menschen stark, vor allem wenn sie eigene Familien und kleine Kinder haben.

# Wiedersehen mit meiner Mutter

Der 1. Mai 2019 war nicht nur der Tag der von den Gewerkschaften aufgerufenen Kundgebungen, sondern es war gleichzeitig der Ankunftstag meiner Mutter. Die Demonstrationszüge sollten in Bakırköy stattfinden. Von Kartal aus hätte ich anderthalb bis zwei Stunden gebraucht. Da ich Angst hatte, meine Mutter zu verpassen, zog ich es vor, rechtzeitig zum Flughafen Istanbul-Sabiha Gökçen zu fahren.

Bei ihrer Ankunft wurde sie von einem Flughafenmitarbeiter im Rollstuhl geschoben. Ich zeigte mich verwundert. Rollstuhl? Davon wusste ich nichts. Wir umarmten uns lange. Ich nahm ihr Gepäck an mich und fragte sie nach dem Rollstuhl und ob es ihr gut gehe. Sie nickte.

Anschließend umarmten wir uns wieder. Unsere Freude war groß, aber ich merkte auch, dass sie sehr müde vom Flug wirkte. Das Reisen in ihrem Zustand war ihr zu anstrengend. Wir nahmen das nächste Taxi nach Hause. Dort war auch bereits mein Onkel angekommen, und meine Cousins von nebenan waren ebenso da. Meine Mutter war sehr müde und musste sich erst einmal hinlegen.

Ich ging auch ins Zimmer und war erschrocken darüber, wie schwach und von der Krankheit gezeichnet meine Mutter bereits war. So hatte ich sie nicht in Erinnerung. Hat sie denn bei den offenen Gesprächsrunden immer so stark und gesund getan, damit ich mir keine Sorge machen brauchte? Höchstwahrscheinlich. Wir haben uns gegenseitig versucht aufzubauen, indem wir uns sehr kämpferisch zeigten. In dieser Zeit mussten wir stark sein, um das alles durchhalten zu können. Nun hatten wir Zeit, über alles zu sprechen und eine Woche gemeinsam zu verbringen. Ihr Arzt hatte ihr eine Woche Pause gegeben von der Chemotherapie. Mittlerweile nahm sie auch Schmerzmittel. Am Abend saßen wir wieder zu viert – mein Onkel, meine Tante, meine Mutter und ich – zusammen. Ich erzählte über die Zeit im Gefängnis und wie es in meinem Prozess ausschaute.

Am zweiten Tag ihres Aufenthaltes wollte meine Mutter gewisse Vorbereitungen durchführen: Mama wollte einkaufen gehen. Ich bestellte ein Taxi und wir fuhren in das Einkaufszentrum in Kartal. Es war nicht weit, vielleicht 10 Minuten mit dem Auto.

Mama hatte genaue Vorstellungen darüber, was sie der zukünftigen Frau meines Onkels zur bevorstehenden Hochzeit schenken würde. Zudem wollte sie sich auch ein Kleid für die Verlobung meines Bruders Tamer anschauen. Wir gingen von einem Laden zum anderen, machten zwischendurch kleine Pausen bei Tee und Kuchen. Unsere Einkaufstour ermüdete sie schnell.

Der älteste Bruder meiner Mutter war aus Malatya angereist. Wir saßen zusammen und feierten die „Heirat“ des kleinen Onkels. Der Termin beim Standesamt stand in zwei Wochen an. Damit meine Mutter an der Trauung teilnehmen konnte, hatte unsere Familie die Feier vorgezogen. Schließlich gehörte die Heirat meines kleinen Onkels zu den Dingen, die meine Mutter unbedingt noch erleben wollte.

Die gemeinsam verbrachte Woche tat uns gut, aber es lag über allem der Geschmack von Abschied. Auch wenn wir beide es nicht wahrhaben wollten und die Hoffnung nicht aufgegeben hatten, musste man die Situation realistisch einschätzen. Mein nächster Gerichtstermin sollte im Oktober sein, und die Ärzte hatten meinem Bruder mitgeteilt, dass es in diesem Sommer „soweit sein könnte“ und meine Mutter damit meine Freilassung vielleicht nicht mehr erleben würde. Die Aussicht, meine Mutter zu verlieren, war kaum zu ertragen. Umso intensiver verbrachten wir die uns verbleibende Zeit miteinander.

Unsere gemeinsame Woche verging wie im Fluge und wir hatten uns noch so viel zu erzählen. Auf dem Flughafen umarmte ich meine

Mutter und verabschiedete mich von ihr, was uns beiden ungemein schwerfiel. Sie wurde mit dem Rollstuhl abgeholt und zum Flugzeug gebracht. Bevor sie zurück nach Köln flog, sagte sie noch: „Ich habe gesehen, dass du wieder auf den Beinen bist. Das hat mir gutgetan, dich so zu sehen. Deinen Optimismus hast du auch nicht verloren. Ich bin sehr stolz auf dich!“

# Zögerndes Warten

Meine Mutter kam gut in Deutschland an, während ich weiterhin in Istanbul ausharren musste. Die Stadt, die mich zeit meines Lebens so angezogen hatte, war nun zu meinem Gefängnis geworden. Für mich hieß es, weiterhin stark zu bleiben, den Mut nicht sinken zu lassen und vor allem nicht aufzuhören, die monatlichen Einsprüche gegen meine Haft zu stellen. Die regelmäßigen Ablehnungsbescheide des Haftrichters als Reaktion auf die monatlich beantragten Haftprüfungen schreckte die meisten Betroffenen davon ab, es weiter zu versuchen und viele gaben auf. Mein Rechtsanwalt ließ sich nicht unterkriegen stellte jeden Monat unbeirrt einen neuen Antrag auf „Aufhebung der Ausreisesperre".

Für mich war diese Situation aber kaum zu ertragen, ich saß wie auf Kohlen. Die Rechtsanwälte hatten leicht reden. „Stell dich darauf ein, dass du dieses Jahr in Istanbul bleiben wirst. Vielleicht schaust du dich um, was du machen könntest", meinten sie. Ich war zwar soweit diszipliniert, dass ich regelmäßig am Strand in Kartal meine Runden drehte, aber allein damit war es nicht getan. Meine Mutter war schwer krank, ihr blieb nicht mehr viel Zeit und ich wollte einfach nur zurück zu meiner Familie nach Deutschland. Mit dem deutschen Konsulat blieb ich in Kontakt. Man teilte mir mit, dass sie sich weiter für mich einsetzten. Altbundespräsident Christian Wulff, der deutsche Botschafter Martin Erdmann und der Bundestagsabgeordnete Rolf Mützenich gaben mir zu verstehen, dass sie alles in ihrer Macht Stehende tun würden und mir beistanden, um mich zurück zu meiner Familie zu bringen. Es war nicht einfach, die Ruhe zu bewahren, besonders wenn man regelmäßig in den Nachrichten hörte, dass wieder einmal

Razzien gegen HDP-Mitglieder und linke Oppositionelle in Istanbul stattgefunden haben.

Die Angst schwebte stets mit, dass die Antiterroreinheit noch einmal kommen würde, um mich zu verhaften. Jeder, den ich fragte, versuchte mich zu beruhigen und meinte, dass das unwahrscheinlich sei. Ausschließen konnte es aber niemand. Die aktuelle Situation in der Türkei ließ keine Prognosen zu. Die Festnahmen von Oppositionellen und die Hetzkampagnen in den Medien gegen die HDP und gegen die Kurden gingen weiter.

Über Anke Brunn und Rolf Mützenich hatte ich Kontakt zu der Friedrich-Ebert-Stiftung (FES) aufgebaut. Für die Stiftung habe ich dann einen Bericht zur Lage der Gewerkschaften in der Türkei im Jahr 2018 verfasst und an Workshops zum Thema „Gewerkschaften" teilgenommen. Es freute mich, wieder zu arbeiten, auch wenn es nur für zehn Tage war. Dadurch konnten sich meine Gehirnzellen und Gedanken auf andere Ziele konzentrieren. Und das war in dieser Zeit enorm wichtig, denn sonst wäre ich vor Sorge schier verzweifelt.

In Köln hatte sich die Lage verschärft. Tamer hielt mich über alles auf dem Laufenden. Für ihn war die Situation schwer zu ertragen, da er so nah dran war. Wir alle waren mit den Nerven am Ende. Die Ärzte hatten diagnostiziert, dass sich bei unserer Mutter an mehreren Stellen Metastasen gebildet hatten, was ihre Lebenserwartung noch einmal senkte. Die Nachricht brachte mich zur Verzweiflung. In meinem „Freiluftgefängnis" fühlte ich mich ohnmächtig und saß weit von meiner Familie entfernt fest. Den Gedanken, die Grenzen illegal zu überschreiten, konnte ich natürlich nicht komplett ausblenden. Vor kurzem habe ich von einem Taxifahrer aus Hamburg gehört, der ebenfalls eine Ausreisesperre hatte und über Georgien nach Deutschland geflohen war. Die deutsche Staatsbürgerschaft hatte ich ja. Ob Griechenland oder Georgien: beide Wege wären möglich. Aber ich hatte ja nicht nur eine Ausreisesperre, sondern auch „Stadtverbot", was bedeutete, dass ich

Istanbul nicht verlassen durfte. Und das machte das Unternehmen höchst riskant. Ein mir bekannter Mitangeklagter ist trotz dieser Auflage in seinen Heimatort gefahren und dort in eine Polizeikontrolle geraten. Daraufhin erhielt er eine elektronische Fußfessel, mit der die Polizei ihn permanent überwachen konnte. Beim Überqueren der Istanbuler Stadtgrenzen würde die elektronische Fußfessel automatisch die Polizei alarmieren. Die Folgen und das Risiko waren mir zu groß, und ich beschloss, diese Überlegungen besser sein zu lassen, um nicht postwendend wieder in Silivri zu landen. Der mir gemachte Vorwurf der „sehr hohen Fluchtgefahr" hätte sich damit bestätigt. Diese Genugtuung wollte ich dem Richter sicherlich nicht auf dem Silbertablett präsentieren. Ruhig bleiben, nicht durchdrehen hieß die Devise. Aber das war leichter gesagt als getan in meiner Situation.

Wir gingen weiter den juristischen Weg, ließen die aktuellen Ärzteberichte meiner Mutter übersetzen und reichten sie bei Gericht ein in der Hoffnung, dass sich mein Prozess damit nach vorne datieren ließ.

# TEIL 10

## ABSCHIED VON MEINER MUTTER

# Eine furchtbare Nachricht

In der zweiten Juniwoche pendelte ich zwischen Kartal und Çağlayan, um meinen Rechtsanwalt Keleş Öztürk aufzusuchen. Sein Büro lag lediglich ein paar Straßen vom Gerichtsgebäude entfernt und wir wollten gemeinsam zum Haftrichter gehen, um die aktuellen Ärzteberichte meiner Mutter einzureichen. Ihre gesundheitliche Lage hatte sich dramatisch verschlechtert und es konnte sich nur noch um Tage handeln, dass sie den Kampf gegen den Krebs verlieren würde, das war klar. Sie konnte mittlerweile kaum mehr sprechen und hatte große Schmerzen, wie ich aus den Videos, die mein Vater von ihr angefertigt hatte, erkennen konnte.

„Bei diesem Haftrichter kann man sich keine großen Hoffnungen machen", prognostizierte mein Rechtsanwalt Öztürk, „aber ich will nichts unversucht lassen." Der Haftrichter lehnte ein persönliches Gespräch ab und wir sprachen lediglich mit seinen Büro-Mitarbeiterinnen und schilderten die Situation. Sie teilten uns mit, dass sie die Unterlagen weiterleiten würden.

Einige Tage zuvor hatte mein zweiter Rechtsanwalt, Mustafa Peköz, bereits einen Antrag eingereicht, der direkt abgelehnt wurde. Auch unser Vorschlag, meine Ausreisesperre gegen eine Kaution aufzuheben, wurde zunächst abgewiesen. Ich machte die schlimmsten Tage meines Lebens und meines „Zwangsaufenthaltes" in der Türkei mit. Ein Schweißausbruch folgte auf den nächsten aufgrund der ausweglosen Situation. Das lag sicher nicht am Wetter oder an den Wegstrecken, die ich in Istanbul zurücklegte, sondern war eine Auswirkung des enormen Stresses.

Auch unser dritter Versuch innerhalb dieser Woche, persönlich mit dem Haftrichter zu sprechen, scheiterte. Der Haftrichter ließ uns über die Mitarbeiterinnen mitteilen, dass er unseren Vorschlag ablehnte. Deprimiert, entmutigt und mit den Gedanken in Köln verließ ich Çağlayan wieder in Richtung Kartal und stieg in einen vollbesetzten „Metrobus", der den Bosporus überquert. Es war kurz nach 17 Uhr und der Bus war gerammelt voll. Jeder schob sich irgendwie rein. Von allen Seiten quetschte man sich gegen mich. Ich fühlte es überhaupt nicht und war geistig nicht anwesend. Die Kommentare und Gesprächsfetzen um mich herum gingen komplett an mir vorbei. An den Rest des Weges bis nach Hause kann ich mich nicht erinnern.

Am nächsten Tag fand wieder eine Verhandlung gegen linke Aktivisten statt. Meine beiden Anwälte wollten vor Ort sein. Gegen 8 Uhr morgens machte ich mich auf den Weg. Der Berufsverkehr ließ die Metro aus allen Nähten platzen. Ich bekam eine leichte Krise, aber ich musste es rechtzeitig nach Çağlayan schaffen, deswegen stieg ich nicht bei der nächsten Haltestelle aus, um etwas Luft zu holen. Heute wollte ich es mit einem anderen Anwalt beim Haftrichter versuchen.

Gegen halb 10 stand ich vor dem Gerichtsgebäude in Çağlayan und traf auf den Rechtsanwalt. Plötzlich bekam ich einen Anruf von meinem Vater, und ich hörte ihn am anderen Ende der Leitung nur weinen. Ich ahnte Schlimmes. „Papa, bist du da?", fragte ich. Stille. Nur das Weinen. „Wir haben deine Mutter verloren", sagte er und legte auf.

Ich setzte mich auf die Treppe und schnappte nach Luft. Mein Mitangeklagter Ali, der zufällig zum gleichen Zeitpunkt ins Gerichtsgebäude wollte, brachte mir sofort Wasser. Ich hatte es nicht mehr geschafft. Meine Bemühungen, sie noch einmal sehen zu können auf deutschem Boden, waren umsonst.

Weitere Personen versammelten sich um mich und fragten mich, was passiert sei. Währenddessen gingen meine Rechtsanwälte zusammen zum Haftrichter, um mit ihm zu sprechen. Sie versuchten juristisch alles. Per SMS teilte ich der deutschen Botschaft mit, dass meine Mutter verstorben sei und ich weiterhin in Istanbul „gefangen" wäre, und informierte sie über die Bemühungen der Rechtsanwälte. Alles um mich herum wurde schwarz und meine Hoffnung versiegte. Ich konnte noch nicht mit meinem Bruder sprechen. Unsere Nachbarin erzählte mir am Telefon, dass meine Mutter am Morgen alle angerufen hatte und noch einmal sehen wollte. Sie wollte sich verabschieden, denn sie konnte spüren, dass es soweit war. Mein Bruder und Zilan hatten es geschafft, sie noch zu sehen. Meine Freunde aus Wuppertal waren noch auf dem Weg, als die Nachricht von ihrem Tod sie erreichte. Ich war tausende Kilometer entfernt und wurde von der Willkür türkischer Gerichte daran gehindert, mich von meiner Mutter zu verabschieden, obwohl lange absehbar war, dass sie bald sterben würde.

Der 12. Juni 2019 war für mich ein großer Schlag. Nachdem wir einige Stunden im Gericht gewartet haben, verließ ich das Gebäude mit Ali wieder Richtung Kartal. Ich hatte meine Verwandten und meine türkische Familie noch nicht informiert. Wie sollte ich es ihnen auch sagen? Schließlich rief ich meinen Onkel an und teilte ihm mit, dass meine Mutter – seine Schwester – gestorben war. Er legte auf und kam zurück von seiner Arbeitsstelle. Meine Cousins von nebenan und ein paar Freunde aus Kartal klingelten an der Wohnungstür, um uns beizustehen und mit uns zu trauern.

Erst gegen Mittag wagte ich den Versuch, mit meinem Bruder zu sprechen, ohne zu wissen, was ich sagen sollte. Der Tod meiner Mutter machte mich sprachlos. Tamer stand noch unter Schock, wie wir alle. Wir hatten zwar gerechnet damit gerechnet, dass die Krankheit unserer Mutter nicht heilbar war und wir wussten Bescheid über ihre gesundheitliche Lage, aber wenn so eine endgültige Nachricht dann plötzlich kommt, ist das wie ein Schlag ins Gesicht. Dann bricht man zusammen.

Am Nachmittag teilten mir meine Rechtsanwälte mit, dass sie an diesem Tag zwei Anträge auf die Aufhebung der Ausreisesperre gestellt hatten. Es waren die Anträge 4 und 5 innerhalb dieser Woche.

Viel Hoffnung hegte ich nicht. Meine Mutter hatte vor ihrem Tod den Wunsch geäußert, in Köln begraben zu werden. Sie wollte bei uns sein. Jetzt hieß es für mich, an der Beerdigung teilnehmen zu können.

Ich musste mich zusammenraffen, aber das fiel mir unendlich schwer. Ich hatte keine Kraft mehr. Die Hausdurchsuchung, die Festnahme, die Tage in der Polizeistation, das anschließende Urteil, die Überführung ins Gefängnis, die Tage der Isolation in Silivri, die Vorführung im ersten Prozesstermin und anschließend die Freilassung … diese Bilder schwirrten vor meinem inneren Auge. All dies hatte ich einigermaßen gut überstanden, weil ich das Ziel und den Drang hatte, wieder nach Köln zurückzukehren. Und nun fühlte ich mich hilflos und war kurz davor, aufzugeben.

# Gekaufte Freiheit

All meine Hoffnungen waren mit dem Tod meiner Mutter begraben. Inzwischen waren bereits zwei Tage vergangen, seit ich die schlimme Nachricht bekommen habe. Trotz meiner labilen Lage gingen unsere Bemühungen bei Gericht weiter. Ich wusste: Heute musste eine Entscheidung fallen, andernfalls war es unmöglich, rechtzeitig nach Köln zu kommen, um meine Mutter auf ihrem letzten Weg zu begleiten.

Kurz vor 8 Uhr klingelte das Telefon. Ich kannte die Nummer nicht, eine Festnetznummer aus Istanbul. Eine Mitarbeiterin des deutschen Konsulats war am anderen Ende.

„Herr Demirci, wir haben nochmal über unsere Kanäle versucht, alles Mögliche in Ihrer Angelegenheit zu unternehmen. Der Antrag Ihrer Anwälte wird wahrscheinlich abgelehnt werden und Sie müssten sofort einen Widerspruch einlegen. Ich hoffe, Sie schaffen es dennoch!" Ich bedankte mich, mehr konnte ich nicht antworten.

Was war das? Meine Hoffnungen waren sowieso bei fast Null, ich hatte kaum noch Kraft. Und nun diese niederschmetternde Nachricht! Ich schaltete sofort meine Anwälte ein und machte mich auf den Weg. Onkel Zülküf und mein Cousin Yusuf sowie Çağrı aus Ankara begleiteten mich. Wir fuhren zu viert in Richtung Çağlayan. Nach einigen Stunden erreichte uns tatsächlich der Bescheid, dass unser Antrag wieder abgelehnt worden ist. Mustafa Peköz versuchte, mit dem Haftrichter zu sprechen, erreichte ihn jedoch erst nicht. Dann erhielt mein Anwalt einen Rückruf vom Haftrichter mit einer unglaublichen Nachricht: „Stell einen Widerspruch und er soll ein bisschen Geld bereithalten. Wir werden die Ausreisesperre gegen Kaution aufheben." Ich war verwirrt. War das nun offiziell?

Wir konnten es nicht glauben. Mein Anwalt stellte umgehend einen Antrag auf Widerspruch, während wir vier zum Taksim-Platz gefahren sind, um von der Bank Geld abzuheben. Aber wie viel würden wir brauchen? Mein Rechtsanwalt Keleş Öztürk teilte uns mit, dass er in der Vergangenheit bei diesem Richter Haftaufhebungen gegen eine Kaution in Höhe von 10.000 TL, aber auch im Bereich von 25.000 TL erkämpft hatte. „Mit 25.000 solltest du rechnen", meinte er.

Ich konnte nicht klar denken. Die letzten Tage und vor allem dieser Freitag hatten mich viel Kraft gekostet, und dabei wollte ich mich nur von meiner Mutter verabschieden. Selbst in der Trauer hatte ich keine Ruhe. Solange wir kein offizielles Schreiben in den Händen hatten, wollten wir meinem Vater und meinem Bruder nichts erzählen. Die Beerdigung war für Montag geplant. Vielleicht würde ich es ja bis dahin schaffen, aber es waren noch einige Hürden zu überwinden. Zunächst müsste die Aufhebung des Ausreiseverbots gegen Zahlung einer Kaution offiziell sein, anschließend sollten wir das Geld bei der Gerichtskasse einzahlen und nach Einsicht des Belegs über die eingezahlte Kaution würde das Gericht die Aufhebung anordnen. Dieser Bescheid müsste bei der Polizei und vor allem bei der Grenzpolizei ins Computersystem eingegeben werden, damit sie mich nicht bei der Ausreise aufhalten würden. Und das alles sollte an einem Nachmittag über die Bühne gehen? Die Anwälte übten Druck auf die Mitarbeiterinnen des Richters aus, damit sie uns das Schreiben aushändigten.

Wir bekamen jedoch die Auskunft, dass ihnen noch nichts vorläge und dass das Schreiben ihnen selbst per Fax erst einmal zukommen müsse. Gegen 16.30 Uhr erhielten wir endlich das benötigte Dokument. Nun war es offiziell: Gegen eine Kaution von 20.000 TL würde das Gericht meine Ausreisesperre aufheben. Im Eiltempo begaben wir uns zur Gerichtskasse und dann wieder zurück nach Çağlayan. Die

Mitarbeiterin beim Gericht teilte uns mit, dass sie heute Überstunden mache und bis 18 Uhr da sei. Die Gerichtskasse war aber bereits geschlossen. Mein Anwalt kannte jemanden, der dort arbeitete, und wir versuchten unser Glück – aber wir scheiterten. Freitags schließt die Kasse bereits um 16 Uhr. Wir waren eine Stunde zu spät.

Mein Onkel koordinierte inzwischen alles. Ich war nicht mehr ich selbst und lief eigentlich nur hinterher. Als ich meinen Bruder und meinen Vater darüber informierte, dass es mit der Kaution geklappt hatte, konnte sie es kaum glauben. Ich bat sie, die Beerdigung auf Dienstag zu verschieben und gab an, dass ich höchstwahrscheinlich am Montag nach Köln kommen werde. Über das Wochenende war es nicht möglich, weitere Schritte durchzuführen.

Weiterhin teilte ich einer Mitarbeiterin des deutschen Konsulats mit, dass es jetzt offiziell war und berichtete ihr Schritt für Schritt von unseren aktuellen Bemühungen bei Gericht. Die Frage, wer vom Konsulat mich am Morgen angerufen hatte, konnte mir niemand beantworten. Aber das war jetzt unwichtig. Darüber sollte ich mir den Kopf zerbrechen, wenn ich wieder in Köln war.

Am Wochenende kamen meine Cousinen und Cousins sowie Freundinnen meiner Mutter aus ihrer Jugendzeit zu uns, um uns ihr Beileid auszusprechen. Von ihnen hatte ich zuvor meist nur gehört und sie auf Fotos gesehen, aber bis zu diesem Zeitpunkt hatten wir noch nie miteinander gesprochen. Ich hätte sie lieber unter anderen Umständen kennengelernt. Am Sonntag organisierten wir im Alevitischen Verein in Kartal einen „Trauertag“ und luden alle Freundinnen und Freunde sowie Verwandten ein. Es gab eine Schweigeminute, anschließend hielt der alevitischer Dede, so nennt man den Gebetsleiter, eine kurze Rede und wir saßen zusammen. Viele Freunde meiner Mutter waren gekommen. Es tat mir gut, einen Abschied für sie hier in Kartal zu organisieren, um wenigstens aus der Ferne etwas für meine Mutter tun zu können. Wir erlebten sehr emotionale und traurige Momente. Mein Onkel und meine Cousine aus Antalya hatten ihren Reisepass dabei und wollten Montagfrüh bereits nach Köln anreisen. Ich würde es vermutlich erst am Abend schaffen, wenn überhaupt. Immer noch hatte ich Zweifel, dass es aus welchem Grund auch immer nicht klappen könnte.

Am Montag ging die Hektik wieder los. Gegen kurz nach 8 Uhr zahlten wir bei der Gerichtskasse das Geld ein. Anschließend übergaben wir die Quittung dem Gericht, was die Ausreisesperre endlich offiziell aufhob. Aber damit war mein Weg immer noch nicht frei. Das Gericht musste die Änderung auch der Grenzpolizei mitteilen, so dass sie es im System eingeben könnten. Aber darauf hatte ich keinen Einfluss und konnte diesen Prozess nicht steuern, weswegen es auch nicht sinnvoll war, weiter in Çağlayan zu warten. Meine Anwälte würden diese Angelegenheit regeln und mir das Ergebnis mitteilen – und das taten sie schließlich auch. Dennoch sollte ich die Gerichtsunterlagen bei mir haben, falls es zu einer Kontrolle kommen sollte.

Ich fuhr mit meinem Cousin Yusuf zum deutschen Konsulat am Taksim-Platz und berichtete dem Konsul von den Ereignissen der letzten Tage. Generalkonsul Dr. Reiffenstuel sprach uns und auch im Namen von Botschafter Martin Erdmann sowie Altbundespräsident Christian Wulff sein Beileid aus und richtete uns aus, dass alle sich über die Aufhebung meiner Ausreisesperre freuten. Anschließend bedankte ich mich für die Betreuung während dieser zurückliegenden schwierigen Monate und vor allem für den Einsatz des Konsuls in den letzten Tagen, bevor ich mich nach einem letzten Abstecher über meine Wohnung in Kartal zum Flughafen begab. Dort würde ich zwei deutsche Mitarbeiter des Konsulats treffen, die mich begleiten sollten. Ich erhielt vorab ihre Telefonnummern und wir legten einen Treffpunkt fest.

Um 16 Uhr traf ich am Flughafen Istanbul-Sabiha Gökçen ein und ließ mir von den beiden Mitarbeitern die Vorgehensweise erklären.

Sie sagten mir, dass einer von ihnen nach der Passkontrolle auf mich warten würde. Sie hatten diplomatische Ausweise und brauchten nicht über die übliche Passkontrolle zu gehen. Einer der beiden begleitete mich beim Eingang bis zur Passkontrolle. Der andere würde mich nach der Passkontrolle auf mich warten. Ich stellte mich in die Warteschlange und stand schließlich vor dem Schalter. Die Anspannung war wieder zu spüren. Wird es klappen? Würde ich gleich ohne Probleme durchkommen? Ich durfte es nicht zulassen, dass sich wieder Fragen über Fragen in meinem Kopf bildeten. Ich versuchte meine Kraft zu sammeln und bei diesem Vorgang so cool wie nur möglich zu wirken. Nun stand ich am Schalter. Dort legte ich meinen Ausweis mit dem Einreisestempel vom 7. April 2018 vor.

Adil Demirci mit seinem Vater und seinem Bruder bei der Ankunft am Flughafen Köln/Bonn am 17.6.2019

# Der letzte Weg

Als ich die Kontrolle ohne weitere Probleme durchschritt, lagen 14 Monate „Zwangsaufenthalt“ hinter mir. Endlich würde ich nun an diesem 17. Juni 2019 ausreisen. Ich informierte sofort meinen Bruder und ein paar Freunde, dass ich kurz davor war, die Türkei zu verlassen. Die Beerdigung meiner Mutter ist bereits auf Dienstag verschoben worden. Dies gab mir letztlich immerhin die Möglichkeit, persönlich von ihr Abschied zu nehmen und sie auf ihrem letzten Weg zu begleiten. Erst als ich im Flieger saß und die Maschine startete, fühlte mich in Sicherheit. Eine furchtbare Zeit lag hinter mir und ich konnte das alles gar nicht realisieren. Bis zu diesem Moment hatte ich immer noch meine Zweifel und ich stellte mir vor, es würde zu Behinderungen beim Einsteigen kommen. Die Wahrscheinlichkeit war gering, aber für mich hat sie existiert.

Nachdem ich schon eine Stunde im Flugzeug saß, stellte ich fest, wie sehr mich die Anspannung noch im Griff hatte. Ich war nicht bei mir. Die letzte Woche hatte meiner Familie und mir viel abverlangt und uns ein Wechselbad der Gefühle bereitet. In dem Moment, als ich moralisch am Boden lag und alles verloren schien, kam die Nachricht der aufgehobenen Ausreisesperre. Die Lehre, die ich aus dieser Zeit ziehe, ist, dass öffentlicher Druck und offenes Handeln in politischen Konflikten etwas bewirken. Angst und ein „geheimer Umgang“ mit Gefangenen versetzen den Menschen in eine schwache, passive Position, die Erdoğan und seiner AKP einen leichten Sieg ermöglichen.

Mein Ziel war erreicht, meine Ausreisesperre aufgehoben. Und doch war ich von Trauer überwältigt, denn meine Gedanken waren nur bei meiner Mutter und dem Abschied von ihr. Das war ein sehr zwiespältiges Gefühl. Meine Umgebung nahm ich überhaupt nicht wahr.

Gegen Abend landete ich auf dem Flughafen Köln/Bonn. Ich verließ das Flugzeug und ging Richtung Ankunftshalle. Durch die Strapazen konnte ich mich kaum noch auf den Beinen halten. Es war ein sehr anstrengender Tag und ich hatte keine Reserven mehr.

Mein Vater, mein Bruder, seine Freundin Zilan, mein Kumpel Said, die Wuppertaler Freunde und viele andere Bekannte erwarteten mich, um mich abzuholen.

Die Mahnwache-Aktivisten waren ebenfalls da und ich erkannte das Transparent der Mahnwache und des Solikreises. Die Tränen waren nicht mehr aufzuhalten. Auch einige Politiker und Politikerinnen, mein Arbeitgeber sowie die Presse waren anwesend. Sie filmten diese Momente und stellten mir viele Fragen. In diesem Augenblick hatte ich jedoch keine einzige Antwort für sie. Ich versuchte, mich zusammenzureißen, aber ich konnte mich nicht konzentrieren. Said half mir aus. Ich ging zu meinen Freunden.

Am Abend saßen wir zuhause und sprachen über die anstehende Beerdigung. Viele Freunde und Freundinnen waren gekommen, um Abschied zu nehmen. Am nächsten Tag fuhren wir zur alevitischen Gemeinde, in der meine Mutter für ihren letzten Weg vorbereitet wurde. Ich sah sie noch einmal. Sie lag vor mir. Ihre Augen waren noch offen und sie strahlte Ruhe aus. Die Bestatterin versuchte, ihr die Augen zu schließen, aber es gelang ihr nicht. Mir kamen die Tränen, als ich mich von meiner Mutter verabschiedete, und redete leise mit ihr. „Ich habe es nicht rechtzeitig geschafft. Tut mir leid. Aber ich bin wieder da. Die letzten drei Ziele für die Restzeit deines Lebens hast du nun erreicht, wie meistens in deinem Leben“, sagte ich zu ihr und verließ den Raum.

Noch am Vormittag wurde sie in Anwesenheit von vielen Verwandten, Freunden und Freundinnen auf dem Mülheimer Friedhof begraben. Ganz nah bei uns.

Mama, wir vermissen dich.

**Meine Freunde haben Großes geleistet und ich bin ihnen vieles schuldig. Ich bin so stolz auf sie und glücklich, dass ich solche Wegbegleiter habe.**

Adil Demirci
mit seiner Mutter

**Exkurs 8:** ›››››››››››››››››››››››››››››››››››››››››››››››››››››

## Zurück in die Vergangenheit: Die Entführung von Gökhan

Der linke Aktivist Gökhan Güneş, mit dem ich meine Haft in Silivri verbracht habe, ist am 20. Januar 2021 am helllichten Tag in Istanbul auf dem Weg zur Arbeit von Unbekannten mit Elektroschockern außer Gefecht gesetzt und verschleppt worden. Die Entführung des 23-Jährigen wurde von einer Überwachungskamera eingefangen, doch die Polizei blieb untätig. Es war von einer „verstörenden Stille bei den Behörden“[19] die Rede. Die Familie zeigte sich sehr besorgt

---

19 Siehe: https://anfdeutsch.com/aktuelles/linker-aktivist-in-istanbul-entfuhrt-wo-ist-gokhan-gunes-24062.

und fragte vor der Polizeistation immer wieder nach Gökhan – ohne jedoch Antworten zu bekommen. Mehr noch: Unterstützer, die vor dem Präsidium eine Mahnwache für Gökhan Güneş abhielten, wurden festgenommen. Ich sehe in den Fotos, die durch die Presse gingen, immer wieder auch Ferhat und Bedran. Sie unterstützten die Familie und wollten Gökhan finden. Sofort kommen Erinnerungen an unsere Momente im Gefängnis hoch.

Gökhan wurde nach 6 Tagen wieder freigelassen und tauchte zunächst bei seiner Familie unter. Doch er blieb nicht still und sagte vor laufender Kamera aus, nach der Verschleppung in ein verstecktes Folterzentrum verbracht und dort misshandelt worden zu sein.

Gökhans Entführung zog einen großen medialen Kreis. Abgeordnete, Menschenrechtsorganisationen und Presse forderten seine Freilassung. Erst durch diesen öffentlichen Druck kam er frei. Aber sein Schicksal ist kein Einzelfall und nicht alle Entführungen enden mit einer Freilassung. Nach wie vor sind Personen verschollen, man denke dabei nur an den seit dem 29. Dezember 2020 vermissten Hüseyin Galip Küçüközyiğit – den ehemaligen Rechtsberater des Premierministers – und den seit dem 6. August 2019 spurlos verschwundenen Yusuf Bilge Tunç.

*https://anfdeutsch.com/aktuelles/gokhan-gunes-sie-nannten-sich-die-unsichtbaren-24134*
*https://dtj-online.de/entfuehrt-durch-die-unsichtbaren-goekhan-guenes-packt-oeffentlich-aus/*
*https://www.bbc.com/turkce/haberler-turkiye-55798683*
*https://www.jungewelt.de/artikel/395291.repression-gegen-linke-ich-sollte-als-informant-für-sie-arbeiten.html*

# TEIL 11

## REDEN UND BEITRÄGE

# Rede der Kölner Oberbürgermeisterin Henriette Reker anlässlich des Empfangs von Adil Demirci, 21. August 2019 im Kölner Rathaus

Lieber Herr Adil Demirci, liebe Angehörige und Freunde von Herrn Demirci, liebe Unterstützerinnen und Unterstützer,

OB Henriette Reker und Adil Demirci

ich bin so froh, dass ich Sie heute hier bei uns habe! Was für ein langer und bitterer Weg, der nun endlich sein Ende gefunden hat.
Wie schwer es ist, wenn man zu Unrecht eines Verbrechens angeklagt ist, das man nicht begangen hat, ja, wie schwer es ist, den Glauben an ein gutes Ende nicht zu verlieren – das kann ich nur mutmaßen.

Ich war in Gedanken sehr häufig bei Ihnen, Herr Demirci. Wir alle waren es! Und ich möchte, dass Sie wissen, dass Sie neben meiner Anteilnahme und den besten Wünschen für die Verarbeitung aller seelischen Wunden auf meine Unterstützung bei der Aufarbeitung zählen dürfen. Ich freue mich, dass wir Sie wieder in Ihrer Wahlheimat begrüßen dürfen. Als Kölner, der beispielhaft für unsere Werte in der Welt eingestanden ist. Und der sich trotz der massiven Einschüchterung nicht hat brechen lassen: in seinem Bestreben, Transparenz für die Öffentlichkeit zu schaffen und durch fundierten investigativen Journalismus seiner Aufgabe als vierter Staatsmacht nachzukommen.

Herr Demirci: In meinen Augen ist Ihr Schicksalsschlag gleichzeitig ein Einstehen für die Demokratie und die freie Meinungsäußerung. Sie sind kein Opfer, sondern ein Mann, der sich unbeugsam für europäische Werte einsetzt. Dafür, lieber Herr Demirci, möchte ich Ihnen heute meinen Dank aussprechen.

Viele der hier Anwesenden haben Sie in dieser Zeit auf vielfältige Art und Weise unterstützt. Besonders sind hier natürlich die Prozessbeobachter und die Teilnehmerinnen und Teilnehmer der Mahnwachen am Wallraf-Platz zu nennen. Aber auch Ihrem Arbeitgeber spreche ich an dieser Stelle ein großes Lob aus. Die Kollegen und der Betriebsrat haben Position bezogen, sich an den Mahnwachen beteiligt und Briefe geschrieben. Die Präsidentin des Internationalen Bundes hat den Dialog mit Außenminister, Bundeskanzlerin und dem Bundespräsidenten gesucht.

Solch umfangreiche Unterstützung in einer derartig prekären Situation ist nicht selbstverständlich. Allen, die sich hier außerordentlich engagiert haben, danke ich herzlich.

Auch wir als Stadt Köln fanden es wichtig, unsere Solidarität und Unterstützung zu zeigen. Hierzu haben Rat und Verwaltung die Resolution „Menschenrechte sind unteilbar" am 27.09.2018 verabschiedet.

Darin wird die Einhaltung der Menschenrechte, Rechtsstaatlichkeit, Toleranz, Meinungs- und Pressefreiheit in der Türkei gefordert. Die Initiatoren dieser Resolution haben auch das im Januar stattgefundenen Rathausgespräch „Freiheit für die Kölnerin Hozan Cane und den Kölner Adil Demirci" ausgerichtet und damit nochmal ein deutliches Zeichen gesetzt: für die Einhaltung der Menschenrechte in der Türkei.

Denn Hozan Cane ist nach wie vor inhaftiert. Auch ihr wird vorgeworfen, Mitglied einer Terrororganisation zu sein. Alle geltend gemachten Einwände gegen die Verhaftung wurden ohne konkrete Gründe abgelehnt, ihr wurde das Recht auf Aussage verweigert und sie wurde rechtskräftig zu einer Haftstrafe von sechs Jahren und drei Monaten verurteilt.

Das allein wäre genug – es kommt jedoch noch hinzu, dass ihr gesundheitlicher Zustand immer kritischer wird. Ihre Tochter, die in die Türkei geflogen ist, um ihre Mutter zu besuchen, wird nun auch seit einigen Monaten in Istanbul festgehalten.

Und so ergeht es noch vielen weiteren Menschen, die ihr Recht der Meinungs-, Presse-, Kunstfreiheit und ihre Versammlungs- und Demonstrationsrechte wahrnehmen:

Erst Anfang der Woche mussten wir erfahren, dass die türkische Regierung drei Bürgermeister der oppositionellen pro-kurdischen Partei HDP abgesetzt hat.

Unsere Gedanken sind aber auch bei den Demonstranten in Hongkong. Köln hat als Partnerstadt Pekings enge und gute Beziehungen nach China und es ist wichtig, im Dialog zu betonen, dass die Proteste stattfinden können und die chinesische Regierung besonnen und angemessen mit diesen Protesten umgeht.

Wer für Mitbestimmung und Demokratie auf die Straße geht, muss dies ohne Angst tun können. Überall auf der Welt.

Meine Damen und Herren, lassen Sie mich noch einmal zurück nach Köln kommen:

Ich bin nicht nur die Oberbürgermeisterin der Kölnerinnen und Kölner, die hier geboren wurden, sondern auch die Oberbürgermeisterin derer, die zu uns geflüchtet sind, um eben solchen undemokratischen Systemen zu entfliehen. Ich möchte heute nochmals betonen, dass hier in dieser Stadt – in Köln – jeder Mensch herzlich willkommen ist, der nach den europäischen Werten der Freiheit, der Demokratie und der Chancengerechtigkeit leben möchte.

Jedem, der bereit ist, sich hier in eine Gesellschaft der Vielfalt und der Toleranz zu integrieren, seinen Beitrag zu leisten und hier zu leben, dem biete ich an:

Köln liebt und lebt Artikel fünf des Grundgesetzes: „Jeder hat das Recht, seine Meinung in Wort, Schrift und Bild frei zu äußern und zu verbreiten und sich aus allgemein zugänglichen Quellen ungehindert zu unterrichten."

Lieber Herr Demirci, als Kölner, der nach diesem Artikel des Grundgesetzes für die Aufklärung der Gesellschaft gehandelt hat: Danke ich Ihnen für Ihren Dienst an der Demokratie.

**Oberbürgermeisterin der Stadt Köln, Henriette Reker, am 21. August 2019**

# Günter Wallraff: Warum ich mich für politisch Verfolgte in der Türkei einsetze – oder: „Ali" ist immer noch ein Teil von mir

Adil Demirci wurde um drei Uhr nachts von einem „Anti-Terror-Kommando" in der Istanbuler Wohnung seines Onkels festgenommen. Der Grund für seine Festnahme, wie in vielen anderen Fällen, war ein konstruierter Terrorverdacht.

Die Behörden warfen Adil Demirci vor, an Beerdigungen von Mitgliedern der in der Türkei verbotenen linksextremistischen Partei MLKP teilgenommen zu haben. Demirci leugnet nicht, auf diesen Beerdigungen gewesen zu sein – allerdings als Berichterstatter der linken türkischen Nachrichtenagentur ETHA, die nicht verboten ist.

Als Teilnehmer einer Delegation, die sich für seine Freilassung einsetzte, reiste ich nach Istanbul, zusammen mit den Bundestagsabgeordneten Rolf Mützenich und Heike Hänsel, dem Kölner Ratsmitglied Jörg Detjen, der Ex-Ministerin Anke Brunn und Sabine Skubsch, Betriebsratsvorsitzende von Demircis Arbeitgeber, dem IB, dem Internationalen Bund, einer Wohlfahrtsorganisation. Sie hatte Demircis Arbeitsvertrag nach dessen Inhaftierung sogar entfristet und zahlte sein Gehalt während der Haft weiter. In Abwesenheit wurde Demirci, auch dank der großen Unterstützung vom damaligen IB-Präsidiumsmitglied Anke Brunn, sogar zum Betriebsrat gewählt – ein einzigartiger Solidaritätsbeweis. Auch der deutsche Generalkonsul verfolgte den Prozess mit mehreren Mitarbeitern.

Wenige Minuten nachdem der viel zu kleine Gerichtssaal geöffnet wurde, war er bereits überfüllt. In dem Verfahren wurde gleichzeitig gegen 22 Angeklagte verhandelt. Schon in der ersten Stunde wurde die Luft stickig und die Verhandlung mehrmals unterbrochen. Die Zuschauer wurden jedes Mal hinauskomplimentiert und die Angeklagten in Handschellen ab- und wieder hineingeführt – eine demütigende Geste, jedes Mal aufs Neue.

Günter Wallraff

Weder Staatsanwaltschaft noch Gericht setzten sich auch nur ein einziges Mal ernsthaft mit den Ausführungen der Verteidiger auseinander. Die Staatsanwaltschaft sah sich nicht imstande, Dokumente vorzulegen, die eine Schuld der Angeklagten hätten beweisen können. Adil Demircis beeindruckend ruhigen und sachlichen Einlassungen prallten vor Gericht ab.

Es ist nicht meine erste Teilnahme an einem Prozess vor einem türkischen Gericht. In all den Verfahren, ob sie nun gegen meinen Kölner Kollegen Doğan Akhanlı, die deutsche Journalistin Meşale Tolu oder den türkischen Journalisten Ahmet Şık gerichtet waren, erlebte ich diese Art von richterlicher Voreingenommenheit: „Redet ihr nur. Egal was ihr vorbringt", signalisierten sie, „wir entscheiden ohnehin nach vorgegebenen politischen Kriterien und Ordern." Das Schuldurteil steht meist schon fest, bevor das Verfahren öffentlich verhandelt wird.

Für das Gericht war unsere Teilnahme wohl ein Ärgernis. Der Richter raunzte Demircis Anwalt an, er solle gefälligst nicht zu den westlichen Delegierten sprechen. Das ist durchaus nachvollziehbar: Unter Beobachtung zu stehen heißt nämlich, sich rechtfertigen zu müssen.

Genau das will ein Richter in der Türkei nicht. Wahrscheinlich wären weder Doğan Akhanlı noch Meşale Tolu ohne Prozessbeobachtung und Solidaritätsaktionen freigekommen.

Obwohl ich immer wieder eines Schlechteren belehrt wurde, dass nämlich Urteile bereits längst vor den Gerichtsprozessen politisch entschieden wurden, gingen wir wie auch Demircis Anwalt diesmal davon aus, dass Adil Demirci noch an am ersten Prozesstag freikommen würde. Schließlich konnte das Gericht keinerlei Beweismittel vorlegen.

Es kam anders: Adil Demirci kam nicht frei. Das erfuhren wir erst nach dem Ende des Prozesstages von seinem Anwalt, draußen vor dem Gerichtsgebäude, wo Dutzende Angehörige und Zuschauer ausharrten, weil das Gericht seine Entscheidung nicht der Öffentlichkeit hatte mitteilen wollen.

Mit uns wartete ein Team der ARD und interviewte uns zu der gerade bekannt gewordenen Entscheidung. Ich bemerkte, wie sich ein zweiter Kameramann und ein einschüchternd finster dreinblickender Begleiter neben uns aufbauten und alle Aussagen aufnahmen. Ich spielte den Naiven und fragte, für welchen Sender sie denn arbeiteten. „Police!", zischte er mich an. Als der Anwalt von Adil Demirci die beiden bemerkte, sah er sich nicht mehr imstande, mit dem ARD-Team zu sprechen.

Meinen ersten Impuls, die Polizei-Filmer mit meinem Handy „erkennungsdienstlich" aufzunehmen, unterdrückte ich dann doch lieber. Ich fürchtete, an Ort und Stelle attackiert zu werden, außerdem die Beschlagnahmung meines Handys. Die Einschüchterungstaktik verfehlte auch bei mir ihre Wirkung nicht, denn es kann jeden treffen, der sich öffentlich renitent und unbotmäßig verhält. Es herrscht große Verunsicherung und Einschüchterung. Kritische Journalisten, Schriftsteller, Lehrer, Wissenschaftler und Gewerkschafter müssen in der Türkei eigentlich zu jeder Tages- und Nachtzeit damit rechnen, dass man sie abholt und verhaftet. Oft auch wegen einer Denunziation. Trotzdem halten sie stand und stehen zu ihrer Meinung.

Ich habe auch einen sehr persönlichen Grund, mich für politisch Verfolgte, insbesondere in der Türkei, einzusetzen. „Ali“, meine Rolle in meinem Buch Ganz unten (1985), ist immer noch ein Teil von mir. Über zwei Jahre lang habe ich damals mit türkischen Arbeitern, die nach Deutschland gekommen sind und hier meist nur schlechte Arbeit mit mieser Bezahlung und noch weniger Respekt fanden, gelebt und mit ihnen gelitten. Ich bin es ihnen schuldig, deutlich Position gegen Erdoğan zu beziehen, gerade auch gegenüber seinen Anhängern. Die, die mich herzlich umarmen, stimmen mir zu. Andere fangen an, Erdoğan als ihren Heilsbringer und Rächer zu glorifizieren. Wenn ich dann Fakten nenne und berichte, dass Erdoğan dabei ist, eine islamofaschistische Diktatur zu installieren, gibt es in der Regel kontroverse Auseinandersetzungen. Doch es hilft nicht, die Augen vor der Wahrheit zu verschließen. Die Beweise, dass die Türkei ein Unrechtsregime ist, sind zu offensichtlich.

Ich vermisse auf europäischer und vor allem deutscher Seite eine Politik der Unerschrockenheit. Ich empfinde die derzeitige deutsche Diplomatie eines Kuschelkurses und der stillen Duldung schwer erträglich. Stattdessen könnte die Militär- und Wirtschaftshilfe eingestellt und z. B. keine Hermes-Bürgschaften mehr genehmigt werden. Auch ausländische Konten einzufrieren, wie die der Präsidentenfamilie, wäre ein Option.

Adil Demirci durfte die Türkei im Juni 2019 endlich verlassen. Doch noch immer werden, Stand März 2021, allein aus Köln fünf Menschen in der Türkei festgehalten. Wir werden weiter dafür einstehen, dass Yüksel Weßling, Gönül Örs, Hozan Canê, Bekir Topgider und Ali Temel nach Deutschland ausreisen dürfen und möglichst bald wieder in ihre Kölner Heimat zurückkehren!

**Günter Wallraff, Journalist und Autor (u. a. „Ganz unten“)**

# Anke Brunn: Zeichen setzen – Solidarität vonseiten des Arbeitgebers und der Zivilgesellschaft

Am 15. April 2018 erreichte mich in Florida während eines Familienbesuchs frühmorgens im Halbschlaf ein Anruf aus Köln: Ein in der Flüchtlingsarbeit tätiger Mitarbeiter des IB – Adil Demirci – sei in Istanbul verhaftet worden. Er habe seine kranke Mutter bei einem Familienbesuch begleitet. Ich wurde gebeten, mich in meiner ehrenamtlichen Funktion als Mitglied des IB-Präsidiums und Aufsichtsratsvorsitzende der IB West der Sache anzunehmen. Sofort – immer noch im Halbschlaf – alarmierte ich die Geschäftsführung der IB West in Köln.

Sensibilisiert durch das KulturForum TürkeiDeutschland e. V. und die Erfahrung zunehmender Repressionen gegen Künstler und Intellektuelle hatte ich mich seit 2016 wieder an Kampagnen zur Unterstützung politisch verfolgter Schriftsteller*innen und Intellektueller beteiligt, wie schon vielfach Jahre zuvor während meiner Zeit als Abgeordnete und Mitglied der NRW-Landesregierung; deshalb überraschte mich der Anruf nicht – abgesehen von der Uhrzeit. Ein wirksames Netzwerk der Solidarität zu schaffen, war nun das Ziel.

Einige Tage später – wieder daheim in Köln – konnte ich feststellen, dass der IB bereits auf allen Ebenen alarmiert und in Aktion getreten war: Geschäftsführung und Vorstand ebenso wie die ehrenamtlichen Gremien, Präsidium und Internationale Kommission, dazu Beschäftigte und Betriebsräte. Nach seinen Grundsätzen ist der Internationale Bund (IB) als bundesweit aktiver freier Träger der Jugend-, Sozial- und Bildungsarbeit konfessionell und parteipolitisch unabhängig und vereint

Mitglieder unterschiedlicher weltanschaulicher Auffassungen: „Er bekennt sich zu den Menschenrechten, wie sie in der Charta der Vereinten Nationen und der Europäischen Menschenrechtskonvention geschützt und verankert sind." Und: „Die Arbeit des IB soll [...] Mitwirkung und Mitverantwortung sowie mitmenschliche Zuwendung und Hilfsbereitschaft bewirken."

Nach diesen Grundsätzen setzte sich der Verband für seinen Mitarbeiter ein: denn nur, wenn er nach den eigenen Prinzipien lebt, kann er glaubwürdig seine Ziele erreichen. So war es konsequent, sich hinter Adil Demirci zu stellen, für seine Freilassung und Rückkehr an den Arbeitsplatz und für ein rechtsstaatliches Verfahren in der Türkei einzutreten. Der IB wandte sich an das Auswärtige Amt und setzte politische Netzwerke flankierend ein, während Kolleginnen und Kollegen Solidaritätsaktionen organisierten und ihn in Abwesenheit in den Betriebsrat wählten. Zunächst bestand die Hoffnung und Erwartung, dass angesichts schwacher und kaum konkretisierter Vorhaltungen ein Haftprüfungstermin zu einer schnellen Freilassung führen sollte. Diese Hoffnung wurde im August nach vier Monaten Untersuchungshaft enttäuscht, während zum Monatsende der befristete Arbeitsvertrag auslief. Daraufhin entschied die Geschäftsführung, Adil Demircis Arbeitsvertrag zu entfristen und sich weiterhin noch deutlicher hinter den inhaftierten Mitarbeiter zu stellen. Für einen großen Arbeitgeber mit mehr als 10.000 Mitarbeitenden sei ein solcher Schritt angemessen und möglich, stellte das Präsidium fest und verstärkte seine politischen Aktivitäten bis hin zu Schreiben der IB-Präsidentin Petra Merkel an den Bundespräsidenten und an die Bundeskanzlerin im Umfeld eines Besuchs des türkischen Staatspräsidenten Erdogan. Zudem entschied sich das Präsidium zur Teilnahme am Prozess.

Als Kölner Mitglied im IB-Präsidium wandte ich mich an die Familie, lernte den Bruder und die Eltern kennen und beteiligte mich an vom Bruder vorbildlich organisierten Mahnwachen und an Kampagnen der Zivilgesellschaft. Die Familie – besonders die kranke Mutter – trug ihre Sorge um Sohn und Bruder jeden Mittwoch auf dem Wallrafplatz in die Öffentlichkeit, unterstützt von Freund*innen, Kolleg*innen aus dem IB, spontan hinzukommenden Bürger*innen, vom Ratsherrn Jörg Detjen und vom Autor Günter Wallraff. Von Anfang an half MdB Rolf Mützenich, der auch zu allen Prozessterminen nach Istanbul flog, aktiv mit auf dem Weg zur Freilassung Adil Demircis.

Zwar erreichten unseren Mitarbeiter in Haft nicht alle Briefe und Grüße, aber er wusste, dass er nicht verloren und vergessen war. Mahnwachen und Solidaritätsaktionen sollten auch die Kölner und die deutsche Öffentlichkeit informieren und dafür sensibilisieren, dass es nicht um einen Vorgang in der fernen Türkei ging, sondern um einen Nachbarn, Kollegen, einen von vielen zugewanderten Deutschen, die einen Teil ihrer Herkunft, Identität, emotionalen Bindung, Familie in der Ferne haben; es ging um einen Nächsten, dem Unrecht geschehen ist. Viele Menschen hielten im Vorbeigehen inne, erkundigten sich, solidarisierten sich und trugen sich in Unterschriftslisten ein, die in Berlin im Außenministerium überreicht wurden.

Adil Demirci saß zwar im Prominenten-Gefängnis Silivri im Zentrum der von der europäischen und deutschen Politik kritisierten Unrechtsmaschinerie des türkischen Staatspräsidenten Erdogan; doch die Unterstützer*innen waren besorgt, dass für ihn eventuell weniger Hilfe in der deutschen Öffentlichkeit und in der deutschen Politik mobilisiert werden könnte als für bekanntere Persönlichkeiten wie den Journalisten Deniz Yücel. Als sich trotz des persönlichen Einsatzes des Bundespräsidenten, trotz der Unterstützung aus Bundestag und Bundesregierung und trotz einer Resolution des Stadtrats zum Erdogan-Besuch im September 2018 dennoch nichts zu bewegen schien, war die Enttäuschung groß. Es tröstete nicht, dass Adil Demirci im Gefängnis in bester Gesellschaft war; dort waren auch Osman Kavala und Ahmet Altan inhaftiert und sind es noch immer entgegen rechtsstaatlichen

Prinzipien und trotz vieler Urteile des Europäischen Gerichtshofs für Menschenrechte, während diese Zeilen geschrieben werden.

Nun konzentrierten wir uns auf den Prozessbesuch durch eine Kölner Unterstützer-Delegation; dabei waren Günter Wallraff, MdB Rolf Mützenich, Ratsherr Jörg Detjen und ich für den IB zusammen mit der Betriebsrätin Sabine Skubsch. Auf einer Pressekonferenz am 14.11.2018 informierten wir über Anlass und Zweck der Reise. Für den IB sagte ich: „Adil Demirci wird aus politischen Gründen festgehalten. Es ist Solidarität und Wertschätzung für ihn als Person und Mitarbeiter, die mich und uns dazu bewegt, zu seinem Gerichtsverfahren nach Istanbul zu fahren." Zugleich mit der Forderung nach seiner Rückkehr an den Arbeitsplatz und zu seiner Familie nach Köln wollten wir auf andere inhaftierte türkische Journalisten, Künstler, Intellektuelle und Politiker aufmerksam machen. Während der Pressekonferenz musste Dilan Örs erfahren, dass ihre Mutter, die Sängerin Hozan Canê, zu harten 6 Jahren Haft verurteilt wurde.

Nach rund 7 Monaten Untersuchungshaft fand am 20. November 2018 der erste Prozesstermin statt. 23 Personen standen vor Gericht. Sie waren bei einer Razzia gegen Kurden und Aleviten in Istanbul festgenommen worden, bei der Adil Demirci anscheinend als „Beifang" mitgenommen wurde. Allen warf man vor, im Jahr 2013 an Beerdigungen teilgenommen zu haben, an Großveranstaltungen, die mehr als 5 Jahre zurücklagen. Der Gerichtssaal war voll besetzt mit Beschuldigten, Angehörigen und Verteidiger*innen, als unser Mann in Handschellen vorgeführt wurde und zusammen mit den anderen Beschuldigten zur Person und zu den Vorhaltungen einvernommen wurde. Viele von ihnen – zumeist einfache Arbeiterinnen und Arbeiter – hatten ihre Arbeit verloren. Besonders bedrückend: ein verzweifelter Familienvater, der den Kredit für seine Wohnung nicht mehr bezahlen konnte. Mein Eindruck: Das Verfahren diente nicht der Verfolgung von „Straftaten", sondern der sozialen Ächtung und wirtschaftlichen Vernichtung der Beteiligten und ihrer Familien. Der Prozess wurde auf den 14. Februar 2019 vertagt. Etliche Beschuldigte kamen mit Auflagen aus der Haft; aber Adil Demirci musste bleiben, wurde zurück ins Gefängnis gebracht, möglicherweise auch wegen der Unterstützung aus Deutschland, die der Richter mit giftigen Bemerkungen kommentierte. Während des Prozessbesuchs wurde deutlich, wie hilfreich das deutsche Generalkonsulat wirkte, nicht nur für Adil Demirci, sondern auch für andere Deutsche in den Fängen der türkischen Justiz.

Enttäuscht, aber nicht entmutigt wurden die wöchentlichen Mahnwachen bei Wind und Wetter unter bewundernswertem Einsatz der zunehmend kranken Mutter fortgesetzt. Weitere politische Unterstützung kam hinzu. Die demokratischen Ratsfraktionen, SPD, CDU, Die Linke, Grüne, FDP, BUNT und GUT führten im Januar 2019 unter der Schirmherrschaft der Oberbürgermeisterin Henriette Reker eine Solidaritätsveranstaltung für Adil Demirci und Hozan Canê im Kölner Ratssaal durch. Mit den klaren Worten der Oberbürgermeisterin stellte sich nun die ganze Stadtgesellschaft hinter die Inhaftierten.

Erneut reiste die Delegation am 14. Februar 2019 zum Prozess nach Istanbul. Deutlich forderte der Staatsanwalt die Freilassung; diesmal folgte der Richter, aber nur unter Auflagen: Adil Demirci wurde nach 10 Monaten Untersuchungshaft ins „Freiluftgefängnis" Istanbul entlassen, durfte die Stadt nicht verlassen, nicht nach Köln, nicht an seinen Arbeitsplatz zurückkehren. Eingeprägt hat sich mir an diesem Tag unter den vielen Angeklagten eine junge Frau, Anfang 20, die aus der Haft vorgeführt wurde, eine Jurastudentin. Auch sie sollte 2013 an einer Beerdigung teilgenommen haben – im Alter von 17 Jahren. Klar und aufrecht sagte sie, dass sie Anwältin werden wolle, um den Rechtsstaat zu verteidigen und dass sie durch die Haft an der Fortsetzung ihrer Ausbildung gehindert sei. Weitere Beschuldigte wurden aus der Untersuchungshaft entlassen, vier mussten als Letzte in Haft bleiben, auch sie. Der Richter hatte offensichtlich Freude daran, sie und ihre Anwältin zu demütigen. Unter Tränen wurde sie ins Gefängnis zurückgebracht. Die Anwältin hatte zu Recht darauf hingewiesen, dass die junge Frau wegen einer Vorhaltung aus dem Jahr 2013 nicht vor ein Erwachsenengericht gehörte.

Das Gericht vertagte sich auf den 30. April 2019. Ich nahm wiederum für den IB teil. Trotz verstärkter politischer Anstrengungen gab es ein Jahr nach der Verhaftung für Adil Demirci keine Aufhebung der Auflagen und keine Rückkehr nach Deutschland. Es war überdeutlich, dass sich das Gericht um die fälligen Freisprüche drückte und dass es in dem Verfahren nicht um Rechtsfindung, sondern um Einschüchterung und um Rechtsmissbrauch ging. Diesmal fiel mir auf, wie der Richter eine ältere Frau nach ihrer Bitte um Änderung der Auflagen wegen einer Operation aggressiv nach der Art ihres Leidens befragte; vor seinem hämischen Lachen musste sie in aller Öffentlichkeit erklären, dass sie wegen einer Unterleibsoperation nach Van reisen müsse. Besonders scharf wies er die Einlassung eines alten Mannes – etwa Mitte 70 – zurück, der berichtete, zusammen mit seiner Frau in seiner Wohnung von Sicherheitskräften zu Boden geworfen und übel behandelt worden zu sein und nun seinerseits Gerechtigkeit forderte. Das tue nichts zur Sache, würgte der Richter seine Worte ab. Wenigstens wurde die Jurastudentin aus der Haft entlassen, konnte das Studium zwar fortsetzen, wird aber am Berufseinstieg gehindert. Der Prozess wurde wieder vertagt. Nicht einmal die Fassade des Rechtsstaats wurde gewahrt. Kafka hätte sich das Geschehen nicht besser ausdenken können.

Erst zwei Monate später, nach dem Krebstod der Mutter, 14 Monate nach der Verhaftung, erlaubte das Gericht Adil Demirci die Heimreise nach Köln. Ein solidarischer Mitarbeiter der Kölner Stadtverwaltung half, den Beerdigungstermin so festzulegen, dass der Sohn sich wenigstens von seiner verstorbenen Mutter verabschieden und an der Beerdigung teilnehmen konnte. Für die Ausreise musste eine Kaution geleistet werden. Dem IB sei Dank: Aus von der Mutter angesparten Gehaltsanteilen des IB konnte die Kaution beglichen werden.

Adil Demirci muss nicht mehr in Istanbul persönlich vor Gericht erscheinen; das Verfahren war aber auch Anfang 2021 für ihn und die anderen noch nicht beendet. Die Mahnwachen werden als Netzwerk der Solidarität fortgesetzt; dazu wurde ein Verein gegründet. Sie finden wenn möglich auf dem Wallrafplatz statt oder zu besonderen Anlässen auswärts, z. B. im Rahmen einer Inszenierung der Oper „Fidelio" in Bonn oder zu Corona-Zeiten im Internet. Immer wieder melden sich besorgte Angehörige und bitten um Hilfe. Noch werden die Kölnerinnen Hozan Canê und ihre Tochter Dilan Örs wie viele andere in der Türkei unter fadenscheinigen Vorhaltungen festgehalten und existenziell sowie materiell geschädigt. Sie sind Geiseln des türkischen Staatspräsidenten. Sie werden eingesetzt, um einzuschüchtern und um je nach Marktlage als Handelsware für politische Geschäfte zu dienen.

Mein Fazit: Gute Arbeitgeber, Mahnwachen, Netzwerke sind hilfreich und wichtig und schaffen Öffentlichkeit. Sie sind Bausteine gesellschaftlicher und politischer Solidarität. Aber die ständige Mahnung zu rechtsstaatlichem Handeln gehört auf der obersten politischen Ebene auf die politische Agenda. Rechtsstaatlichkeit muss zu einer Voraussetzung für Vereinbarungen jeder Art zwischen Europa und Deutschland auf der einen Seite und der Türkei auf der anderen Seite werden, wenn es einen deutlichen Fortschritt für Sicherheit und Menschenrechte geben soll. Verstöße müssen deutlich und fühlbar sanktioniert werden.

**Anke Brunn, Ministerin a. D., Mitglied im Präsidium des IB bis Mai 2019**

# Jörg Detjen: Gezielte kommunale Außenpolitik hilft politischen Gefangenen

Jörg Detjen

Ist Außenpolitik nur eine Bundesangelegenheit? Meines Erachtens nicht! Auch wenn die Bundesregierung die deutschen Interessen in der EU und gegenüber dem Ausland vertritt, gibt es zwei wichtige Aufgaben der Städte und Gemeinden mit dem Ausland: Erstens: Die Organisierung und Vertretung der Kommunen bei Städtepartnerschaften, z. B. hat Köln Patenschaften mit 22 Städten in der Welt, darunter auch mit Istanbul.

Zweitens: Die Wahrnehmung und die Fürsorgepflicht für Einwohnerinnen und Einwohner der jeweiligen Kommune im Ausland.

Als Mitglied im Rat der Stadt Köln habe ich diese Möglichkeit genutzt und entsprechende Einwirkungsinstrumente ergriffen. Auch der grüne Kölner Bürgermeister Andreas Wolter war in der deutsch-türkisch-kurdischen Freundschaft sehr aktiv.

Im Dezember 2017 besuchte ich mit einer Kölner Delegation eine Konferenz der Akademikerinnen und Akademiker für den Frieden in unserer Partnerstadt Istanbul. Dort trafen wir auch Sharo Garip, der zu diesem Zeitpunkt bereits seit zwei Jahren im Freiluftgefängnis Istanbul gefangen gehalten wurde und nicht ausreisen durfte. Der Rat der Stadt Köln forderte seine Freilassung, wir nahmen Kontakte zum Außenministerium und zum Generalkonsulat in Istanbul auf. Der Fall war auch bundesweit in der Presse. Ende Dezember 2017 konnte Sharo Garip ausreisen.

Einige Monate später, am 13. April 2018, wurde der Kölner Adil Demirci verhaftet, und am 26. Juni 2018 die Kölnerin Hozan Canê: zwei neue herausfordernde Fälle für unsere „Kölner Außenpolitik".

Nachdem der Kölner Stadtrat zur Kenntnis genommen hatte, dass Präsident Erdoğan sich zur Eröffnung der DITIB-Moschee am 29. September 2018 selber nach Köln eingeladen hatte, fasste der Stadtrat eine Protestresolution:

Das Handeln der türkischen Regierung verletzt täglich die Menschenrechte. Meinungs- und Pressefreiheit sind eingeschränkt. Dies entspricht nicht den demokratischen Werten, für die der Kölner Rat und die Stadtgesellschaft stehen. Die Inhaftierung des Journalisten Adil Demirci, die Prozesse gegen die Akademiker für den Frieden, die in unserer Partnerstadt angeklagt sind, Urteile wie die im Fall des Kölners Sharo Garip, der inzwischen wieder in Köln lebt, oder die strafrechtliche Verfolgung des Kölner Schriftstellers Doğan Akhanlı stehen im unüberbrückbaren Widerspruch zu unseren Werten. Es ist unerträglich mitansehen zu müssen, wie die „Samstags-Mütter" seit über 700 Wochen in Istanbul dagegen aufbegehren, dass ihre Verwandten in den türkischen Gefängnissen verschwunden sind. Noch immer sind frei gewählte Kommunalpolitikerinnen und Kommunalpolitiker in Haft, wie die Bürgermeisterin von Diyarbakır, Frau Gültan Kışanak, die zu Köln gute Beziehungen pflegte. Wir fordern ihre Haftentlassung! [...]

Am 20. November 2018 sollte der erste Prozess gegen Adil Demirci in Istanbul stattfinden. Auf einer sehr gut besuchten Pressekonferenz am 14. November vor dem Prozess in Köln berichtete Dilan Örs sehr bewegt auch über das gerade gefällte Urteil über sechs Jahre Haft gegen ihre Mutter Hozan Canê.

Eine Kölner Reisegruppe bildete sich mit Günter Wallraff, Anke Brunn (Präsidium des IB), Sabine Skubsch (der Betriebsrätin vom IB) und Jörg Detjen. Zum Prozess in Istanbul stießen dann der Kölner Bundestagsabgeordnete Rolf Mützenich und Heike Hensel, MdB, dazu.

Der Prozess in Istanbul begann morgens um 10 Uhr und endete um 22 Uhr. Der deutsche Generalkonsul in Istanbul war mit drei Mitarbeiterinnen und Mitarbeitern erschienen. Zusammen war das eine deutliche Demonstration. Als während des Prozesses auch noch die Forderung des Europäischen Gerichtshofes aus Brüssel bekannt wurde, die Türkei solle doch gefälligst Selahattin Demirtaş freilassen, wurde der Richter immer gereizter. Adil Demirci und viele der anderen 23 angeklagten Frauen und Männer haben sich engagiert verteidigt. Der Prozess wurde auf den 14. Februar 2019 vertagt.

Zurück in Köln blieb nicht viel Zeit bis zum nächsten Prozess. Die demokratischen Ratsparteien von SPD, CDU, Grüne, Die Linke, FDP, BUNT und GUT im Kölner Rat organisierten eine Solidaritätsveranstaltung. Daraufhin entschied sich Oberbürgermeisterin Henriette Reker, die Schirmherrschaft zu übernehmen und für den 15. Januar 2019 in den Ratssaal einzuladen. Die Oberbürgermeisterin begrüßte über 100 Personen und forderte die Freilassung von Hozan Canê und Adil Demirci. Auf der Veranstaltung sprach der Rechtsanwalt der beiden Angeklagten und schilderte die beiden Fälle. Eine Podiumsrunde mit den Ratsfraktionen folgte sowie sehr persönliche Redebeiträge von Tamer Demirci und Dilan Örs. Die Botschaft dieser Kölner Veranstaltung ist auf jeden Fall in der Partnerstadt Istanbul angekommen.

Am 14. Februar 2019 war die Kölner Reisegruppe erneut in Istanbul. Der Menschenrechtsverein Tüday hatte mit Dilan Yazıcıoğlu auch noch eine Vertreterin geschickt. Zusammen mit dem Generalkonsul und seinen Leuten war das wieder eine starke Delegation. Hinter den

Kulissen haben viele Gespräche stattgefunden. Am Ende des Prozesstages forderte der Staatsanwalt die Freilassung, und der Richter entschied, dass Adil Demirci vorerst aus der Haft freikommt, allerdings unter der Auflage, dass er Istanbul bis auf Weiteres nicht verlassen dürfe. Erst einige Monate später, am 17. Juni 2019, ist er wieder in Köln.

Kommunale Außenpolitik sollte jede größere Kommune betreiben. In dieser globalen Welt wachsen die Metropolen zusammen. Und in diesem Zusammenhang ist die Städtepartnerschaft Köln–Istanbul von besonderer Bedeutung.

Für mich waren die Bemühungen für die Freilassung von Adil Demirci ein gutes und fruchtbares Zusammenwirken von der Solidaritätsgruppe und der Soli-Bewegung, dem Internationalen Bund vom Vorstand, dem Betriebsrat und den Beschäftigten, dem Kölner Stadtrat, den demokratischen Fraktionen, der Oberbürgermeisterin Henriette Reker mit ihrem Europabüro, der Bundespolitik, insbesondere Rolf Mützenich, aber auch dem Istanbuler Generalkonsulat und letztendlich mit der betroffenen Person, in diesem Fall Adil Demirci, der sich sehr engagiert und selbstbewusst eingebracht hat. Kommunale Außenpolitik muss immer ein Gesicht, eine Person in den Mittelpunkt stellen.

**Jörg Detjen, Mitglied im Kölner Stadtrat, Januar 2021**

# Eine Freundin: „Das Ganze ist mehr als die Summe seiner Teile"

Nun bittest Du mich darum, an jene Zeit zurückzudenken und hier zu verschriftlichen, was ich in dieser Zeit empfunden habe; gedacht habe; erlebt habe. Es fällt mir schwer, diese Ereignisse und Erfahrungen in Worte zu fassen. Und eigentlich wünsche ich mir auch heute noch, dass das alles nie passiert wäre. Aber es ist passiert. Wir alle haben diese Zeit erlebt. Nichts davon ist an jemandem von uns spurlos vorbeigegangen. Es war eine sehr emotional belastende, ereignisreiche und (politisch) aktive Zeit. Monate, die uns alle zusammengeschweißt haben. Menschen, die Dich und uns – Deine Unterstützer – nicht kannten, haben mitgefühlt und sich solidarisiert mit Dir und Deinem „Fall". Der „Fall Adil Demirci" war für mich nicht nur ein „Fall". Du – mein allerbester Freund – warst auf einmal weg und ich verstand nicht, warum.

Ich hatte die Nacht vor Deiner Festnahme sehr schlecht geschlafen und schlecht geträumt. Den Grund dafür kannte ich nicht. Als ich morgens durch den Anruf einer Freundin aufwachte, hatte ich die Erklärung: „Hast Du gehört? Adil ist verhaftet worden!", rief sie aufgeregt ins Telefon.

Ich zitterte am ganzen Körper und konnte es nicht glauben. Stand unter Schock, als ich die ersten Nachrichten zu Deiner Verhaftung am 13. April 2018 las. Ich hörte überall nach, ob es tatsächlich stimmte, was dort in Istanbul geschehen war. Aber es stimmte.

„Adil soll ein Terrorist sein?", fragte ich mich immer und immer wieder. Unbegreiflich für mich. Denn wer Dich kennt, weiß, dass Du alles andere als ein Terrorist bist. Aber es kam nur darauf an, wer Dich als Terrorist definierte. Ich wusste in diesem Moment, dass ich eine wichtige Entscheidung treffen musste. Ich würde mich auf glattem Eis bewegen und Einbußen in Kauf nehmen; einen Teil meiner eigenen Freiheit aufgeben, wenn ich mich für Dich und Deine Freilassung einsetzen würde. In diesem Moment versprach ich mir nur eins: Irgendwann, wenn Du wieder da bist, möchte ich Dir ohne schlechtes Gewissen in die Augen schauen können. Das ist mir unsere Freundschaft wert, und jeder, der sich als Freund eines anderen versteht, muss dies tun! Für mich war außerdem klar: Du würdest das Gleiche für mich tun. Die Entscheidung war also ganz klar: Wir holen Dich da raus. In dem Moment hatte ich keinen Plan davon, ob und wie wir das hinkriegen sollten. Aber ich wusste: Wir mussten etwas tun.

Nach dem ersten Schock war ich dann sauer auf Dich. Wir hatten uns zuletzt am 21.03.2018 in einem Café getroffen – ein Treffen, um den Frühling zu begrüßen, so nannten wir es. Jedes Mal, wenn ich an diesem Café vorbeilief, dachte ich an diese letzte Begegnung mit Dir zurück. Dort hattest Du mir gesagt, dass Du mit Deiner Mutter nach Istanbul reisen wirst. Ich hatte vergeblich versucht, Dir dieses Vorhaben auszureden. „Es ist eine kritische Zeit, ich habe Sorge, dass Dir etwas passiert“, meinte ich. Du hast gelacht und gesagt: „Mach Dir keine Sorgen, mir passiert schon nichts. Und wenn, dann machst Du eine Kampagne für mich.“ Mein ungutes Gefühl hatte sich letztlich bewahrheitet. Jede/r, der/die wie Du dachte, dass ihm/ihr nichts passieren würde, hat es doch erleben müssen. Das sollten auch viele weitere „Fälle“, die Deinem folgten, zeigen.

Meine Wut über das, was Dir passiert war, wurde zu meinem Motor. Ich engagierte mich so politisch wie noch nie zuvor. Zwei Tage nach Deiner Verhaftung trafen sich 25 bis 30 Personen. Ideen darüber, was zu tun ist, wurden ausgetauscht. Wir beschlossen, dass wir uns wöchentlich für Deine Freilassung am Kölner Wallrafplatz treffen werden und starteten eine Freilassungs-Kampagne für Dich (im Nachhinein muss ich tatsächlich noch oft darüber schmunzeln). Es folgte eine arbeitsintensive Zeit und wir lernten von Mal zu Mal dazu: Wie macht man eine gute Öffentlichkeitsarbeit? Wie schreibt man Presseerklärungen? Wie organisieren wir die Mahnwachen? Wie schaffen wir es, dass möglichst viele Menschen deutschlandweit von Dir erfahren? Wie üben wir politischen Druck aus? All das haben wir einfach gemacht. Immer stets im Austausch, in Absprache und gegenseitigem Vertrauen mit Deiner Soli-Gruppe „Freiheit für Adil Demirci". Wir wurden schnell zu einem kleinen eingespielten Team und das Sinnbild von praktisch gelebter Solidarität. Die Tatsache, dass Du Tag für Tag zu Unrecht in Silivri festsitzt, war ein großer Ansporn für uns, keine Zeit zu verlieren. Für mich tickte aber auch noch eine andere, viel wichtigere Uhr im Hintergrund. Es fühlte sich an, wie auf einer Zeitbombe zu sitzen. Ich hatte es ihr versprochen – Deiner Mutter. Jedes Mal, wenn ich sie sah, bat ich sie nur darum, durchzuhalten und gut für sich zu sorgen. Ich hingegen versicherte ihr: „Ich verspreche Dir, dass ich alles tun werde, damit Adil wieder hier ist." Natürlich hoffte ich darauf, dass auch sie es miterleben könnte, wenn wir unsere Kampagne für Dich erfolgreich beenden würden. Oft habe ich mir dieses Wiedersehen von Euch beiden erträumt und ausgemalt.

Die Zeit, in der Du nicht hier warst, hat Deine Familie und mich sehr zusammengeschweißt. Wir waren zuversichtlich, dass wir es schaffen würden, Dich freizubekommen. Die Frage war nur: Wann? Und dieses Wann war erdrückend. Meine größte Angst war, dass Deine härteste Strafe eine viel Schlimmere sein würde als das Gefängnis in Silivri; nämlich die, dass Du Deine Mutter nicht mehr lebend wiedersehen wirst. Leider bewahrheitete sich diese Angst. Sie hat gekämpft und die Hoffnung, dass Du wieder kommen wirst, nicht aufgegeben. Als Deine Mutter am 12.06.2019 verstarb, kreisten meine einzigen Gedanken allein darum, wie Du das alles wohl verkraften wirst und dass ich mein Versprechen weiter einhalten werde. Und so kam es auch. Am 17.06.2019 landetest Du schließlich am Flughafen Köln/Bonn. Es hatte geklappt – leider nur ein paar Tage zu spät. Meine Wut begleitete mich von Anfang bis zum Ende dieses Albtraums. Deinen Empfang am Flughafen und Deine „Welcome-Back-Adil-Party" hatten wir uns alle anders ausgemalt. Die Freude über Deine Ankunft in Köln wurde durch die Trauer um Deine Mutter überschattet. Bei der zeitlichen Verschiebung der Beisetzung Deiner Mutter wusste selbst der Friedhofsgärtner von Dir und Deinem „Fall". Das spendete uns sogar in dieser Situation einen kleinen Trost. Wir hatten es zumindest geschafft, dass Menschen in Köln, aber auch in ganz Deutschland sowie in Teilen von Europa den „Fall Adil Demirci" kannten.

Auf den Mahnwachen, die wir für Dich organisierten, bekamen wir oftmals großen Zuspruch und immer mehr Leute schlossen sich uns an, um auf das Unrecht, was Dir zugestoßen war, aufmerksam zu machen. Solch eine Unterstützung hätten wir uns aber auch von der staatlichen Seite erhofft. Zwei Mal nahmen wir den Weg ins Auswärtige Amt auf uns und forderten dort, mehr Druck auszuüben. Vertröstende Worte, dass man alles tue, was möglich sei, sowie das ganze diplomatische Geschwafel waren das Ergebnis. Ein Ergebnis, das für mich keins war und woran ich nicht glaubte. Beim zweiten Besuch des Auswärtigen Amts begleitete uns Peter Steudtner. Es war merkwürdig, auf einen Menschen zu treffen, der dasselbe erlebt hatte wie Du. Man kannte sich, obwohl man sich nicht kannte. Im Gespräch mit ihm und seiner Familie im Anschluss wurde deutlich, wie Schicksale Menschen aufeinandertreffen lassen und verbinden können – unabhängig von Weltanschauung, Nationalität oder Religion. Das Gefühl, dass in Kampagnen wie Deiner die Durchsetzung politischer Forderungen auf staatlicher Instanz das Schwierigste, sogar das Schlimmste sind, hatte ich dort begreifen müssen. Nicht einmal als deutscher Staatsbürger bist Du sicher und im Fall der Fälle ist der Einsatz „deiner Regierung" nicht mehr als diplomatisches

Gerede. Die tatkräftige Unterstützung kam letztendlich aus der Gemeinschaft, die sich für Deine Freilassung eingesetzt hat. Aristoteles' berühmtes Zitat „Das Ganze ist mehr als die Summe seiner Teile" stammt zwar aus der Metaphysik. Ich beziehe diesen Ausspruch aber auf unsere Soli-Kampagne für Dich: Auf diejenigen, die Woche für Woche zu jeder Jahreszeit am Wallrafplatz gestanden, Deine Plakate hochgehalten und Reden für Dich gehalten haben. Auf diejenigen, die fleißig Unterschriften für Deine Freilassung gesammelt haben. Auf diejenigen, die die Pressearbeit gemacht, Podiumsdiskussionen organisiert und Deine Kampagne in großartigen Bildern festgehalten haben. Auf diejenigen, die als Prozessbeobachter zu jedem Deiner Gerichtsverfahren nach Istanbul gereist sind. Auf diejenigen, die als Dein Arbeitgeber großartigen Einsatz gezeigt und Rückhalt geboten haben. Auf diejenigen, die als Politiker auf der kommunalen Ebene hinter Dir gestanden haben. Auf diejenigen, die Dich als Gewerkschafter unterstützt haben. Ohne die Summe dieser Teile wäre das Ganze nicht möglich gewesen.

Ohne diesen Erfolg wäre der Verein „Stimmen der Solidarität", der sich nach Deiner Rückkehr gegründet hat, nicht gegründet worden. Dein „Fall" ist kein Einzelfall. Es gibt eine Menge Menschen, denen das Gleiche passiert. Eine Anlaufstelle für diese Menschen und ihre Familien zu sein, ihnen aus eigener Erfahrung mit Rat und Tat zur Seite zu stehen, ist eine Aufgabe, die heute – mehr denn je – nötig ist und die leider so schnell nicht überflüssig sein wird.

Oftmals wünsche ich mir, diese Zeit vergessen zu können. Nicht mehr an das Erlebte zurückdenken zu müssen. Aber ich habe so viele tolle neue Menschen in dieser Zeit kennengelernt, die ich für ihr andauerndes Engagement so sehr wertschätze und nicht missen möchte. Das Erlebte gemeinsam durchzustehen und darauf aufzubauen ist wohl das Positive, was wir aus dieser schlimmen Erfahrung mitnehmen können. Wir alle haben unser Bestmögliches für Dich getan; mit Worten und Taten. Ich wünsche allen anderen Betroffenen, dass auch sie eine genauso tatkräftige Soli-Gruppe wie Deine hinter sich stehen haben, die sich dafür einsetzt, dass ihre „Fälle" nicht vergessen werden.

**Im Gedenken an Elif Demirci und das eingehaltene Versprechen.**
**Februar, 2021**

# Textbeitrag von Barbara und Willi Jung

Wir hörten am 14. April 2018 einen Beitrag über Adil Demircis Verhaftung im Radio. In den sozialen Medien wurde eine Informationsveranstaltung am 16. April 2018 (Montag) um 18:30 Uhr auf dem Bahnhofsvorplatz in Köln angekündigt. Wir beschlossen, zu der Veranstaltung zu gehen, um genauere Informationen zu erhalten und um unsere Solidarität mit inhaftierten Journalist:innen in der Türkei zu zeigen. Wir sehen die Türkei schon seit vielen Jahren als „Unrechtsstaat" an. Besonders bewusst geworden ist uns dies bei einer Kulturreise durch die Türkei, bei der uns die türkische Reiseleiterin ausführlicher über die politische Lage in ihrem Land und insbesondere über die Gezi-Proteste und die darauffolgenden Repressionen informiert hat.

Nach der Veranstaltung vom 16. April 2018 haben wir von weiteren Kundgebungen zum Fall „Adil Demirci" nichts mitbekommen, bis zum 26. Mai 2018. Wir beteiligten uns an einer Kundgebung und anschließenden Demonstration in Solingen unter dem Motto „Solingen 1993 – niemals vergessen", bei der an den Brandanschlag von vor 25 Jahren, der von Rechtsradikalen verübt worden war, erinnert wurde. Bei dem Anschlag auf ein Zweifamilienhaus in der westdeutschen Stadt Solingen, das von Menschen türkischer Abstammung bewohnt war, starben fünf Menschen, weitere 17 erlitten zum Teil bleibende Verletzungen.

Bei der Veranstaltung in Solingen wurden Unterschriften mit der Forderung „Freiheit für Adil Demirci" gesammelt. Willi wurde angesprochen und erfuhr so bei einem ausführlichen Gespräch mehr zu den

Hintergründen der Inhaftierung und auch, dass wöchentliche Mahnwachen immer jeden Mittwoch um 18 Uhr in Köln am Wallrafplatz stattfinden. Ab diesem Zeitpunkt hat Willi regelmäßig an den Mahnwachen in Köln teilgenommen. Barbara nahm wegen Terminüberschneidungen erst ab Juli 2018 regelmäßig teil. Wir wurden von den Initiator:innen der Mahnwache offen und freundlich aufgenommen, obwohl diese nicht so viel über uns wussten und wir keinen Bezug zu Adil (beruflich oder privat) hatten. Doch durch die jahrelange Erfahrung von Solidaritätsarbeit bei Amnesty International war es Willi bewusst, wie wichtig Öffentlichkeitsarbeit ist. Von Vorteil war, dass die Vorübergehenden auf Willi als „weißen älteren Mann" anders zugehen konnten als auf Menschen mit Migrationshintergrund. Die meisten der Teilnehmer:innen der Mahnwache sind sicherlich fast täglich von Rassismus betroffen. Dies haben wir auch bei den Mahnwachen regelmäßig beobachtet.

Wir hatten beschlossen, obwohl wir Adil nicht kannten, Solidaritätsarbeit zu leisten. Erdoğan unwidersprochen Kölner Bürger:innen einsperren zu lassen, konnten wir nicht tolerieren. Leider trifft es zu, dass von den deutschen Bürger:innen, die in der Türkei als politische Gefangene inhaftiert sind, die Kölner:innen zahlenmäßig die Lieblingsgeiseln von Erdoğan sind.

---

Rückblick:

Deniz Yücel befand sich vom 27. Februar 2017 bis zum 16. Februar 2018 wegen angeblicher „Terrorpropaganda" in türkischer Untersuchungshaft. Deutschlandweit wurden zahlreiche Solidaritätskundgebungen für seine sofortige Freilassung durchgeführt.

Mesale Tolu wurde Ende April 2017 in der Türkei im Rahmen ihrer Pressetätigkeit festgenommen. Zwischenzeitlich war sie zusammen mit ihrem Sohn (Kleinkind) im Gefängnis. Ihr Schicksal und das anderer in der Türkei inhaftierter Journalist:innen war und ist immer noch

Gegenstand medialer Berichterstattung und diplomatischer Aktivitäten. Am 18. Dezember 2017 wurde Mesale Tolu unter Auflagen aus der Haft entlassen. Am 20. August 2018 hob ein Gericht die Ausreisesperre gegen sie auf. Der nächste Gerichtstermin fand am 16. Oktober 2018 statt, das Verfahren wurde auch im Jahr 2020 noch nicht abgeschlossen. In ihrem Heimatort Ulm wurden während ihrer Haftzeit regelmäßige Mahnwachen von der Bürgerschaft Ulm veranstaltet.

Am 6. November 2017 fand im voll besetzten Kölner VHS Forum eine Veranstaltung mit dem Titel „Von der Literatur zur Anklage – Auf ein Wort mit Doğan Akhanlı und Aslı Erdoğan" statt. Der Abend befasste sich mit der Verfolgung von Schriftsteller:innen und Journalist:innen durch das gegenwärtige Regime in der Türkei. Nachfolgend ein Auszug aus einem Bericht, der am 8.11.2017 von PEN-Zentrum veröffentlicht worden ist:

„Günter Wallraff, der von seinen Beobachtungen des als unsägliche Farce bezeichneten Prozesses gegen Mitarbeiter der Tageszeitung Cumhuriyet berichtete, hob schließlich noch einmal die Relevanz von Solidaritätsaktionen hervor. [...]

Autokratisch geführte Regime fürchten sich vor der Freiheit des Wortes, die den von ihnen vertretenen Wahrheitsanspruch und damit ihre Herrschaftslegitimität in Frage stellt. So kommt gerade Stimmen, wie jenen von Doğan Akhanlı und Aslı Erdoğan, die sich von der Angst nicht lähmen lassen und trotz staatlicher Repression, Haft, Verfolgung und Bedrohung unverdrossen das Wort gegen die Unterdrückung der Meinungsfreiheit und für die Vielfalt der Meinungen erheben, eine zentrale Rolle zu bei der Überwindung von durch Intoleranz und Gewaltausübung gekennzeichneten Regimes."

*https://www.pen-deutschland.de/de/2017/11/08/die-verfolgung-von-autoren-durch-die-tuerkei-diskussionsveranstaltung-in-koeln-mit-dogan-akhanli-und-asli-erdogan/*

---

Die Solidaritätsarbeit der Mahnwachengruppe bestand nicht nur in der Teilnahme an den Mahnwachen, es wurden auch Kontakte zu Kölner Bürger:innen aufgebaut, um diese zur Teilnahme an den Mahnwachen zu motivieren. Wir wurden alle gemeinsam immer professioneller. Georg erstellte Schilder, die Aufmerksamkeit erregten, die Öffentlichkeitsarbeit wurde intensiviert. Wir sammelten tausende von Unterschriften für die Freilassung von Adil Demirci und fuhren zweimal nach Berlin ins Auswärtige Amt. Die Netzwerkarbeit/Unterstützungsarbeit funktionierte. Durch eine Solidaritätsveranstaltung in der Ruff-Factory in Köln-Ehrenfeld wurde der Fall von Adil einer breiteren Öffentlichkeit in Funk, Fernsehen und der Presse bekannt. Unter anderem wurde ein längerer Beitrag im Politmagazin „Monitor" gesendet. Es entwickelte sich eine breit aufgestellte Solidaritätskampagne, welche die Familie und den Freundeskreis aktiv unterstützte.

An der Veranstaltung des DGB zum 1. Mai 2019 konnten wir über 1.000 Unterschriften sammeln, da der Fall Adil Demirci und unsere Solidaritätsarbeit mittlerweile bekannter geworden waren.

Bei Wind und Wetter, Hitze, Schnee und Regen haben wir auf dem Wallrafplatz alle Jahreszeiten erlebt. Wir haben es uns auch nicht nehmen lassen, die Mahnwache auf einen auf einen Mittwoch fallenden 1. Weihnachtsfeiertag durchzuführen. Wir erhielten besonders an diesem Tag viel Zuspruch und Unterstützung in Form von Unterschriften. Das Bild von Adil und seine Geschichte waren bekannt geworden.

Kritisch müssen wir im Nachhinein anmerken, dass wir die vielfältigen Veranstaltungen in der Stadt Köln nicht immer so gut beachtet haben, und so fanden Veranstaltungen parallel zu unseren Aktionen statt. Somit haben wir die Möglichkeiten von Öffentlichkeitsarbeit im Rahmen von anderen Veranstaltungen zu selten wahrgenommen. Unsere Anwesenheit in der Öffentlichkeit hätte vielfältiger sein können.

Dass wir alle zusammen Adils Rückkehr nach Köln erreicht haben, war für uns ein großer Erfolg und ein Beweis dafür, dass

Solidaritätsarbeit Erfolg hat. Außerdem haben wir persönlich eine Erweiterung unserer gesellschaftlichen Erfahrungen erleben dürfen.

Bereits ein halbes Jahr, bevor Adil wieder in Köln war, haben wir auf den Mahnwachen über die Weiterführung der Aktionen „Freiheit für politische Gefangene“ diskutiert. Wir haben nach Adils Rückkehr dies realisiert und den Verein „Stimmen der Solidarität – Mahnwache Köln“ gegründet. Eine Vereinsgründung ist ohne großen finanziellen Aufwand möglich, erfordert allerdings Zeit und Energie.

Die Solidaritätsarbeit ist für die Angehörigen sehr anstrengend. Aber der Beistand durch Freund:innen und Unterstützer:innen bringt den Familien Kraft und Hoffnung. Ein genereller Grundsatz muss jedoch sein: Die unterstützende Solidaritätsarbeit muss immer an den Vorgaben und Wünschen des Inhaftierten/Verfolgten und der Angehörigen ausgerichtet sein.

Der Verein „Stimmen der Solidarität – Mahnwache Köln“ hat zwischenzeitlich nicht nur bundesweit, sondern auch in der Türkei Beachtung gefunden.

**Barbara und Willi Jung**

# Georg Krautkrämer: Über meine Erfahrungen mit dem Verein STIMMEN DER SOLIDARITÄT – MAHNWACHE KÖLN

Seit Juli 2018 haben wir, Geneviève und ich, teilgenommen an den Mahnwachen der Initiative „Stimmen der Solidarität – Mahnwache Köln“ (damals war das noch kein eingetragener Verein). Sie fanden seit Februar 2018 jeden Mittwoch von 18 bis 19 Uhr auf dem Wallrafplatz in Köln statt.

Da wir uns regelmäßig gegen rechtsradikale Parteien engagiert hatten, waren wir erfahren in der „Straßenarbeit“. Auf den Mahnwachen für Adil Demirci am Wallrafplatz lernten wir seine Familie und Freunde kennen. Sie sind uns ans Herz gewachsen. Die regelmäßige Konfrontation mit den Passanten beim Sammeln von Unterschriften auf dem Wallrafplatz war eine gute Schule des Diskutierens und des Menschenumgangs.

Am 27. September 2018 fuhr eine Delegation von uns nach Berlin, um im Reichstag Unterschriftenlisten an die Abgeordneten Jürgen Hardt und Michael Roth zu übergeben. Der Termin fiel zusammen mit dem Besuch des türkischen Präsidenten in Deutschland. Meine Teilnahme an dieser Fahrt hat mich geprägt, da sie das konkrete Element von Politik spürbar gemacht hat. Es ist nicht weit vom Wallrafplatz bis zum Reichstag, und es ist auch nicht weit vom Wallrafplatz nach Istanbul oder Ankara. Unterschriftenlisten sind keine scharfen Waffen – verglichen mit den Möglichkeiten, die dem türkischen Regime zur Verfügung stehen. Aber wir sind uns sicher, dass man in Ankara genau weiß, wo der Wallrafplatz liegt.

Bei einem weiteren Treffen zur Übergabe von Unterschriftenlisten im Winter 2018, diesmal mit Beteiligung und Unterstützung von Peter Steudtner, konnten wir die Atmosphäre des Auswärtigen Amtes kennenlernen und die zurückhaltendere Welt der Diplomatie. Nach Terminen dieser Art hat man nie etwas Konkretes in den Händen, aber wir stärkten den diplomatischen Vertretern den Rücken, brachten ihnen gleichzeitig ihre Verpflichtung, sich für uns bzw. die Menschenrechte einzusetzen, in Erinnerung und vor allem stärkten wir die Moral der Inhaftierten. Denn, wie Adil es uns erzählt hat, ist es von hoher Bedeutung für die politischen Häftlinge, dass „draußen" etwas für sie getan wird.

Als wir dann im Sommer 2019 Adil Demirci in Köln in die Arme nehmen konnten, war das ein zwiespältiges Glücksgefühl. Seine Freilassung war verbunden mit dem Tod seiner Mutter. Ihr Tod war der Grund dafür, dass er die Türkei verlassen durfte und zur Beerdigung anreisen konnte.

Aus diesen politischen Erfahrungen ist für uns die Verpflichtung entstanden, weiterzumachen.

Seit Herbst 2019 stehen wir wieder an jedem ersten Mittwoch im Monat auf dem Wallrafplatz.

Die Freude über die Anwesenheit Adils gibt uns immer wieder die Kraft, auf die Straße zu gehen.

Dafür hatten wir am 1. Januar 2020 eine besondere Gelegenheit. In der Inszenierung der Oper „Fidelio" von Ludwig van Beethoven durch Volker Lösch in Bonn wurde der Freiheitsgedanke auf die aktuelle Situation in der Türkei bezogen. Volker Lösch hat in seiner Inszenierung alle Sprechszenen der Oper ersetzt durch Auftritte von und Interviews mit Zeitzeugen, die entweder Hafterfahrungen haben oder deren Angehörige sich in Haft befinden. Unser Verein hatte im

Foyer einen Stand und mir kommen jetzt noch die Tränen bei der Erinnerung an die Gesichter der Besucher, die nach der Aufführung unter dem Eindruck der Musik zu uns kamen und sich natürlich mit ihrer Unterschrift solidarisch mit unserem Anliegen erklärten. Das Wichtigste war aber die Tatsache, dass sie ihre Hilflosigkeit spürten angesichts der Willkürherrschaft und in dieser Situation ein „Gegenüber" brauchten, um zu reden.

Der Zuspruch, den wir bei der Premiere und den folgenden Aufführungen erlebten, führte dazu, dass wir bei allen Aufführungen einen Stand im Foyer betreuten. Seit Corona ist dies leider nicht mehr möglich.

Am 3. Juni 2020 konnte unser Verein seine 69. Mahnwache auf dem Wallrafplatz abhalten und somit die politische „Straßenarbeit" unter Corona wieder aufnehmen.

**Georg Krautkrämer, August 2020**

# Danksagung

In meiner Zelle hatte ich ausreichend Zeit zum Lesen. Gut 90 Bücher habe ich in den 10 Monaten regelrecht verschlungen. Das Lesen hat mir die Tage kürzer gemacht und für mich diese schwere Zeit hinter Gittern erträglicher gestaltet. Daher schien es für mich nur folgerichtig, mich selbst hinzusetzen und all meine Erfahrungen niederzuschreiben. Das war nicht nur für mich einerseits ein wichtiger Prozess, um mit diesen Geschehnissen umzugehen und die Zeit zu reflektieren. Andererseits möchte ich auch anderen Betroffenen sagen: Ihr seid nicht allein. Außerdem ist es mir ein Anliegen, den „Außenstehenden" zu vermitteln, wie wichtig ein Zusammenhalt, wie enorm motivierend die Solidarität mit den Gefangenen ist.

Doch dieses Buch entstand nicht im Alleingang. Genauso wichtig wie die Unterstützung, die ich in der Haft erhalten habe, war die Hilfe beim Niederschreiben all meiner Erlebnisse. Ich danke allen Menschen, meiner Familie, Freunden und Freundinnen sowie Wegbegleitern, die es ermöglicht haben, dass meine Texte jetzt in Buchform erschienen sind.

An erster Stelle möchte ich meiner Familie danken für die immerwährende Unterstützung während der Haft und auch danach. Ihr habt immer an mich geglaubt. Ich liebe euch!

Ein weiterer Dank geht an meine Freunde und Freundinnen sowie alle Unterstützer und Unterstützerinnen auf den Solidaritätsveranstaltungen und Mahnwachen. Das Gefühl, nicht vergessen zu sein, war für mich elementar wichtig, um die Zeit hinter Gittern zu überstehen und nicht in ein noch tieferes Loch zu fallen.

Mein Dank gilt auch allen, die mir mit ihren Briefen Kraft gaben.

Meinem Arbeitgeber danke ich von ganzem Herzen für die gelebte Solidarität. Die Lohnfortzahlung sowie die starke Öffentlichkeitsarbeit waren ein starkes Zeichen und alles andere als selbstverständlich.

Danke auch an meine Zellengenossen. Ohne euch wüsste ich heute nicht, wie man mit einem Wasserkocher Kuchen backen kann oder wie man Wäsche richtig wäscht.

Danken möchte ich Lale Akgün für das Vorwort sowie Günter Wallraff, Jörg Detjen, Georg Krautkrämer, Barbara Jung, Henriette Reker, Anke Brunn sowie meiner besten Freundin, die mein Buch mit ihren Texten erweitert haben.

Vielen Dank auch dem Eckhaus Verlag für die starke Unterstützung bei der Vorbereitung des Buches.

Ich wünschte mir, dass die Thematik der unterdrückten Presse- und Meinungsfreiheit in der Türkei bald ein Ende finden würde und nicht jeden Tag Menschen wegen fragwürdiger Gründe in türkischen Gefängnissen landen. Doch die Gefängnisse sind voll, bis heute. Hinter jedem Fall steckt ein Einzelschicksal, eine Familie, ein Mensch. Ich bin mir darüber bewusst, dass ich Glück im Unglück hatte und viele Menschen sowie die Presse meinen Fall genau beobachteten und ich nie das Gefühl haben musste, weder finanziell in eine Schieflage zu geraten noch allein zu sein. Das weiß ich unglaublich zu schätzen. Ich kann es nur wiederholen: Aus tiefstem Herzen Danke an all meine Unterstützer und Unterstützerinnen. Mein Fall ist noch nicht abgeschlossen, aber mit euch an meiner Seite werde ich diesen Prozess meistern.

**Adil Demirci, Juni 2021**

1. Auflage 2021

Rogge GmbH
Buttelstedter Straße 25, 99427 Weimar

Geschäftsführung: Jana Rogge
Verlagsleitung: Katja Völkel
E-Mail: post@eckhaus-verlag.de
www.eckhaus-verlag.de

Layout: Mario Müller
Lektorat: Katja Völkel



Gesamtherstellung: Rogge GmbH, Weimar
ISBN: 978-3-945294-50-5